深圳大学传播学院出版基金资助

焚膏集

理解文化与传播

何道宽　著

中国大百科全书出版社

图书在版编目（CIP）数据

焚膏集：理解文化与传播／何道宽著 ． —北京：
中国大百科全书出版社，2024.1
ISBN 978-7-5202-1420-9

Ⅰ．①焚… Ⅱ．①何… Ⅲ．①文化传播—文集 Ⅳ.
① G0-53

中国国家版本馆 CIP 数据核字（2023）第 164766 号

出 版 人　刘祚臣
策 划 人　曾　辉
责任编辑　王　廓
封面设计　末末美书
责任印制　魏　婷
出版发行　中国大百科全书出版社
地　　址　北京市阜成门北大街 17 号
邮政编码　100037
电　　话　010-88390969
网　　址　http://www.ecph.com.cn
印　　刷　北京君升印刷有限公司
开　　本　710 毫米 ×1000 毫米　　1/16
印　　张　19.75
字　　数　263 千字
印　　次　2024 年 1 月第 1 版　2024 年 1 月第 1 次印刷
书　　号　ISBN 978-7-5202-1420-9
定　　价　78.00 元

| 目录 |

序一　一名非手机用户引领的数字媒介研究热潮 / 杨　洸 … 1

序二　文化之"学"与传播之"术"：何道宽先生的学术翻译 / 李思乐 … 4

自序　奋斗与奉献：死心塌地做学问 / 何道宽 … 11

第一部　中国文化研究

多元一体的文明：《中华文明撷要》序 … 2

中华文明的生命力 … 5

中国文化深层结构中崇"二"的心理定势 … 12

和而不同息纷争：全球化进程中的文化调适 … 24

简论中国人的隐私 … 37

创意导游的文化修养 … 49

第二部　文化与传播研究

介绍一门新兴学科：跨文化的交际 … 54

比较文化之我见 … 61

跨文化交际研究的报春花 … 68

世界文化史经典之作：《文化树》… 72

跨文化传播的第一声春雷 … 80

挣脱文化的羁绊 ··· 87

论美国文化的显著特征 ··· 99

冒险、冲撞、相识：美中关系史的百年故事 ··· 117

泣血的历史：19 世纪美国排华史揭秘 ··· 126

施拉姆传播学的洪荒之作 ··· 137

独立寒秋的传播学批判研究 ··· 144

第三部　人文社科研究

儿童文学的璀璨明珠：《希腊小奴隶》后记 ··· 152

游戏、文化和文化史：《游戏的人》给当代学者的启示 ··· 156

激荡中世纪的变与不变 ··· 179

文艺复兴的北方明灯 ··· 189

社会心理学的不朽经典 ··· 198

畅游社会学的庄严殿堂 ··· 212

《裸猿》在中国的传播与影响 ··· 235

文化政策需要顶层设计 ··· 239

心比天高，建构文化科学的尝试 ··· 247

公共文化政策探索 ··· 252

日本文化解谜 ··· 259

群众变暴民的社会心理机制 ··· 267

乌合之众受什么裹挟 ··· 274

附录一　何道宽：为学术传承盗火、播火、摆渡 ··· 283

附录二　从季羡林"想自杀"到何道宽"幸福死了" ··· 289

后记　四喜临门 ··· 291

一名非手机用户引领的数字媒介研究热潮

杨洸

在这个高度数字化的时代，你能想象一个没有手机的八旬老人，居住在中国"最互联网"的城市深圳吗？他不仅没有与社会脱节，还是一位享誉学界的传播媒介研究的引领者。他，就是何道宽老师。

数字鸿沟中的"异常值"

第50次《中国互联网络发展状况统计报告》显示，"截至2022年6月，我国网民规模为10.51亿，互联网普及率达74.4%，其中网民使用手机上网的比例达99.6%"。也就是说，全国几乎所有的网民都在用手机上网。然而何道宽老师，却是属于全国0.4%的非手机用户上网的这部分人群，绝对属于正态分布中的异常值或极端值。传播学中有一个知名的理论——数字鸿沟，讲的是在全球数字化进程中，由于数字接入差异造成的各种不平等现象。在今天人手一部智能手机的时代，何老师虽说没有接入智能移动设备，但是却充分展现了他作为人的能动主体性所积极践行的数字技术日常使用与传播媒介翻译研究实践。

何老师没有手机，但丝毫不妨碍我们快速联系到他。平时我们要找何老师有两种方式，一是打他家里的固定电话，二是给他写 Email，他生活起居有严格规律，平时总在家里，万一出门了，邮件也是当天必回。

何老师没有手机，但他与社会一点也不脱节。天下大事，校园新闻，他都坐知千里。他坚持不用手机是因为干扰，影响每日的工作节奏。用台式电脑上网，从电视中看新闻，完全不影响他与世界的沟通。

何老师作为资深翻译家，是国内第一个翻译引进麦克卢汉思想的学者，被称为"麦克卢汉在中国的代言人"，在之后的 30 余年以一己之力翻译了媒介环境学派的数十本著作，为传播学译介做出重要的贡献。他翻译的《理解媒介》《数字麦克卢汉》《麦克卢汉精粹》《帝国与传播》《传播的偏向》《传播学批判研究：美国的传播、历史和理论》等经典和名著，在新闻传播学界的影响力很大，可以说传播学的教师和学子基本上都读过何道宽老师的译著。何老师的译著给国内师生带来西方传播学前沿或经典的学术研究，让大家能够快速知晓和理解国外学者的研究成果，极大拓宽了我们的研究视野和路径，是推动国内传播学研究的重要力量。

何道宽老师可以说是数字鸿沟现象中的异常值，数字鸿沟中的不平等现象不仅没有在他身上显现，恰恰相反，他却是引领国内传播技术前沿研究的名不虚传的"摆渡人"。不玩新媒体，但是却深谙新媒体之道。何老师不仅翻译了大量的国外媒介研究之作，还发表了一些研究论文，例如《麦克卢汉的遗产》《麦克卢汉在中国》和《媒介即是文化》。从平日里与何老师的简单聊天中，都能感受到何老师对媒介技术变革的深刻理解和批判力。

焚膏继晷的"独行侠"

如同何老师与众不同的媒介使用习惯，这位老人的学术翻译生涯也堪称特立独行。做学问难，把学问做好更难。何老师的译作近百部，几乎都是学术著作，有不少是经典，其中最广为人知的一本是麦克卢汉的《理解媒介》，已出四版，并入选"改革开放 30 年最具影响力的 300 本书"，被引用率长期独占鳌头，这也一直是何老师的得意之处。

何老师对待翻译可谓是一丝不苟、孜孜不倦、精益求精、臻于至善。何老师完成的近百部译作，总计 2000 万字，平摊到何老师进入翻译的黄金时间（退休后）计算，那就是以每年 100 万字的翻译速度推进工作。这样的速度对于一个年富力强的中青年人来说都难以完成，更何况是退休后的何老师，如此艰巨的任务要在怎样的时间管理之下才能悉数完成？

何老师退休后的生活作息，可以用"夙兴夜寐，靡有朝矣"来形容。在众人皆睡的凌晨三点，何老师开始了一天的工作，每天工作十几个小时，据何老师自己统计，"每天译文三千字，每月十万字，每年一百万字"，如果没有对翻译事业的热爱和执着，没有咬钉嚼铁的顽强精神的支撑，是不可能高质高产完成一部又一部的宏伟译著。

对于我个人，知晓何老师是从学生时期阅读他的译著开始的，后来有幸来到何老师工作的深圳大学就职。在传播学院因工作之需与何老师保持着联系，通过日常接触，更是有机会观察和学习何老师的治学、为人之道，令晚辈敬佩有加，肃然起敬。

在何道宽老师从教 60 周年，又恰逢是何老师在深圳大学工作 30 周年之际，深圳大学传播学院和中国大百科全书出版社出版这本《焚膏集：理解文化与传播》，以及何老师的另外两部文集《问麦集：理解麦克卢汉》《融媒集：理解媒介环境学》，收录了何道宽先生为百本译著所做的序跋，译著的学科门类广泛，涉及中国文化研究、中美文化比较研究、人文社科研究、传播学研究、媒介环境学研究、麦克卢汉研究。百部著作的翻译足以彰显何道宽先生丰富的人文知识、开阔的学术视野、跨学科的思维体系，他脚踏中西文化，方能完成大规模的学术译介。

莫道桑榆晚，为霞尚满天！祝愿何道宽老师耄耋之年身体健康，学术道路越走越宽！

文化之"学"与传播之"术"：
何道宽先生的学术翻译

李思乐

　　何道宽教授是中国"资深翻译家"，在翻译界和传播学界都享有盛誉，晚生仰慕已久。先生一生勤勉，治学严谨而惯于低调谦逊，惜时如金而乐于扶掖后学。我的恩师姜飞教授曾言，何道宽先生是注定要载入传播学历史的人物。我深以为然。2022年9月8日清早接到何老电话，邀我为其文集《焚膏集：理解文化与传播》作序，虽诚惶诚恐，但亦深感荣幸。作为同样由外语转向传播学的后学，我深知译事之艰辛，更知何老译著对中国传播学发展之重要，遂成此文，是为序。

脚踏中西：常作中国传播研究领路人

　　自20世纪80年代以来，学术翻译不但开启了中国与世界文明的学术对话，而且在某种程度上重构了中国的知识传统、学术生态和话语体系。彼时，各大出版社以丛书或文库的形式翻译出版的大批西方经典之作，如商务印书馆的"汉译世界学术名著丛书"等，为当时的中国学术界输送了新鲜血液。何老浸淫中西文化多年，躬耕于学术翻译四十余载，一贯认为"学术翻译是一座桥梁，对人类各层面的交流影响深远"①，其目光从未游离于文化与传播。即使在退休后，仍孜孜矻矻、甘之如饴，每天至少完成3000字的翻译量，成果呈井喷之势，令后辈感佩至深。

何老虽矢志于翻译，但受制于中国当时宏观的出版环境，起步之时也并非一片坦途。时至今日，尽管学术翻译是"翻译实践和翻译研究中极为重要的一个领域，然而长期得不到足够重视"②，在主流的翻译史研究中，学术翻译史也逃脱不了"被忽略、被掩蔽"的命运③。勒菲弗尔（Lefevere）在《翻译、重写和文学名声的操纵》（*Translation, Rewriting, and the Manipulation of Literary Fame*）一书中比较详细地阐述了"赞助人"在文学系统中的作用，认为"赞助人"是"那些可以推进或是阻碍文学阅读、写作和改写的权力"④。翻译活动作为社会文化系统中的重要构件，翻译本身和结果会受到文化场域的变迁、意识形态的较量、实体性赞助人的偏好等翻译之外的各种隐匿的"权力"的交互影响。何老在当时"学术市场萎缩，学术译著凋零"的现实语境下⑤，学术译著出版也遭遇颇多羁绊：其首译的霍尔（Hall）经典之作《无声的语言》（*The Silent Language*）不幸因出版社的原因流产；在重庆出版社翻译出版的"外国文化研究丛书"《文化树》（*The Tree of Culture*）、《超越文化》（*Beyond Culture*）、《文艺复兴盛期》（*High Renaissance*）被迫依次署名为何道宽、韩海生和洪洞仁；所翻

---

① 罗婉：《何道宽：像永动机一样把学问做下去，直至永远》，《晶报》，2017年8月12日，第B04版。

② 吴文安：《学术翻译之难——以本雅明〈译者的任务〉选段为例》，《中国翻译》，第3期，第121—125页。

③ 方梦之，庄智象：《翻译史研究：不囿于文学翻译——〈中国翻译家研究〉前言》，《上海翻译》，2016年，第3期，第1—8页。

④ Lefevere, André, *Translation, Rewriting, and the Manipulation of Literary Fame*, London and New York: Routledge, 1992.

⑤ 何道宽：《麦克卢汉在中国》，《深圳大学学报》，2000年，第6期，第97—102页。

译的第一版的《理解媒介》（*Understanding Media: The Extensions of Man*）的书名也被迫改为《人的延伸——媒介通论》。然而，即便如此，何老凭借其坚韧的毅力、敏锐的学术嗅觉和满腔的使命感力挽狂澜，不但率先引进了跨文化传播学，还同其他早期译者一道，加速了传播学从西方到中国的"理论旅行"，不断拓宽着中国传播学的理论版图和知识地图。

譬如，虽然何老很早就意识到了中国信息技术的快速发展与传播学理论之间的张力，并下决心引进麦克卢汉，但 1992 年四川人民出版社出版的《理解媒介》中译本第一版效果不彰，沦为了时代"早产儿"。何老从未气馁，多年的学术坚守让其仍以一己之力成建制地翻译了媒介环境学派的众多著作，让麦克卢汉研究在中国从学术舞台边缘走向了中心。他的译本对中国学者研究麦克卢汉学问发挥了重要作用。据统计，《理解媒介》三版汉译本的被引率远超英文原版，且仅 2000 年出版的第二版的总引用率已达4875 次。[①] 何老以极大的勇气和魄力，走在了时代的前列，桥接了中外媒介环境学派之间的学术对话，引领了中国媒介环境学派的"学术时代"。

何老早年涉猎广泛，人类学、文化学、社会学、传播学等经典名著无所不读，泰勒、博厄斯、林顿、克拉克洪、米德、涂尔干等无所不晓。人文社科领域广泛，学科间差异性大，有一定的专业壁垒，外行人想翻译好某个领域的著作难度较大。德国翻译理论家诺伊贝特（Neubert）曾指出译者翻译能力中的学科能力（subject competence）的重要性。[②] 在学术翻译中，这种专业知识的积累甚为关键。周领顺教授同样认为："合格的学术译评者

---

① 宋晓舟：《学科发展与翻译贡献——传播学译著的"何道宽现象"探究》，《上海翻译》，2018 年第 2 期，第 18—23 页。

② Neubert, A, "Competence in Language, in Languages, and in Translation", in Schaffner, C. & Beverly Adab (eds.), *Developing Translation Competence*, Amsterdam/Philadelphia: John Benjamins Publishing Company, 2000, pp. 3-18.

也应该是'懂行'的翻译家，要具有跨学科的知识素养。"① 毋庸讳言，何老渊博的知识为其学术翻译奠定了良好的基础。通常情况下，在社科领域，外语好、懂专业的内行人往往由学者而译者，承担了所涉领域重要著作的翻译工作，如贺麟翻译黑格尔，邓晓芒翻译康德等，像何老这样从外语界跨行到某一社科领域，"由外行而内行"的学人并不多见。更难能可贵的是，何老由译者而学者，且其"学者型"翻译得到了传播学界的普遍认可。复旦大学黄旦教授评价道，"何道宽教授的译著已对中国传播学研究产生了广泛影响，并且将具有长期的效用，他为培育我国新兴的传播学科做出了重大的贡献"；北京外国语大学展江教授认为何老是"中国传播学高水平专著翻译第一人，为引进整个传播学环境学派居功至高"②。何老应邀参与"新闻学与传播学名词"中"媒介环境学"的撰写，受邀为《影响传播学发展的西方学人》撰写论文"莱文森：数字时代的麦克卢汉，立体型的多面手"和"麦克卢汉：媒介理论的播种者和解放者"③ 以及在新闻传播学权威期刊发表的《媒介环境学：从边缘到殿堂》等系列论文无不表征了其作为权威传播学者的属性。何老无疑已经"超越了译者角色，成为麦克卢汉在中国的代言人和研究专家"④。

一仆两主：甘为名家名著"摆渡人"

杨绛先生曾用"一仆二主"来诠释译者之使命，意即译者得像仆人一样，还得同时伺候着原著和译文的读者这两个主人。虽夸张了一点，但

---

① 周领顺：《学术翻译研究与批评论纲》，《外语研究》，2008 年第 1 期：第 78—84 页。

② 何道宽：《夙兴集：闻道·播火·摆渡》，复旦大学出版社，2013 年。

③ 戴元光：《影响传播学发展的西方学人》，中国大百科全书出版社，2012 年。

④ 宋晓舟：《学科发展与翻译贡献——传播学译著的"何道宽现象"探究》，《上海翻译》，2018 年第 2 期，第 18—23 页。

好的译者应该是作者与读者的核心链接者。何老就是这样的译者，他不但与已故的作者实现了跨越时空的思想勾连，还与部分当代学者建立了深厚的学术联系。美国跨文化传播（交际）学奠基人之一迈克尔·普罗瑟教授（Michael Prosser）认为何老是中国跨文化传播（交际）学的奠基人，并欣然将《文化对话：跨文化传播导论》（*The Cultural Dialogue: An Introduction to Intercultural Communication*）的中文版权交给他。媒介环境学派的第三代旗手莱文森（Levinson）与何老学术互动颇为频繁，不仅为何老给他翻译的每一部译著写了中文版序言，让何老的中文版《手机》（*Cellphone*）几乎与英文原著同时出版，还与何老共同编辑并由何老翻译出版《莱文森精粹》（*The Essential Levinson*）。莱文森对其评价道，"每当一位中国学生告诉我他正在读我的书，我仿佛就能看到何道宽先生辛勤耕耘的重要果实——中国学生向我通报这方面信息的情况越来越频繁了。"①

现代翻译理论早已超越了传统的"化境论"和"隐形论"，把被遮蔽了的译者主体性纳入了研究视野②，甚至给译者赋权，给所谓的"创造性叛逆"一定的话语空间。何老曾在多个场合重申其所倡导的"五个对得起"，即对得起作者、出版社、读者、自己和后世。③这一说法意味着何老将翻译中的各个重要利益主体都纳入了考量。其实，无论作为译者还是学者，何老都有非常强烈的主体意识和人文精神，几乎所有译著都有译者序言或后记，或兼而有之。他这么做既是一种出于对读者和作者双重负责的无意识，更是希望建构起作为译者的阐释主体身份以便更好地进行文本对话，促进不同主体之间的视界融合。何老译著中的译者注多且翔实，如《作为变革动

---

① 何道宽：《夙兴集：闻道·播火·摆渡》，复旦大学出版社，2013 年。

② 查明建、田雨：《论译者主体性——从译者文化地位的边缘化谈起》，《中国翻译》，2003 年第 1 期，第 21—26 页。

③ 蒋津津：《"百万教授"何道宽：对于学术，我甘坐冷板凳，坐得下来》，《晶报》，2019 年 11 月 11 日，第 A01 版。

因的印刷机》(*The Printing Press as an Agent of Change*) 中注释多达 2000 余条，逾 10 万字[①]；译著《帝国与传播》(*Empire and Communications*) 注释达 534 条，《变化中的时间观念》(*Changing Concepts of Time*) 和《机器新娘》(*The Mechanical Bride: Folklore of Industrial Man*) 中的注释也多达几百条[②]。不仅如此，何老对所译原著中的思想早就驾轻就熟，如在《无声的语言》译后序中详细地指导读者如何使用霍尔的“文化系统分析法”[③]。这些注释虽然花费了何老大量的时间精力，但这种“深描”式的翻译对读者理解原作、体悟作者思想发挥了重要作用。

学术翻译中的术语翻译关乎术语的“合法性”和学术生命，而译者则在某种程度上充当了术语首倡者甚至把关人的角色。北大辜正坤教授曾经发文强调过术语翻译中甄别和校正的重要性，并批判了一些误译对译入语语言和文化所造成的伤害。[④]何老一向重视关键术语的翻译，也曾坦言过在翻译美国传播学者彼得斯（Peters）著作《交流的无奈》(*Speaking into the Air: A History of the Idea of Communication*) 中的“communication”一词时所做的谨慎选择。[⑤]再如，何老也主张将“media ecology”翻译成“媒介环境学”而非“媒介生态学”[⑥]，且并不认同将麦克卢汉的重要论断“The

---

① 宋晓舟：《学科发展与翻译贡献——传播学译著的“何道宽现象”探究》，《上海翻译》，2018 年第 2 期，第 18—23 页。

② 宋晓舟、林大津：《学术翻译与中国媒介环境学的发展——何道宽教授访谈录》，《国际新闻界》，2016 年第 9 期，第 6—19 页。

③ ［美］爱德华·霍尔：《无声的语言》，何道宽译，北京大学出版社，2010 年。

④ 辜正坤：《外来术语翻译与中国学术问题》，《中国翻译》，1998 年第 6 期，第 17—22 页。

⑤ 何道宽：《翻译的无奈——翻译 communication 的思考》，《中国翻译》，2004 年第 4 期，第 59—60 页。

⑥ 宋晓舟、林大津：《学术翻译与中国媒介环境学的发展——何道宽教授访谈录》，《国际新闻界》，2016 年第 9 期，第 6—19 页。

Medium is The Message"翻译成"媒介即信息"①。为了追求更好的翻译品质，何老也十分重视重译工作。眼下何老的重译主要分为两类：一类是重新翻译自己以前翻译过的，比如重译《无声的语言》和《超越文化》，意在修正译著中某些关键概念；第二类是重译别人以前已经翻译过的，比如《传播学概论》(*Men, Women, Messages and Media: Understanding Human Communication*)。该书是美国传播学的创始人施拉姆（Schramm）和波特（Porter）所著，已有两个中译本，重译的原因在于有的译本过于"活"（free），有的译本仍有"不少可以商榷之处"。②何老的重译在时间和空间上延展了这些重要文本的生命。

为学日益，为道日损，正是何老退休后的极简主义生活之道让其得以"焚膏油以继晷，恒兀兀以穷年"。何老《焚膏集：理解文化与传播》便透着这样一种"不舍昼夜"的光阴之美。这部文集紧扣文化与传播两个主题，不但集结了其对中国文化与西方文化的高才远识、对跨文化传播的殷殷期盼、对所译人文社科文化名著的真知灼见，还彰显了中国当代知识分子对立言立德的价值追求。而这一文集，也只是何老学术成果之"冰山一角"。先生之功，吾辈不能及也。

---

① 张瑞希、余雄飞：《关于"媒介即讯息"的误读——与何道宽的学术对话》，《华中传播研究》，2017年，第1期，第6—9页。

② 何道宽：《夙兴集：闻道·播火·摆渡》，复旦大学出版社，2013年。

奋斗与奉献：死心塌地做学问 [1]

何道宽

一、吃苦是福

祖父是我的启蒙老师，他失明后，我入私塾读旧学三年，能背《四书》《幼学》，亦涉《尺牍》《五经》。9 岁入私塾中的"新学"。至今尚能记诵其间所学的《向日葵》《千人糕》。前者是歌颂共产党的通俗歌谣。继后的两年入小学五六年级。在新旧学校陡转期间难以适应，算术欠佳。11 岁升中学时因个子瘦小而险些被拒之门外。

中学 6 年家境贫寒，半工半读，课余、周末及寒暑假均需参加长期而繁重的体力劳动，挣钱读书。虽经刻苦努力，始终不能进入"尖子"行列，且数理化成绩仅属良好。因个子瘦小而连续 5 年体育课不及格。中学最后一年发愤练中长跑，终于以项目优势而使体育达标，顺利毕业。

1959 年，我以第一名成绩考入四川外语学院（川外）英语系。大学 4 年，贫病饥寒，患严重肺结核和肠胃炎，长期失眠，体重尚不到 75 斤。严

---

① 原载于《无悔岁月》（海天出版社，1998）。文字有删节。

重的经济困难淘汰了许多意志薄弱的学生，但是，我却能以坚强的意志、高昂的志气、超常的刻苦而始终名列前茅。究其原因有三：①中学6年贫寒的家境和超常的体力劳动磨炼了我的意志。别人难以忍受的困难我竟浑然不觉。饥肠辘辘的我仍坚持跑步和冬季冷水浴。虽卧病仍坚持读书背书。只要精神不垮，仍然可以不怕苦不怕病不怕死。②爱因斯坦说，"只有热爱才是最好的老师"。我迷恋英语。入大学后即开始大量阅读，英语为我展开了一片广阔的新天地。③雷锋的"钉子"精神激励我惜时如金，一年365天每天我都能比常人多学习至少两个小时。4年大学生活，仅于1962年暑假回家一次。4年用于学习的时间，少说要比一般同学多出几千学时。1963年毕业留校任教，我的成绩是拼出来的。

二、机不可失

回顾人生历程，我抓住了三次机会。第一次是在国家经济困难时期，我有幸攻读自己热爱的专业，欣喜不已。4年时间，贫病饥寒交迫。不少经济和身体情况比我好的同学消沉了，我却以超人的勤奋取得优异成绩。虽然健康受到损害而至今不悔。第二次是1978年报考研究生。当时我已逾36岁，国家放宽年龄后，备考仓促，仍决心一搏。第三次是1980年报考四川省首批赴美的访问学者。每一次挑战都提供了"强化"读书的契机。大学4年，几乎读完了学校图书馆的英文藏书。1978年应考研究生的两个月中，除去读几十本备考的政治、语文英语书之外，还做了大量的英汉翻译练习。记得乘船到南京的三天时间，在船上翻译了三峡风光等数十篇剪报。除了李白的《早发白帝城》之外，朦胧记得还译过一篇"板桥诗"："谁家女多娇，何故落小桥。青丝随浪转，粉面泛波涛。"那次汉译英的考试题有巴金怀念陈毅副总理的一段文字。巴金的文风明白晓畅，其难度当在我备考所译的古诗文之下，考起来自然得心应手。我有幸成为陈嘉先生录取的三个弟子之一，受惠无穷。1980 年，川外受命派遣一位教师赴美留学。备考时间不到一月，我把备考重点放在汉译英上。手边有一册《批林批孔材料汇编》，其中的"毒草"有《千字文》《增广贤文》等。我将这些东西口译数遍。考试的汉译英短文题为《愿你风华正茂》（王通讯著）。试卷一到手，我就喜不自禁。因为王通讯等人刚推出的"人才学"，我甚喜欢，且藏有几本相关著作。故这类文字正是我的长处，兹录其中一句话以明之："尤其在当前，注意学科和学科间的联系和渗透，有些甚至是大跨度的联系，如自然科学和社会科学间产生的许多边缘学科，常常会收到有意栽花花不发，无心插柳柳成荫之效。"当时，"大跨度""边缘学科"难倒了许多人，我却能得心应手。"有意栽花"不正是出自我口译了几次的《增广》吗？

三、发愤读书

自 1963 年至今执教 35 年，深感学而后知不足。理想的教师应能传道授业解惑。给学生一合，教师应有一斗。1963—1966 年，我一个人顶两个人，工作太忙，无暇读书。"文化大革命"十年，无心读书（亦无书可读）。"文化大革命"结束，决心补救。1978—1981 年，读研究生，出国留学，大过书瘾。1982—1987 年，主持比较文化研究室工作，购书近千册，或精读，或浏览，或翻检。这批藏书涵盖了人文社科的多数领域，大多是各学科的基础书，对拓宽视野、厚积薄发大有裨益。丛书中举其要者有商务印书馆的"汉译名著"、湖南人民出版社的"走向世界"、四川人民出版社的"走向未来"、上海译文出版社的"学术译丛"、生活·读书·新知三联书店的"新知文库"、浙江人民出版社的"世界文化"、辽宁人民出版社的"面向世界"、上海人民出版社的"中国文化"。1987—1989 年我翻译人类学、文化学、传播学的经典名著，饱览了到手的几十册著作，从泰勒、博厄斯、林顿、克拉克洪、潘乃迪到米德，从涂尔干到麦克卢汉无不涉猎；对未来学也发生了浓厚的兴趣，卡恩、托夫勒、奈斯比特、罗马俱乐部的代表作都进入视野，能分清所谓悲观派和乐观派。1989—1991年回到中国经典，读四书老庄，翻检《史记》，补中哲史；读思想史、美学史、史学史，旁及政治史、经济史。1990—1993年组建四川外语学院美国学研究中心，获美国领事馆赠送的图书数十种，从纵轴上理清美国社会史、文化史的演变，横轴上把握其主要特征。数十年来我的另一个读书重点是跨文化交际。许烺光、霍尔、康顿、古迪肯斯特、柯尔、兰迪斯的著作都尽量搜求，并尽力引进国内。数十年积累的《新华文摘》《读书》《文史知识》等刊物和3000余册藏书使我获益匪浅。

四、立德、立功、立言

关于人的使命，古今中外的经典和名人教导相似，所见略同。《左传》所云"立德、立功、立言"（三立），说的是做人、济世和留给后世的思想。《大学》所云"明明德、亲民、止于至善""修身齐家治国平天下""格物致知正心诚意"相当全面地阐述了做人做事、经国济世的道理。诸葛亮着重指出修身养德、治学广才的道路：淡泊明志、宁静致远。巴斯德与中国古人的"三立"也心心相印。他说："立志、工作、成功是人类活动的三大要素。"由此可见，人的全面发展和使命是共通的。

人要有志气、有精神、有毅力。莫泊桑说："是精神指使了、带动了、支持了身体的活动。"我们首先要争取做一个道德高尚的"大丈夫"，而不能首先想"自我实现"。大丈夫首先想到的是经国济世、遗泽后人。"三立"的目的是"治国平天下"。"自我实现"的目的多半是"小我"。以"三立"为目的者意气风发、坚韧不拔、淡泊宁静、舍身取义。我之所以在国家经济生活的困难时期舍命读书，有两个原因：一是幼年朦胧背诵的"大丈夫"

豪语"贫贱不能移"的激励，二是共产党的教导和雷锋的榜样。

关于立德，我的体会是，高尚的品德和情操要落实在自己的工作中。我教书 35 年，无论是在极其繁忙的 20 世纪 60 年代，还是在被商海冲击的 80 年代，抑或是在教学行政繁忙的 90 年代，始终全身心地忠诚于教育事业。夙兴夜寐、挑灯秉烛，恨不得把毕生所学奉献给学生。安于清贫、安于寂寞，排除干扰、拒斥诱惑，献身教育和学术。"当一个人完全地……完全地……完全地献身之后，他就没有忧愁，也没有负累了。"屠格涅夫说。

立言是教授的神圣职责。不立言愧对学生、愧对后世，名不副实，为人不齿。从我 1983 年开始发表略有影响的著译算起，到了 1998 年共有 200 余万字，能传之后世的东西几近于零，每念及此，不禁汗颜惶悚。耿耿于怀的是，繁忙的行政占去了读书写书的时间。年近甲子后，精力不济，再也不能长期夙兴夜寐、挑灯秉烛了。然而，无论多忙，述而不作总不是上策。聊以自慰的是，我最早将跨文化交际学作为一门独立的学科引进国内（1983 年），且在 20 世纪 80 年代和 90 年代初抓住机遇译了一些文化学和传播学的经典和名著，要者为麦克卢汉的《人的延伸》（即《理解媒介》）、林顿的《文化树》、霍尔的《超越文化》，接着又推出国内第一部用英文撰写的旅游文化书《创意导游》。撰写的《中国文化》（英汉对照）酝酿 10 年，久蓄待发，意在向外传播中国文化，同时对年轻一代进行中国文化的"再启蒙"，并使他们会用英语介绍中国文化。

五、不做平面人

当代已不可能再产生文艺复兴时期那种百科全书似的人。但是，世界高校的共识又是要实行通识教育，文理汇通，德智体美劳、德识才学业艺全面发展，不做平面人，不做"半个人"。现在，我检讨自己的生平谈谈几个关系：博与专、中与西、文与理、学与戏、学与欲、学与钱、古与今、今与明的关系。

我求学成人的时代，大学分科太细太窄。我就读于这样的外语学院，知识单薄、结构失衡，虽几乎读遍学校图书馆的英文藏书，但是仍然没有越出语言文学的樊篱，更没有丝毫理科营养。大学 4 年，换了一个脑筋，数理化忘得一干二净，好不痛心。1978 年入南京大学读研究生，1980 年游学美国，才震惊于自己的无知和偏狭。1993 年在母校校庆的学术报告会上，我痛心疾首、大声疾呼：外语师生不能不中不西，更不能数典忘祖；不能当只知 ABC 的"文盲"（对大文科一窍不通），不能当"科盲"（连科普知识都没有）。1981 年在美国大学修读"欧洲哲学史"，老师给我两次机会，叫我讲毛泽东哲学时，我能胜任，反应亦不错；叫我讲古代哲学史，我却连老庄都尚未拜读，羞愧难当。几十年来的两代人，多半已数典忘祖，对中国古典一无所知，岂不痛心。21 世纪来临前我不擅于使用电脑，连这张新世纪的通行证也没有拿到手，好不羞愧。我是一个纯书斋型的教书匠，虽对人类学、考古学、民俗学、民族学抱有浓厚的兴趣，但是不善于也不会做田野工作。聊以自慰的是，认识到自己的不足后能幡然醒悟，尽力补救。目睹现实的弊端时，我能够旗帜鲜明地予以抗争。每当人们厚今非古、厚西非中时，我能够紧守中国文化的精华。我曾经写下《中国文化的生命力》（1986）和《试论中国人的隐私》（1996）。当物欲横流、下海狂潮搅乱人心时，我写下《奉献的乐趣》（1992）。当未来学传入中国时，我能以乐观派的目光遥望 21 世纪的中国和世界文化的走向。当"崇美"之风吹得一些人晕头转向时，我能够公允地评价美国文化的短长，写下《论美国文化的显著特征》（1994）。

六、经验和教训

先说经验。此生最大的乐趣是把握机会读书，20 世纪 80 年代又抓住一次机会引介西方人文社科的优秀成果。现仅将大学 4 年学习的几点体会简述如下：①"贫困是智慧之母"（福楼拜）。少年求学时的贫困锤炼了我的意志，使我能战胜大学期间的贫病饥寒。②惜时如金。我把别人游乐的课余、周末、假期全部用于读书，"抢"出了数千小时的光阴。我的时间安排是：每 5 分钟记一些单词或句型，每周读两本书，工作日、周末各一本。③大量背诵名言名篇。在这一点上我要感谢祖父对我的影响。他失明十余年后，直到我 1959 年外出求学时，仍然记得各种医典中的处方。他常能嘱我准确找到章句页码，并以书中的处方为基础给亲友治病。此外，儿时背诵的启蒙书和"四书"也使我受益匪浅。这些经验使我深信：学外语要背。大学低年级临考前，我能在早餐前将一本精读课的课文全部背完。这样去参加考试岂不轻而易举。直到三年级，我还能背诵很长的故事，曾以《瑞普·凡·温克尔》（*Rip Van Winkle*）获全系比赛第一名，被老师评价为"wonderful"。背诵培根《论读书》不但使我学到精巧的散文，而且使我学会有选择地读书。④"读"字典，评字典。大一时"读"完一本袖珍字典和《英语惯用法词典》《英语常词用法词典》，受益不浅。毕业论文《评几本常用的英语词典》受到老师很高的评价。

此生教训不少，要者有：

1. 大学第一年，年轻气盛，搞垮了身体。当时劳动繁重，食不果腹，竟然不知进食与消耗要基本平衡的道理。饥肠辘辘、体力不支时，还误以为是自己意志薄弱，依然拼命读书，练长跑，洗冷水浴，很快就患上了严重的肺结核和肠胃炎，以致骨瘦如柴，几乎不起。

2. 尽力补救不足，但仍然是"单向人"。现在的我，理科知识近乎零，电脑亦用不好。既不能歌舞，也不会琴棋书画，少了许多乐趣，学问亦不能精通。说到理科知识和艺术细胞，我想用切身体会强调后天培养的重要性。读小学时，我不乏美、音、舞的天分。曾跳过《采茶舞》，又是全校合唱团的团长兼指挥，临摹和写生也像模像样。音乐和美术老师江仿涛精心培养我们一批有艺术细胞的孩子，早上练声，下午写生，周末练合唱。那是我艺术细胞"疯长"的两年。此间，我独唱过《你是灯塔》，指挥过《歌唱祖国》《八路军之歌》《中国人民解放军进行曲》等歌曲。因此而崭露头角，风头十足。可惜，好景不长。一进初中后我的艺术细胞很快萎谢了，书艺竟完全退化。原因很简单，家境的困难使我几乎辍学。中学时期的教训是偏科。读高三时，英语老师刘幼安曾令我给高一的同学讲英语语法。数理化成绩在班上不能冒尖，后来就不再用心。理科成绩上不去的客观原因是：幼年以旧学为主，只有两年的数学基础。少年时期又几乎辍学，理科学习的时间没有保障，兴趣也培养不起来。

3. 大学时期的专业太窄。四年与数理化绝缘，学校仅有的艺术氛围自己又不会利用。那个时代的四川外语学院曾提出扫除国际舞的"舞盲"，但是我只知读书，成了拽不进舞场的顽固分子。

七、如果我有第二次生命

今生有悔，因为有上述那么多遗憾和教训。今生不悔，因为我没有虚度年华。如果有第二次生命，我仍要以奉献为乐，还是要立德立功、经国济世、服务人民、耕耘学园、哺育桃李，而且要争取立言，给后世留下一些读之有益有味的东西。无论社会多么痴迷玩乐享受，我仍然要淡泊明志、宁静致远。纵然寂寞清贫（相对的清贫）也会甘之如饴，无怨无悔。今生的惋惜和悔愧，确实不少。如果我有第二次生命，我想弥补许多不足，力争做一个相对的"完人"。

1. 少不更事时要听长者指导，切不可因为蛮干而搞垮身体。

2. 要培养艺术细胞。美音舞琴棋画诗文影戏曲杂都想学一点。

3. 要"读完"中西传世大典，其中有些要精读。要继承祖宗精神财富，又要站在人类文化遗产的巅峰。

4. 既要读万卷书，又要行万里路。此生书读得不少，可行路不多。几年前撰写《创意导游》时，由于游历太少，很难深入提高，对经验之匮乏有切肤之痛。

5. 留下一部传世之作。今生的著述恐经不住时间汰洗，很快会被人遗忘。愧对老师、愧对读者、愧对学生。

八、与年轻学子共勉

我名鸿仁，字道宽，可是对儒道精神既不通晓，亦未继承，更未发扬。虽为教授，实则对人类文化精华两眼一抹黑。若要名实相副，余生尚须努力。

站在 21 世纪的门槛上，人类正以新的理智，在前无古人的高度憧憬着光辉灿烂、美妙无比的明天。以英格尔斯提出的现代人的 12 条标准来衡量，我这位年近"耳顺"的人差得很远。我很想以此与年轻学子共勉之。兹录于此：①乐于接受新事物；②接受社会变革；③思路广阔，头脑开放；④注重现在和未来，守时、惜时；⑤有强烈的个人效能感，有计划地生活和工作；⑥尊重知识；⑦可靠可信；⑧重视专门技术；⑨选择离开传统所尊敬的职业，敢于提出挑战；⑩ 相互了解、尊重和自尊；⑪ 熟悉生产过程。这就是对"完人"的一种诠释吧，余心仪之。

第一部

中国文化研究

多元一体的文明:《中华文明撷要》序 ^①

文化像一座冰山，一望而知的仅仅是浮在水面的冰山之巅而已。文化又像是人的心理，很大一部分处在无意识之中。不通过长期而艰苦的学习，我们就不能认识自己的文化。

在全球化的今天，个人、国家和人类的共同利益就是要追求共生、共存、共发展。不学习自己的文化，不了解他人的文化，就不可能彼此尊重、互相学习，就不可能实现千百年来人类梦寐以求的和谐局面。

自 1980 年起，我开始认真学习外国文化和中国文化。这是一个再生的过程，由此而认清了自己的文化身份：既是中国人，又要有世界眼光。这是一个拓宽视野、净化心灵的过程。

自 1985 年起，我在两所大学的本科生和硕士生两个层次执教中国文化，除了开设中国文化课之外，在口译、跨文化交际、旅游文化等课程中突出文化，逐渐形成以文化、比较文化和中国文化为主的教学体制。《中华文明撷要》的大部分内容都融入了课堂教学之中，并经过反复的检验和修正。

---

① 《中华文明撷要》(汉英双语版，外语教学与研究出版社，2004)自序。

中国文化博大精深、源远流长、经久不衰、独具魅力，具有超常的凝聚力和开放性。值此新千年之初，谨以此书奉献给渴望重新学习中国文化的莘莘学子，谨以此书奉献给渴望了解中国人民和中国文化的外国朋友。

本书注意突出以下特点：

1. 有别于现有的其他中国文化读物，有别于一般的历史、文化、导游、概况之类的读物。凡是容易在图书馆和网上检索到的资料一般不收不论。

2. 用描写和阐释相结合的方法、纵横的框架、比较的视角，力争信息密集、发人深省，使之成为精神的食粮。

3. 力求反映历史学、考古学、人类学、神话学、哲学、比较文化学研究的最新成果。

4. 思想力求精深，文字力求平易酣畅；兼顾中外读者需要，同时又经得起专家学者的拷问；既科学严谨，又耐读有趣。

5. 每篇文章尽量短小精悍，务求控制在3000字词以内，能用几百字说清楚的决不拉长到1000字；短小的目的是便于诵读、精研，既便于课堂操作，亦便于茶余饭后的消遣，更要有利于外国学生的入门，以使之不至于望而却步。

本书的英文版在深圳大学的本科生中用过五轮，留学生中用过两次，经受了教学的洗礼。谢谢我的中外学生，他们给了我把本书推向世界的勇气。本书的写作过程，得到深圳大学科研处、教务处和文学院的关怀，得到许多朋友的支持和鼓励，特此致谢。本书原始版本的一部分得到重庆出版社的支持，以第一章"中国历史文化"的形式进入《实用英汉翻译类典》（1997），经受了时间的考验。

本书写作时，先写英文后写中文，力求英语地道、汉语精炼，并力求两种文字都平易流畅，实现神似与形似的完美结合，然而英汉两种文字千差万别，很难做到绝对等值，敬请读者理解原谅。

外籍人士、海外华人、莘莘学子、观光游客，无不可以从这本书中了解中国。国内的涉外人员、在校学生、商务人士均可以将其作为自学读物，老师可以将之作为教材和参考资料。

中国文化博大精深，这本小书只能撷取一鳞半爪，不足以穷其奥妙于万一。笔者的才识学养和笔下功夫，都不足以担当全盘介绍中国文化的神圣使命，敬请海内外贤达不吝赐教。

渴望同好高手合作完成向中国学生和海外人士用英文介绍中国文化的神圣使命。

2003 年 9 月

中华文明的生命力 [①]

中国文化是一种亲和力、凝聚力、生命力、后劲和韧性十足的文化。它至今生机勃发，一些其他的古老文明或已衰落、或已消失而荡然无存。

这一文化得天独厚，拥有比其他古老文明略胜一筹的天然优势：

1. 相对孤立的自然环境有利于维持其独具神韵的特色。

2. 广阔的生存空间留下了大量机动的余地，使众多的部落和民族可以流动迁徙、碰撞交融。早在史前时代，众多的部族就在辽阔的神州大地上繁衍生息，稻作文化、旱地作物文化和游牧文化的先民就在南北纵横的大地上生存发展。这种辽阔的生存空间使其他古老文明难以望其项背，尼罗河、两河流域、印度河流域和希腊的地域都狭小局促。神州居民开发的空间接近 1000 万平方千米，而且这片沃土主要分布在有利于人类生存发展的温带地区。其资源十分丰富，足以养活至少数倍于其他文明的庞大人口。

3. 多样的地形和气候有利于地域文化的繁荣发展。

然而，这一自然环境也有若干不利因素，表现为：

1. 这一环境对人类生存发展十分有利，反而不利于养育一种求诸身外

---

① 节录自《中华文明撷要》（汉英双语版，外语教学与研究出版社，2004）。

的、富有冒险精神的、善于航海的文化。其结果是，人们追求一种平和的生活，一种无戏剧性大事、自然纯朴的生活，一种顺应自然节律的生活。有一首上古时代的歌谣讴歌农夫古朴的生活："日出而作，日入而息，凿井而饮，耕田而食，帝力于我何有哉！"

孔夫子喜欢大陆生活，不喜欢海洋生活。他说："知者乐水，仁者乐山；知者动，仁者静；知者乐，仁者寿。"

实际上，虽然他离海不远，但是他从来没有考虑走出去过海上生活。只是在主张不行、学说不昌、天下不平、落魄失意、心灰意冷之后，他才想到去海上漂泊。

这与善于航海、富有冒险精神、热爱商贸的希腊文化截然相对。

2. 这种自给自足的农耕文化酿造的是意得志满、因循守旧。农夫受土地束缚，安土重迁。他相信生死有命富贵在天，因为他要靠天吃饭，而老天又是靠不住的。他乐天知命，只求耕收获，只求生存足矣。

3. 偏于一隅的自然环境使人产生误解：中国即天下，天下即中国。

3000 年前的《诗经》有云："溥天之下，莫非王土；率土之滨，莫非王臣。"后来，这一误信变本加厉，以至造成愚昧落后。到了近代又膨胀为自我封闭、自我遏制，一时罕有与外域异邦的交流。周期性干旱气候使草场受损，游牧民族生活难以为继，被迫南迁。有时他们受到南方财富的诱惑而向南用兵，掠夺中原农耕地区。

4. 中国陆地面积比欧洲陆地面积略小一些，然而其可耕地却只相当于欧洲可耕地的很小一部分。就此而言，老天并不惠顾中国。中国国土的三分之二被不可开垦的高原和沙漠覆盖吞没。几千年来，稠密人口对有限耕地始终构成极其沉重的压力。

中国陆地被自然屏障阻隔包围，神州先民无法与外域交流。这就酿造了陆地民族的围墙意识，使之不能培育出对海洋的兴趣。

中土先民与希腊人的强烈反差引人注目。中国人为什么背对海洋？希腊人为什么热爱海洋？

回顾并想象这两种文化在发展初期的大致情况并不困难。

中土先民活动地域辽阔，生活空间游刃有余，希腊人的陆地空间局促狭小。神州大地土地肥沃，希腊土地贫瘠不毛。中国陆地之外的海洋浩瀚无际，使人望而生畏。希腊的海洋平和友好，泽及敢于冒险的弄潮儿。倘若中国的海洋似成畏途、难以通行，那么希腊的海洋则像是风平浪静、只待跨越的小游泳池。中国的弄潮儿出海扬帆几日也不见陆地踪影。实际上，他可能出征伊始就葬身鱼腹。希腊的水手却总是很幸运，晴天他可以看到四周星罗棋布的海岛。凭借这些跳板，他可以轻易到达地中海的各个角落去通商、去定居、去征服、去殖民。

黑格尔虽然对中国文化有所贬损，但是他又同时指出中国文化是唯一绵延不绝的古老文明。几个世纪以来，全世界都普遍接受这一观点。

另一个被人们广为认同的观点是：华人和犹太人是两个凝聚力最强的民族。无论他们如何漂洋过海、流离失所，他们都会抱成一团。他们的民族观念、民族认同感非常强烈。

犹太人的凝聚力可以有两种解释。一是发自内心的渴求。他们坚信自己是上帝选民，他们和上帝有圣约，是上帝的宠儿。这一信仰赋予他们无与伦比的自豪。抱着只信上帝的坚定信念，他们始终心怀强烈的使命感，要不辜负上帝的旨意和期望。

第二是来自外部的压力。数千年来，自从被逐出家园之后，他们遭受了无穷无尽的灾难，经历了千辛万苦，惨遭一次又一次的屠杀。他们别无选择，唯有万众一心才能挫败外部的压力。有趣的是，外部的压力正好能加强内部的团结。

然而，就有一些骄傲和团结的犹太移民，居然在中国文化的汪洋大海中冰消雪融了。公元 12 世纪，一批犹太人经过长期的颠沛流离来到中原的开封定居。他们办教堂，做礼拜，可是无法长期坚持。后来终于失去了宗教信仰，失去了民族的身份。他们已经融入中国文化的熔炉之中了。

从古到今，中华文化的熔炉产生了难以抗拒的魔力。千百年来，游牧民族在干旱气候的驱使下一次又一次地挥师南下，侵扰中原乃至全中国，或掠夺财富，或武力征服，或入主中华。然而，无一例外的是，征服者总是被征服，被中华民族高度发达的文化征服。被征服的方式有两种：一是自觉自愿地选择汉化；二是在外在环境的压力下无可奈何地接受吸收和融化。

经历无数的灾难、饥荒、内忧、外患、动荡、分裂之后，中华文明岿然不动，依旧孤傲天下。

如何解释中华文化这种令人惊叹的生命力？这一奇迹和谜团的背后是些什么东西？下文将试图揭开这一谜底。分10个原因来简单勾勒一下。

1.混血与杂交优势

中华历史上曾经发生过大量的混血。第一次发生在5000年前。两条大河流域的先民在黄帝的麾下结成了部落联盟。这个势头在夏、商、周三代中继续保持，直到融合而为华夏民族。这次混血的历史印记非常深刻，直到今天海外华人依然自称为炎黄子孙或华夏儿女。后来的混血差不多周期性地出现。周期性的干旱毁坏草场，游牧民族被迫南迁。外国人比较熟悉的较为著名的例子有：匈奴人、突厥人、鞑靼人、鲜卑人、女真人、蒙古人和满族人，其中一些人已经完全地或者部分地融入了中国文化。但是，不管他们是否失去了自己的民族特征，他们都毫无例外地对中国文化的繁荣做出了自己的贡献。

另一种趋势是在华南，数十个民族在交往中发生混血。较著名的例子是三苗、百越、百濮、氐羌。

混血所产生的突出的优势表现为经典时代的百家争鸣，经典时代也就是孔子活跃的时代，距今约2500年。

2.广阔的生存空间

广袤的疆土提供的生存空间大大超过了其他古代文明所能拥有的生存

空间。华夏文化规模宏大，构成了一个自足的系统。在汉、唐、宋、元盛世，中华帝国与外界积极交往。那时的文化交流几乎是一边倒，中华文化居高临下地流向海外，造成了中国人强烈的优越感和自信心。

3. 亲本优势

几乎一边倒的双向交流曾经两次被颠倒过来。第一次是在汉唐盛世之间的 500 年中。此时天下大乱、纷争迭起，佛教乘虚而入、影响日深。第二次是在近代。彼时的清朝帝制腐朽、日趋衰落。但是，纵然天下大乱、危机深重，中华文化并没有崩溃，也不可能崩溃，因为它有能力焕发青春。

吸收外来文化时，从来不是盲目采纳、照单全收，而是消化、吸收和改造，以适合自己的需要。在这些杂交过程中，中华文化始终是本体，是亲本。

4. 胸怀博大

中华文化之树根深叶茂、万古长青。中华儿女因为自己拥有悠久的文化而充满豪情。5000 年来，尤其是在汉、唐、宋、元等盛世的如日中天、傲视天下的时期，中华文化总是以博大的胸怀去拥抱一切流入中华大地的外来文化。近代两百年的自我封闭仅仅是历史长河中很例外的一段。海陆两路的丝绸之路提供了充分的证明。

5. 和谐——中国文化的精髓

中国人的心目中和谐至上。中国人关注天人合一，关注人与世界的和谐统一。实际上，按照中国人的宇宙观，人与自然是一个不可分割的整体，人和宇宙是一个浑然不分的实体。在人与人、人与社会的关系上，中国人能够自我控制，强调彼此调适，主张实行中庸之道。人群内部和社会内部的不和谐因素和破坏力总是能被减少到最低限度。

6. 书同文

中国文字的同一和规范已经有 2200 年的历史。其重要意义有三点：第一，它历史悠久，黏合力强，促进团结认同，有助于中国人历尽沧桑后保持活力；第二，汉字保留了甲骨文占卜的迷人魅力，它似乎具有一种神秘力量；第三，它能消除方言的分歧。言语不能互通的人可以用汉字交流。操不同方言的中国人能够共享几千年积累的文化遗产。

7. 文化寻根意识

大多数中国人从来不信唯一神，不信一位无所不在、全知全能的独一无二的上帝。这并不意味着中国人缺乏偶像，缺乏一种近似宗教的虔诚感情。中国神话中的黄帝亦神亦人，成为我们共同的人文始祖。祖先崇拜、宗法观念满足了中国人的宗教要求，取代了一神教的信仰。始祖崇拜成为团结中国人的最强有力的纽带，无论是在天下何方，对故土的热爱、对故乡的渴求使海外华人无不怦然心跳。羁旅愈久、足迹愈远，依恋愈深。中国心不会变，本色不会褪，对黄帝的认同不会丢。

8. 地区文化不闹独立

上一段文字隐含着一个命题：大一统的思想几千年来很得人心。中华文化举国同一、标准一致。不错，中国文化产生了显著的地域差别。然而，无论其差异是多么悬殊，在中华文化特征的照耀之下，地区文化都略显苍白。在世界上的古老帝国之中，这一特征是独一无二的。

中华文化磨平了大多数地域差异和相当大的民族差异。中华各地区、各阶层、各民族在生活的各个方面都享受许多共同的遗产：官话同，书写同，车轨同，度量同，科举同，官职同，对圣君明主的信仰也相同……

在这一点上，中国与其他的古老文明和庞大帝国构成了强烈的反差。这些文明和帝国都未能推行类似的制度。首先，他们未能培育凝聚力和向心力，也未能形成大一统的国家和民族。亚历山大大帝的希腊帝国、罗马帝国、波斯帝国、孔雀王朝、查里曼帝国是如此，奥斯曼帝国是如此，沙皇俄国亦是如此。

9. 循环的历史观

中国历史上的分分合合使中国人相信，历史按照分分合合的周期展开。

《三国演义》云："话说天下大势，分久必合，合久必分"。因此，哪怕是在危机深重、天下大乱之时，中国人也坚定地相信，他们的文化具有经久不衰的价值。死而复生、凤凰涅槃的信仰是不可动摇的。事实上，中国文化经受住了一切历史风暴和危机的洗礼与考验。

10. 独特的集体主义和爱国主义

这方面有两个突出的观念：家国同构，关心国家大事和人民利益。分析以下三个词汇的构成，是很有意思的：家、国、国家。与"country""state"对应的词有两个：国家、国。第一个对应词"国家"的构造说明，"国"和"家"是密不可分的。请注意在"国家"这个词里，"家"是中心词，是基础，"国"只是其延伸和放大而已；再来看"country"和"state"的第二个对应词"国"。"国"这个词是"国家"的省略式。这又说明，作为基础的"家"可要可不要，作为延伸的"国"反而是必须保留的。

中国知识分子把这一观念推向了极端。儒家处理个人、家庭和国家的关系时，总是心怀这样的理想：修身齐家治国平天下。而且，这一理想成了全体国人的信仰和习俗。此外，这个理想还反映在一句警语中：先天下之忧而忧，后天下之乐而乐。这个信念不仅是个人的美德，而且是危机时期中国人的精神支柱。

中国文化深层结构中崇"二"的心理定势 [①]

    中国文化崇尚"二","二"的原型在中国文化的深层结构中占有极其重要的地位。本文拟从神话学、文字学、哲学、民俗学、文学和当代语言学等方面对这一母题提出论证。限于篇幅，每一学科、每一层次的例证只能浓缩到最低限度。

    本文所谓"二"有三层意思。整数二以及由此而派生的偶数，哲学上的"一分为二"与"合二为一"。

    中国人在词句的构造上喜欢双音结构、四字结构；在音韵上将一个音节划分为声和韵两个部分，而且喜爱双声叠韵和叠音；在诗律学上讲究词义对仗、平仄对应；在审美心理上偏爱双数和偶数。在世界各民族文化中，这是最独特、最鲜明的文化个性之一。

    中国哲学最显著特点之一是讲究阴阳相生相克，由此而产生了"一分为二"与"合二为一"的观念。西方人在表述对立统一规律时，不确指对立面的数字，只用一个复数，英文的表述就是"the unity of opposites"。唯独中国人确指对立面的数字为二，唯独中国人用凝练的语言从"一分为二"

---

① 原刊登于《四川外语学院学报》，1990 年第 2 期。

与"合二为一"两个方面去表述这一规律。

中国文化为什么突出这个"二"字？它为何倚重双数和偶数？为何把矛盾的对立面浓缩为"二"？

考察一种民族文化的深层结构，探究其沉积最久的根基，构拟其集体无意识，揭示其文化原型和母题，最好的办法是回到该民族的元初文化中去。挖掘其先民始祖的思维模式和心理特征。这些东西最生动、最真实地映现在创世神话和创生神话中，编入了语言的密码，录进了原初的古籍，留存于风俗习惯里，也体现在审美取向中。让我们首先回到洪荒时代的元初文化中去探幽抉微吧。

一、神话传说

盘古开天辟地的创世神话，正是"一分为二"与"合二为一"的哲学思想的元初形态。洪荒世界混沌如鸡蛋，这说明万物本原归于一。盘古死后，身体发肤化生为天地，混沌世界遂一分为二。盘古化生为二气，阳清之气升而为天，阴浊之气降而为地。这个神话就是"一分为二"与"合二为一"的原型。

中国的创生神话也反映出这个原型。伏羲女娲为人类始祖，人类是阴阳交合而生的。这一阴阳相生的母题与基督教的上帝造人说迥然相异。圣经创世纪云，夏娃是上帝用亚当的一条肋骨和上泥土做成的。《中国神话传说词典》收伏羲女娲图四幅（均为古人所作）。四图一致显示：伏羲女娲人首蛇身、作交尾状；伏羲捧日，女娲捧月；阴阳交合，合二为一。唐代李冗的《独异志》（卷下）亦云：混沌初开之际，伏羲玄蜗兄妹在昆仑山下结为夫妻，繁衍人类。苗族的传说迄今依然指认女娲兄妹为其始祖。

中国古代生殖崇拜的物象有龙、蛇、鸟、鱼、卵等等，这同样反映了阴阳相生的母题。中国史前的古代器物和艺术品中，龙、蛇、鱼、鸟、凤的图形比比皆是，龙人、蛇人、蛇鱼、鱼人混合的图形也举不胜举。这些图形大多是原始的图腾，反映了原始的生殖崇拜。古人在艺术品中酷爱表现的双龙／双鸟，正是崇尚阴阳相生这个母题的生动写照。

二、古代哲学

儒家十三经之首的《易经》把万物的本原归之于一，又将世界一分为二：阴和阳。阴阳相生相克，此消彼长，化生万物。

《易·系辞·第二章》云："是故，易有太极，是生两仪，两仪生四象，四象生八卦。"这里所谓太极是浑然一体的世界元初状态，两仪即阴阳，四象八卦即指万物。阴阳生世界。这个抽象的哲学概念可以用简明的数理文字来表示：一分为二，二分为四，四分为八。这个太极说是哲学上的本体论，具有朴素的唯物论成分。

老子《道德经》第四十二章云："万物负阴而抱阳。"这个阴阳观包含着朴素的辩证法。

一分为二的太极说和合二为一的阴阳说可用太极图（如图1）来表示。

图 1　太极图

中国的五行说把世界一分为五。表面上看，它似乎与一分为二、合二为一的阴阳学说相左。实际上，这两种观念不但协调，而且密不可分。我们常常将二者并称为阴阳五行说，可见崇五崇二完全是和谐一致的。为什

14

么呢？因为金木水火土五种元素的辩证关系是两两相生、两两相克的关系。这个对立统一关系不是五元对立的，而是二元对立的。五行相生的关系是木生火、火生土、土生金、金生水、水生木，如此循环往复，以至无穷（见图2弧线箭头）。与此同时，五行又是两两相克的，水克火、火克金、金克木、木克土、土克水。这个相克关系同样是循环无穷的（见图2直线箭头）。圆周上两两相对的五行从水开始构成一个五角形。

图2　阴阳相生相克图

《易经》中的八卦图也就是阴阳相生相克图，也可以解读为二元对立统一的关系，如图3。

图3　八卦图

八卦的关系均为两两相对：天对地、山对泽、水对火、风对雷。

每卦亦可用符号予以表征，这种符号称为爻（yao），用爻描摹卦的图象称为卦象。爻分阴（--）阳（—）。阴阳二爻的不同组合构成八种卦。

每一卦象征一种客体和物象，即天、地、山、泽、水、火、风、雷。每两卦构成阴阳相反相成的两极。

此外，每两卦又可重叠，构成新卦，共得 64 卦。图中虽未画出 64 卦，但是这个一生二、二生四、循环往复而无穷尽的思想在圆形图中是可以意会的。

古今的干支计年法也体现出这个二分二合的母题。10 个天干为阳，12 个地支为阴，阴阳两两相配成为 60 年为周期的一个甲子，而甲子也是循环往复的。

道家经典《老子》中含有非常丰富的辩证法思想。老子用大量的篇幅论说了阴阳相生相克的思想，如美丑、难易、长短、前后、有无、刚柔、荣辱、巧拙、生死、攻守、静躁，"祸兮，福之所依，福兮，祸之所伏"等。

中国古代兵书中的辩证思想更为丰富，其精髓就是阴阳相生相克。敌我、主客、强弱、攻守、众寡、进退、奇正、动静、勇谋、治乱、胜败都是二分二合的辩证关系。儒道互补的思想是中国几千年哲学思想一以贯之的基本线索。何故？儒家重阳刚进取，道家重阴柔退隐，二者形成阴阳相生相克、此消彼长的对立统一关系。西汉将儒学定为一尊，但是它实际上从未成为独霸天下的唯一思想，而是与道家思想以各种方式融合，相辅相成，这种哲学思想上的二元组合也是中国传统文化心态的体现。

三、汉语文字

中国古代的造字法也反映了丰富的二分二合思想。方块字的构造可解析为"上下左右之位、方圆大小之形"。在方块字中，上下、左右、方圆、大小的构造成分都是二元对立的。汉字造字法可归纳为六种：指事、象形、会意、形声、转注、假借，称为六书。四万多汉字中，绝大多数是会意字和形声字。常用的七千字中，这两种字的比例更大，至少占七八成。这些字全部是典型的二分二合字。氵工为江，是形声字。日月为明，是会意字。《说文》在解析字时，多半是采用这种二分法，例如："好"字解析为从女从子，男女相生之谓好，这也是阴阳相生的思想。

四、汉语音韵

语言的发展是先口语后文字。在汉字发明之前的悠悠岁月中，我们祖先的有声语言也是崇"二"的。

汉语是声调语言。有趣的是，声调的数目恰好为四。古汉语四声为平上去入，中古汉语四声系统巨变，入声消失。可是这个系统顽强地维持住了偶数四，因为古平声一分为二：阴平和阳平。尤为有趣的是，自古至今，中国人都喜欢把四声分为两类：平声和仄声，可见崇"二"的审美定势是多么顽强。

汉语的音乐性在世界语言中，无与伦比。原因何在？让我们勾勒几笔，看看其中"二"的母题：①一个音节中的元音（乐音）所占时值极长，且无辅音连缀；②现代汉语无浊塞音；③元音分四声，语音抑扬顿挫、错落有致、韵律悦耳；④双声、叠韵组成大量的复音词，此一现象为汉语独有；⑤大多数实词（名、形、动）都可以灵活随意地构成叠音词，小儿语中尤其如此；⑥诗律上讲究声调上的平仄相错和相连，讲究词汇类别和意义上的对仗工整。

上述6种原因，除第2条外，都植根于崇"二"这个文化原型。理由如下：①汉语的音节结构一分为二（声和韵），不像西方语言"一分为多"；②"四声"由"二"的母题变异而来，故四声又可以合并为平仄两类；③构词上的双声、叠韵和叠音突出说明了中国人在音韵上对"二"的偏爱和执着。

文字出现以后，音韵审美的心理定势更加发展到登峰造极之境。我们将用两节的篇幅讨论这种审美定势。

五、韵文演变

中国韵文句式的发展轨迹是先有偶字句（四言—六言—四六言并重），后有奇字句（五言—七言—长短句）。《诗》为四言，《骚》为六言，汉赋为四言，六朝以后的骈文以四、六言并重。唐宋以后才有句式参差不齐的长短句（词）。奇字句的演变是先五言后七言。五言诗、七言诗是汉魏以后才逐步定型的，四言六言句式却是先秦定型的。

思想的日益精密、情感的日益细腻，打破了韵文偶字句的范式，看上去似乎是打破了中国文化崇"二"的范式，其实不然。因为律诗（五律、七律）推出了一整套极为严格的"二"的模式（平仄相错、字词对偶），句式上的奇数化在平仄和对偶的格律中得到了圆满的补偿，崇"二"的心理得到了满足。而且从句数上说，五绝、七绝每篇四句，五律、七律每篇八句，也还是二二得四，四二得八。

汉语崇"二"的母题不仅在韵文里表现得淋漓尽致，就是在散文里也顽强地扎下了根。让我们从先秦（尤其的商周）古籍开始，去破译汉语文献中"二"的密码吧。

六、经典中的语言现象

原始经典中潜隐的文化原型最为丰富。中国最早的经典有《尚书》《诗经》《周易》《老子》等。限于篇幅，我们只能解析少数几种。

如果说原始经典蕴含着最丰富的文化原型，那么其中的诗歌尤其能揭示这些原型。因为原初的诗、歌、舞、乐尚未分离，这种浑然一体的诗歌舞乐最足以抒发强烈的情感，最足以负载一个民族的审美情趣。让我们看看"二"在周诗里的深层结构。

《诗经》含诗305首，字2826个，词3400余。"二"的母题表现为大量的双声、叠韵、叠音、四言句、对偶句、流传至今的双音词和四字成语等等。现简略分述如下：

1. 叠音词达359个。象声的有关关、坎坎、锵锵、喈喈等；描摹水的有悠悠、汤汤、滔滔、洋洋等；形容光彩照人的相貌体态的有皇皇、英英、阳阳、矫矫等；形容伟大美好的有穆穆、显显、明明、昭昭等。

2. 双声叠韵词达73个，如参差、踟蹰、邂逅、鸳鸯、逍遥、绸缪、婆娑等。

3. 流传至今和稍有变化保留至今的双音节词有依依、颠覆、辗转、翱翔等和凝固、琴瑟、涟漪、切磋、乔迁等。

4. 有大量四字成语，如辗转反侧、万寿无疆、兢兢业业、悠哉游哉、衣冠楚楚、忧心如焚、毕恭毕敬、惩前毖后、一日三秋、明哲保身等。

5. 四字句占全书92%。全《诗》共7284句，四字句达6667句。

6. 对偶句。两句对偶者如："诲尔谆谆，听我藐藐。""柔则茹之，刚则吐之。""忘我大德，思我小怨。"四句对偶者如："昔我往矣，杨柳依依；今我来思，雨雪霏霏。"

上古的散文同样强烈地昭示出我们对"二"的喜爱。《尚书·洪范》云："无偏无陂，遵王之义；无有作好，遵王之道。无有作恶，遵王之路。无偏无党，王道荡荡。无党无偏，王道平平。无反无侧，王道正直。会其有极，归其有极。"再引一段《周易》里的话："天尊地卑，君臣定牟。卑高以陈，贵贱位矣。动静有常，刚柔断矣。方以类聚，物以群分，吉凶生矣。在天成象，在地成形，变化见矣。"续引《老子》两段为证："将欲弱之，必固强之；将欲废之，必固兴之，将欲夺之，必固与之。""合抱之木，生于毫末；九层之台，起于累土。"

兵书更是讲求四字句。《孙子》中的"知己知彼，百战不殆"脍炙人口。《军志》一段文字非常讲究韵脚的和谐和句式的整齐："陈间容陈，足曳白刃；队间容队，可与敌对。前御其前，后当其后，左防其左，右防其右。行必鱼贯，立为雁行；长以参短，短以参长。回军转阵，以前为后。以后为前。进无奔进，退无违走。四头八尾，触处为首，敌冲其中，两头俱救。"

七、诗词格律

所谓诗律，主要是指声调的平仄相错的词语的严格对仗。前已述及中国韵文的句式轨迹。韵文句式从偶字句（四言—六言—四六言并重）向奇字句（五言—七言—长短句）演变之后，句式的走向使"二"的母题受到削弱，于是就需要严整格律，以便使"二"的母题得到强化，补偿前一趋势给母题带来的损失，达到新的系统平衡。"二"的母题形式上变异而实质上照旧。

韵文句式奇字化有一个缓慢的过渡期。《诗经》重四字句，但并非没有奇字句；《骚》重六字句，但并非没有其他句式；汉赋和六朝骈文追求偶字句（四六言），也并非没有奇字句，五律七律定型之前，出现了一个不太讲求格律的五古七古过渡期。

韵文发展到长短句，似乎削弱了"二"的母题，其实不然。仅以元朝马致远散曲小令《天净沙·秋思》为例，就足以说明"二"的母题有多么顽强："枯藤老树昏鸦，小桥流水人家，古道西风瘦马。夕阳西下，断肠人在天涯。"这首小令每句均为偶字句，前四句各音步均为双音节，最后一句维持了一分为二的模式，前两句对偶极工。

到 20 世纪末，中国的新诗虽然摆脱了严整的格律，可是它仍然摆脱不了汉语单词从单音走向双音的法则，也不能取代律诗在中国文化中的特殊地位。中国人崇尚对仗、平仄、词语偶字化（双音构词、四字结构）的审美渴求是不可压抑的。

八、汉语走向

社会的发展迫使语言日益复杂、精密、严谨，句子也越来越长。可是万变不离其宗，"二"的原型在日益复杂的语言中反而更加突出了。具体表现是：

1. 音节声韵二分法的传统顽强保留下来；

2. 汉语表达严密、精确的要求促使汉语构词从单音节走向双音节；

3. 古代的双声叠韵词大都保留下来；

4. 叠音词日益增多，大大强化了崇"二"的审美心理。世间数千语言中，唯有汉语能如此"随意"叠音构词。时间名词方位名词可以重叠，如：天天、时时；上上下下、里里外外。几乎所有的形容词均可重叠，如：高高低低、大大小小、慢慢、白花花、文绉绉。所有的象声词都可重叠，如：叮叮、咚咚、潺潺、琅琅。量词一般都能重叠，如：个个、句句、一本本、一棵棵、一辆辆。很多副词可以重叠，如：刚刚、频频、通通、默默、仅仅。大多数动词可以重叠，如：听听、看看、摸摸、走走、笑笑、来来去去、进进出出。

5. 汉语中成千上万的四字成语，千百年来为人所钟爱。

6. 汉语里还有数不胜数的四字结构的非固定词组，包括主谓词组、动宾词组、偏正词组、后补词组、联合词组、复指词组、连谓词组、兼语词组、方位词组、能愿词组、趋向词组、数量词组、"的"字词组、"所"字词组、比况词组、关联词组、专名简称等。

7. 中国人审美定势中对"二"的不可压抑的渴求，一方面表现在汉语构词从单音节拉长至双音节，另一方面又表现在把形态长的单词和词组压缩为双音节。如电视（机）、（电）冰箱、话筒、彩电、北大、川外、省府、党委、外办、英国、政协、国旅……

8. 汉语的复音构词中历来有阴阳对举的模式。这种模式在古代哲学著作、兵书、医学著作中俯拾即是，而且在现代汉语中更为强化了。如乾坤、天地、阴阳、世界、宇宙、矛盾、雌雄、凤凰、麒麟、鸳鸯、上下、左右、表里、平仄、抑扬……

九、审美心理

上文已经从神话、哲学、音韵、诗律、文字等方面对中国文化集体无意识中的原型"二"进行了探析和破译。崇"二"的母题在上述领域中的表现不仅仅揭示出我们认知、思维、情感、语言的潜隐模式，而且是我们不可遏止的审美定势。崇"二"的心态的驱力是无所不至的。可惜在一篇短文中不可能包罗无遗、面面俱到，更不能透彻解析、挖掘穷尽。在剩下的这一节中，我们只能做一次宏观扫描，走马观花，看看崇"二"的母题在其他一些领域里的显象。

中国建筑讲方正、对称。半坡遗址中的居所呈方形。中国人至今喜欢四合院。北京地坛、故宫、前门、天坛在一条中轴线上保持严格对称的和谐美，我们喜庆时讲双喜，并因此而创造了一个"囍"字，我们送礼讲送双不送单；座椅讲方形的"太师椅"，吃饭讲方正的八仙桌、八人一桌；职业分 72 行，孙悟空有 72 变；盘古活 18 000 岁而亡，思想上讲百家争鸣，计谋上讲 36 策；神话有八仙过海，水浒有 108 将……就是现在制定文件、发布政策，也喜欢用双数：双百方针、社教二十条、工业六十条、高教六十条，写文章也喜欢凑集十大关系、八条措施……如此种种，不胜枚举。

如果再进一步追究中国人崇"二"原型的根子，我们可以作这样的假设：它植根于"天人合一""道法自然"的冲动和追求。文化的脉率追随自然的阴阳节律，竭力与之认同，追随人体的生物节律，竭力与之协调，因此而形成天—人—文化的同构同博关系。自然的昼夜交替、星移斗转、日月盈亏、春秋更替，人体的节律、心脏的张弛、肺脏的呼吸，不正是与中国文化中阴阳生息消长的观念和原型有着对应的关系吗？

十、结束语

崇"二"的心理定势在中国文化里的深层结构，是一个浩瀚而艰深的课题。这一定势在中国的医学、美术、音乐、舞蹈、太极、气功、武术、中餐等领域里的折射和显示也是非常昭著的，但笔者限于学识无力问津，只有请智者、贤者、学者、专家来予以揭示和阐释了。

和而不同息纷争：全球化进程中的文化调适 [①]

　　全球化不是单极化、西方化、同质化，不是全球资本主义化。全球化与多元化是对立的两极，也是相反相成的同步历史进程。只有超越二元对立的僵化思想，寻找两极之间的黄金分割，才能创造一种有利于世界各国人民和各种民族文化的全新的全球文化。这种全新的文化是不以任何一种民族文化为中心或主导的文化。全球化有不同的领域和层次。在每一个层次上，全球化都是一个理想而又不能完全实现的目标。全球化不应该也不可能磨灭民族文化和文明的差异，更不能消解各个国家的主权。

　　美国的文化走向经历了一个"散沙—熔炉—拼盘—美羹"[②]的过程，也就是由多元走向一体，走向和谐共处的过程。中国先秦时期民族融合的学说和 5000 年文明的实践证明："和而不同"是华夏文明长盛不衰的关键所在。"和而不同"是人类文化的宝贵遗产，是消弭可能发生的文明冲突的上上之策。这两个民族文化的历程给人以启示，给当代全球文化的走向提供

---

　　① 原刊登于《深圳大学学报》，1999 年第 2 期。这是我在中国跨文化交际学会第三届双年会（深大，1999 年 11 月）上的讲演稿，英文题名 "Chinese Legacy for This Eventful World: Harmony Allowing Diversity"。

　　② 关于美国文化发展的这一走势，过于乐观。今天看来有必要重新审视。

了有益的深层思考。

一、全球化和多元化的悖论

本文剖析全球化和多元化的悖论，为全球化时代的潜在弊端和文化冲突提供药方。这个药方就是中国哲人"和而不同"的"美羹"学说。

避免对抗冲突，寻求和谐共处。这是当前人类面临的重大课题。经济全球化是否就是文化的全球化？文化的趋同是否就是文化的单极化？文化差别是否一定要导致文化的冲突？文化交流、合作与发展的出路何在？所有这些紧迫的问题，都必须尽快作出理性的解答。

中国能够为全球化时代的弊端提供药方。这就是"和而不同"的古训。这是 5000 年的宝贵遗产，是人类文化的瑰宝。当代中国继承了这个无价之宝。她的外交智慧，突出表现在"求同存异"的基本方针之中。

凡是参观过故宫的人，都受到巍峨大殿的震撼。但是，能够停下来沉思大殿名字的人却不是很多。太和殿、中和殿、保和殿的核心就是一个"和"字。"太和"——这是中国哲人的最高智慧，中国文化的精髓，是中华民族的伟大目标和崇高理想，也是中国数千年政治学说的基本信条。

小小寰球正在迅速变小，全球化正在加速前进。不错，冷战后时代的基本命题是和平与发展。但是，和平时代不一定永远炮火绝迹，发展时代不一定处处莺歌燕舞。正如亨廷顿先生所云，文明的冲突并不是不可能的。

和平与发展是时代的主旋律。然而，我们仍然听见许多不和谐音。冷战后的世界纷争不息，冲突不断，而且时有热战爆发。太平盛世可期，道路漫漫又似乎没有尽头。全球化是一柄双刃剑，它使人类面临许多悖论和困境。一方面人类从来没有经历过如此之快的加速发展，从来没有这么多人享受到如此富足而幸福的生活。根据世界银行《1997 年世界发展指标》提供的资料，有 10 个"新兴的经济巨人"在全球化的进程中获得了长足的进步。它们是中国、俄罗斯、印度、墨西哥、阿根廷、印度尼西亚、土耳其、泰国、巴基斯坦。该报告同时指出，最近半个世纪中世界上减少的贫困比以往 500 年减少的贫困更多、更有效。另一方面，全球化又有其潜在的弊端。因为它伤害了许多穷国和穷人，使他们的悲惨境遇雪上加霜，致使贫富悬殊进一步扩大。1965 年，世界上最富的 7 个国家和最穷的 7 个国家的收入差距相差 20 倍。到了 1997 年，这个差距已经扩大到了 39 倍。

反者道之动。全球化总是伴随着一个非全球化的过程。以下一些相反相成的双向运动揭示了全球化的悖论：

全球化与多元化（globalization/pluralization）

单极化与多极化（unilateralization/multi-polarization）

单一化与多样化（universalization/diversifiication）

一体化与破碎化（integration/fragmentation）

集中化与非集中化（centralization/decentralization）

国际化与本土化（internationalization/domestication）

同质化与异质化（homogenization/heterogenization）

趋同与趋异（convergence/divergence）

随着时间的流逝，全球化给民族文化构成的压力会越来越大，落后民族承受的压力尤其大。一方面，你不得不被迫加入这个历史必然进程，因为这是人类历史的必然走向，无论你喜欢与否。另一方面，压力越大，反弹也就越大，因为这是人的天性使然。个体的人也好，个体的文化也好，都要顽强地维护自己的身份和个性，都要本能地拒绝模式化、单一化、标准化。

人类社会面对一些持久的矛盾：自由对民主，自由对平等，平等对效率，强势资本对弱势劳工，技术进步对环境恶化，安逸舒适对道德沦丧。

全球化的进程似乎加剧了其中一些矛盾——至少暂时看来是如此。

有些幸运的民族能够适应全球化的进程——如果这些民族能够筹集到足够的资金来重组自己的经济。然而，这个"如果"很成问题，因为现在的国际经济秩序是不公正的。游戏规则对这些民族不利。

随着全球化咄咄逼人的压迫，弱势民族和弱势文化为了维护自身的利益，不得不大声疾呼多元化和本土化。然而过分强调各自的特性和利益又可能导致彼此的隔膜，还可能导致彼此的冲突。

其实，广义的全球化是一个贯穿人类历史的进程。由隔膜走向交往，由自给自足走向世界市场，由相争、相搏走向多元一体，在各种矛盾对立中走向和谐统一，这是历史发展的必然，也是全人类的唯一选择。

全球化是人类文明重构的过程，多元化也是一个文明重构的过程。在全球化的过程中，各民族必然要重新对自己的文化进行审视、判断、筛选和定向。这是一个与全球化相反相成的本土化过程，也就是文化多元化的过程。它也一柄双刃剑。其弊端是可能加剧民族中心主义，其好处是促进自身文化的现代化和世界化。

文化多元化和全球化是一个连续体的两极，一体的两面。两个极端的趋向都是不可取的，危险的。我们要防止两极的弊端，超越两极的局限，化解矛盾。最佳的选择只能是取法乎上，以得其中，只能是中庸之道，只能是和而不同的黄金分割。这样的黄金分割如何产生？唯一的办法是平衡全球化和本土化，并在此基础上构建新的民族文化。

二、警惕单极化和新霸权主义

不可否认，全球化给全人类带来了前所未有的历史机遇。最穷的国家也不是没有发展机会。但是，毋庸讳言，全球化的潮流是西方国家发动和主导的，大多数的游戏规则都建立在先进国家长期经营的基础上，甚至就是由它们制订的。因此这些东西对它们有利，国际政治、国际法、国际贸易、国际金融等领域莫不如此。资源的分配很不公平，传统的生产和生活资源，本来就让他们占用了八九成。新兴的信息资源又几乎让它们垄断。媒体的绝对优势也在他们的股掌之中。有人情不自禁地要利用这个优势对异己狂轰滥炸，发动意识形态的圣战，推行文化帝国主义。在平等的旗号下，很容易推行经济霸权主义、金融霸权主义和技术霸权主义。发达国家利用国际政治经济中不平等的游戏规则，捞够了好处，发展中国家处境艰难。

贸易国际化、资本国际化、金融国际化、生产国际化、经营国际化、技术国际化、媒体国际化、信息国际化，几乎都成了一种单向的流动。强势国家和强势资本愈来愈"牛"，愈来愈"凶"。国际炒股家在国际金融和证券市场上兴风作浪，顷刻之间可以捞足几十个亿，把一些国家搞得倾家荡产。正所谓，穷则愈穷，富则愈富，穷国穷人难以分到一杯羹。如何缩小差距、修正规则、弥补不公？正义之士、理性之人无不为此而感到忧心忡忡。

发达国家的文化是强势文化，但是强势文化不应当是霸道文化。有些人霸道成性，总想使这个世界任其摆布，他们只想听到一个声音。看来是要大喝一声，才能使之清醒：全球不是西方化，更不是美国化。全球化不应当是"可口可乐化""麦当劳化""好莱坞化"，也不应当是"全球资本主义化"。我们要反对一切露骨的和改头换面的霸权主义。单极化的世界必然是不太平的世界，单极化可能给世界带来灾难。权力滋生腐败，绝对的权力滋生绝对的腐败。西方国家内政之中的"三权分立"、相互钳制和平衡的原则，其实也适合于国际政治中的游戏规则。一旦失去平衡，一旦产生霸权和垄断，有人就禁不住要滥用"权力"。"全球资本主义化"只会使游戏规则更加不合理，必然要加剧不合理和不公正，加大贫富悬殊，使全球危机不可避免。一旦爆发全球冲突，那将是一场空前的浩劫。

三、"文明冲突论"的实质

亨廷顿先生唤起世人对文化冲突的警惕，自有其功。但是他害怕儒家文明和伊斯兰文明联手对付西方文明，显然又并未完全摆脱冷战思维的钳制。他这场噩梦有国际和国内两个根源。一是美国国内的民族构成正在发生急剧的变化。欧洲裔的白种人很快就要成为少数民族，他们可能陷入非主流民族文化的汪洋大海之中。二是担心一些第三世界国家的崛起会威胁美国的利益。

其实，亨廷顿先生感到紧张又是很自然的，因为许多欧美人习惯于欧洲中心论，习惯了霸权。亨氏追随这种既定的习惯。但是，他实在不用那么紧张。比他紧张的是那些弱势民族。这个世界的社会经济秩序本来就不那么公平。少数富国早已把世界的主要资源瓜分完毕，贫富差距非常严重。如果不能克服全球化固的弊端，贫富差别还会加剧。通信、传媒、市场、网络等资源绝大多数已经落入发达国家之手。经济、贸易、金融、网络等的游戏规则又由他们制订。眼睁睁看着自己越来越吃亏，穷国免不了要咕哝几声，或者被迫向自己开刀，掠夺自己的资源，污染自己的环境。如果富国多一点同情心，少一点咄咄逼人的架势，少一点形形色色的霸道行径，不要用自己的游戏规则和文化偏见去"同化"别的国家，问题是不难解决的。

亨廷顿先生的谋略利弊皆有、毁誉同在。他给中译本《文明的冲突与世界秩序的重建》所作的序言，表现出一位有识之士对人类命运的严肃思考。他正确指出："在未来的岁月里，世界上将不会出现一个单一的普世文明，而是将有许多不同的文化和文明相互并存。"他认为："唤起人们对文明冲突危险性的注意，将有助于促进整个世界上'文明的对话'。"另一方面，他又担心中国谋求霸权，说中国也许"有能力重建其1842年以前在东亚的霸权地位"。习惯了谋求霸权的人总是认为别人要谋求霸权，总是害怕别人剥夺了他们的霸权。亨廷顿先生的文明冲突论，正是反映了美国朝野一部分人维护自己霸权的心态。

当代的西方政治家，有必要向 400 多年前的利玛窦学习。他到东方大国中国来，当然是为了传播福音，推进一神教。但是在具体策略上，他倒是与梵蒂冈背道而驰。他主张"合儒补儒"，并且大体上做到了耶儒会通，学贯中西，因而与中国人相安无事。如何与崛起的中国打交道，这是当代的西方人必须学会的紧迫课题。要知道，中国既不是启蒙时代思想家所描绘的"神"，也不是现在少数别有用心的政客所描绘的"鬼"。

四、全球化的分层

全球化是一个全方位、多领域、多层次的人类发展进程，这是一般人凭直觉就可以得出的结论。但是，人们最熟悉的还是经济全球化，而对其他领域全球化的分层研究却不盛了了。

笔者认为，不存在"终极"的、最理想化的全球化。未来人类社会如何发展？可以肯定地说，不应该也不可能出现一个全球浑然不分的共同体。抹杀个性的社会是一个可怕的社会。原因很简单：任何一个人都要顽强地维护自己的尊严和个性，任何一个和谐的家庭都要维护其成员的隐私，全球一体的"大同社会"也要维护各民族的特性和"隐私"。

当今人类尚处在全球化的初级阶段。这个阶段最突出的标志是技术全球化和经济全球化，其他领域的全球化都是滞后的、渐进的，不可能也不应该一蹴而就。

最容易实现全球一体化的领域是电子技术。广播电视、电报电话、电子邮件、地球村早就全球一体了。如今，令人应接不暇的观念又频频向我们发起冲击：数字地球、数字化生存、网络社会、赛博空间、宇宙殖民、星际旅行等等。在科学技术上，人类几乎可以用自大狂的口吻说：天下一家，宇宙一体!

另一个全球化最高的领域是经济一体化。纽约、东京股市的起落牵动着全球的市场，墨西哥和东南亚的金融风暴几乎震撼全球。世界贸易组织的建立标志着贸易国际化接近完成。总之，各个领域的经济全球化正在大踏步前进，市场国际化、生产国际化、贸易国际化、资本国际化、金融国际化、跨国公司经营国际化都在滚滚向前推进。

其他领域的全球化进展比较缓慢、程度比较低、阻力比较大、争论比较多。人类要安享太平，就必须要谨慎行事，不可莽撞轻率。

在全球化这个关系人类命运的重大问题上，必须区别不同领域和不同时期的全球化，寻求适合不同领域和不同时期的上上之策。不同领域的全球化，应该把握不同的程度。全球化的不同领域，可以用文化的分层理论作为参考。大体上说，物质文化领域的全球化程度可以比较高、比较快。精神文化领域的全球化程度应该比较低，而且必然是缓慢的、渐进的，永远不可能达到那种虚拟的"理想境界"。在这些领域，不应该一味追求空想的"乌托邦""桃花源""大同""香格里拉"。无差别的全球化是一场可怕的噩梦，一个可怕的地狱。

五、美国模式的启示

文化演进自有其固有的规律。美国文化最初是一盘散沙。那时的移民，好不容易摆脱了宗教迫害和穷困，漂洋过海来到希望之乡，渴望追求一种彻底解放的天堂生活。人人孤军奋战，只对上帝负责，不愿服从政府，不想认同主流，形同一盘散沙。许多移民生活在"鸡犬之声相闻，老死不相往来"的小型社区之中。

但是，"散沙"不利于建国，更不利于兴国。建国之后，美国文化偏离"散沙"，开始向"熔炉"靠近。进入 20 世纪，数以百万计的各国移民蜂拥而入。如果大家都不认同主流文化，那就国将不国，甚至分裂而为小国寡民的"诸侯"战国。所以，喜欢也好，不喜欢也好，人们都不得不把主流文化当作"熔炉"。

随着民族意识的高涨，美国人融合成为一个生机勃勃的国家和民族。移民归化、民族认同，主流文化浩浩荡荡、一泻千里，美国似乎成了一个民族大熔炉。美国人为此而豪情满怀、如痴如醉。可是美梦不长。正当主流文化以浩荡之势，横扫少数民族文化之时，爆发了20世纪60年代的"天下大乱"。美国人突然从"熔炉"梦中惊醒过来。遽然发现，许多少数民族怎么熔也熔不了，怎么化也化不掉。原来这个国家并不是一个大熔炉。人们找到了一个更为恰当的字眼来描绘美国文化：拼盘。

但是，拼盘里的文化也有可能同床异梦，格格不入，未必就是最理想的模式。20世纪80年代，美国国内掀起了多元文化的浪潮。许多人认识到，多元文化绝对不是美国的包袱，而是美国的优势，独一无二的优势，因为这里汇聚了几乎一切人类文化。美国是最大的人类文化博物馆，多元文化是美国的最大财富。人们开始以更加积极的姿态来开发这个资源，弘扬宝贵遗产，发挥文化优势。但是，由于这种文化意识刚刚露头，由于全球化的弊端尚未充分暴露，当时还找不出一个更恰当的字眼来概括这种文化模式。

全球化加速发展，强势文化咄咄逼人，弱势民族频频吃亏。全球化潜在的弊端突显出来。多元文化的呼声高涨，使人觉得它仿佛就是一个理想的模式，而且它又似乎已被人们广泛接受。许多有识之士一致主张，用多元化和本土化来抗衡强势文化的霸权。

然而，多元化就没有弊端吗？如果有其弊端，什么才是人类文化的理想模式呢？"散沙"行吗？不行。因为它使人各自为政，形同路人，早就成了老古董。"熔炉"行吗？不行。因为它迫使许多人铲除自己的文化根基，往往会导致纷争不息。"全球化"压迫许多文化的生存空间，威胁它们的民族特色。"拼盘"行吗？也不行。因为它也可能使人同床异梦，格格不入。"多元化"行吗？它好是好，但是它又可能走向"多中心"。

实际上，"散沙"和"熔炉"是对立的两极。没有一个国家是彻底的"散沙"，也没有一个国家是彻底的"熔炉"。如果真有这么两种选择，那么两者皆不可取。一国之内也好，全球范围也好，历史的必然发展是调适与和谐的多元一体。全球也好，多民族的国家也好，再也不能固守上述那些文化模式了。什么才是最理想的多元一体呢？

看来，要想超越一系列的二元对立，就必须寻求新的出路。同质化和异质化，全球化和多元化，都不能走向极端。我们一定要在对立的两极中寻求最佳的结合点，最佳的分割点，最佳的平衡点。这种最佳的黄金分割在哪儿呢？什么又是最理想的多元一体呢？

六、中国的宝贵遗产

我想用一个比方来形容这个最理想的模式："美羹"或"靓汤"。这个比方受到了中国古代哲人的启示。

2500多年前，齐国的丞相晏婴提出了一个"靓汤"学说。这恐怕是迄今为止人类文化最理想的模式。齐王要他献策，问他如何才能治国平天下，他说："和如羹焉，水、火、醯、醢、盐、梅，以烹鱼肉，燀之以薪，宰夫和之，齐之以味，济其不及，以泄其过。君子食之，以平其心……先王之济五味，和五声也，以平其心，成其政也。声亦如味……若以水济水，谁能食之？若琴瑟之专一，谁能听之？同之不可也如是。"

千百年来，中国文化分分合合，风风雨雨，历经大灾大难而生生不息，如一只不死鸟。其主要原因，恐怕得归功于这种"靓汤"学说，归功于这个太和的生存智慧、人生理想和审美追求，归功于中国人和而不同的政治理念和文化战略。

西方人也有和谐观念，但未形成主流。西方的对立统一立足于争；中国哲学立足于和，倾向于合二为一，而不是倾向于一分为二。

中国哲学的和谐观念是整体至上，推崇和而贬低同。为什么主张"和"？因为"和"是差异中谋求统一和平衡，是原则上、精神上寻共同之处而容许个性、尊重个性。这是达到人类美好境界的上上之策。为什么反对"同"？因为"同"是在同一中绝对排斥差异，是磨灭人性、磨灭个性的最不人道的下下之策。

张立文教授提炼数千年中国哲学的精华，推出了和合哲学，而且全面阐释和合哲学的五条基本原则：和生、和处、和立、和达、和爱。他认为这是21世纪人类文化的发展战略，也是五种最重要的价值。所谓"和生"就是人与人、人与自然、文化与文化共同生存。所谓"和处"就是和平共处。所谓"和立"就是用严己宽人的襟怀去接纳人。所谓"和达"就是共同发达、共同繁荣。所谓"和爱"就是仁慈、博爱。

回顾"和而不同"的历史演进，历代哲人的生存智慧和崇高理想能使人豁然开朗、大彻大悟。

爱是和的前提和基础，也是践行和的原则。心中无爱，岂能求和？那么，什么是爱呢？

孔子主张"泛爱众"。如何践行爱呢？他为我们定了两条标准。低标准是"己所不欲，勿施于人"。高标准是"己欲立而立人，己欲达而达人"。

墨子主张兼爱，泛爱万物，天地一体。提倡"交相利"，革除"交相恶"。他反对战争，尤其反对非正义的战争。

什么是"礼"？求和必须讲礼，礼与和又相互为用。实践和谐、确保天下太平必须要有具体的行为规范和道德标准。这些标准就是儒家的礼。践行礼的第一要务就是和。"礼之用，和为贵。"

孔子所说的"和"是什么？有两种含义：天人之和；人际之和。孔子提出和的两条基本原则：一是严格区别"和"与"同"，此所谓"君子和而不同，小人同而不和"；二是主张"不争"，他说"君子无所争"。

老子也赞美和谐，以和为常，主张化解矛盾，复归于朴。提出"不争""无争""无为""柔""弱""顺""知足""清净"等概念，而且肯定"不争"是"天之道""圣人之道"。

庄子主张万物齐一、绝对和谐。有所谓"齐天地，一物我"之说。

董仲舒把和看成是宇宙的最高原则："德莫大于和""天地之美莫大于和"。

周恩来主张"求同存异"与"和平共处"。

邓小平主张"不争论"，并且自豪地说，这是他的"发明"。这个思想给中国带来了二十年的繁荣兴旺和长治久安。

七、全球价值

中华文明是数千年绵延不绝的古老文明。这是一个谜。其背后深藏着许多原因。最主要的原因恐怕还是"和而不同"的价值追求。这是中国的宝贵遗产，也是给人类的一份丰厚的馈赠。

社会学和生态学有一条铁定的法则：生物的密度越大，攻击性就可能越大，个体的精神就越容易崩溃，生态系统也越容易崩溃。全球化的加速不仅仅使小小的地球村在空间上迅速缩小，使资源的压力越发沉重，而且使人们的心理空间也日益缩小，使地球人的磕磕碰碰难以避免。如果不就一些全球价值、全球伦理达成共识，使人类冲突甚至毁灭的浩劫并非是天方夜谭。

在全球化的价值取向中，一定要寻求"双赢"和"皆大欢喜"，一定要立己立人、达己达人，一定要宽容大度、容忍妥协，一定要在包容不同之中寻求和谐。和平共处、求同存异、和而不同——这是共同繁荣的唯一出路。

　　一种有趣的现象是没有民族归属的"第三文化"（the third cultures）。这大概也算人类文化的一种走向吧。这个概念是英国学者范塞斯通（Mike Furtherstone）1990 年提出的。目的是要超越全球化与多元化、全球化与本土化、趋同与趋异的二元对立。许多学者认为，"第三文化"就是"跨国际文化"（transnational cultures）。这一种超越国家疆界、没有民族归属的文化，其表现形式是国际职业文化，其载体是跨国际的知识分子、商人和传媒工作者。他们能超越民族文化的局限，弘扬人类文化的精华。

　　东西方不同的价值应该对话，各民族的价值应该对话。新加坡政府在 1991 年的白皮书中，提出道德立国的五大原则：国家先于社会，社会先于个人；国之本在家；国家、社会要尊重个人；和睦比冲突更能维持社会秩序；种族和睦与宗教和睦。李光耀咨政又把"亚洲价值"概括为"社会第一"。

　　张华提出"地球家庭共同体"的道德标准，具体建议关乎于：人与自然问题，人与人的问题，道德教育问题。每一条里都有他新鲜的思想。为解决人与自然问题，他反对"人类中心主义"，提倡生态伦理学。关于人际问题，他提倡合作精神，反对个体本位，主张以人类为本位。关于道德教育他提出全球本位，主张科学人文，倡导科学教育与人性教育并重。关于全球本位道德教育，他提出三种内容与特点：面向未来；着眼环境；世界和平。

　　几千年来，"和而不同"的思想使中国人深受其惠。二十年来，邓小平"不争论"的思想又使我们从"斗争哲学"的思想枷锁中解放出来。历史证明，只有发展和践行"和而不同"的思想，中国社会才会真正做到长治久安。

　　其实，和谐思想和博爱思想全球相通。世界上的主要宗教思想和哲学思想都有十分类似的信仰和学说。唯一的区别仅仅是认识的深度、自觉的程度和践行的力度。"大同""桃花源""香格里拉""西方净土""乌托邦""和谐新村"等等，都有一个相通相同的字眼：和（harmony）。这个神圣的"和"字，就是全球价值的基础。

简论中国人的隐私[①]

中国人非常看重隐私，尤其是看重群体隐私，这是其隐私观念独特的民族性。本文从文化差异的角度分析了国人隐私观念与西方人的异同，批评某些论者否认中国人有隐私的论点；指出中国人隐私的核心是集体主义，圈内人和圈外人的二分法是确保群体隐私的原则。

十多年来，国内文化研究中的一种倾向认为：中国人不看重隐私。尤有甚者，根本否认中国人有隐私的观念和追求。

他们以西方人的隐私观念为唯一的价值判断标准，认为：

第一，汉语里不存在与英语 privacy 等值的单词，且由此发挥说，隐私观念在中国文化中并不存在。

第二，中国传统文化的权利和义务失衡，个体背负沉重的义务，而权利不受尊重；至少可以说，个体的义务压倒他应该享受的权利，其权利让位于他对群体、家庭和国家的义务，于是就得出结论：无权利即是无隐私。

---

① 原刊登于《深圳大学学报》，1996 年第 4 期。

第三，在中国文化里，义务居首位，权利在其次，即使个体享有一定的权利，但也往往让位于义务。结论便是：权利的第二性意味着对隐私的否定。

这样的结论似乎太轻率，民族虚无主义的味道也似乎太重了。只要略加考察中国的文化，就不难看到，中国人不但有隐私，而且非常重视隐私。只不过其隐私与西方人的隐私有所不同罢了。

一、隐私观念面面观

林林总总的民族文化中存在着不同类型的隐私观念。韦斯丁（A. Westin）提出四种类型的隐私：独处隐私（solitude）、隐名隐私（anonymity）、心理超脱隐私（reserve）和群体亲密隐私（intimacy）。阿尔特曼（I. Altman）也认为，隐私不只有一种。他把隐私界定为"自我或群体对旁人的接触所做的选择性控制"，其所谓隐私就是，个体或群体防范外来"接触"和干扰的一种保护观念和机制。他把隐私观念明确分为个体隐私和团体隐私两种类型。

笔者赞同这两种理论，认为：

第一，只有一种隐私的说法轻率，没有根据。国门越开，接触的隐私观念越多，越容易防止"一边倒"盲目歌颂西方个体隐私的偏向。

第二，把个体隐私看成是判断文化优劣的唯一标准是以西方文化为中心的思想。这种思想容易膨胀为民族沙文主义和文化帝国主义，需要警惕。

第三，群体隐私的观念应受到承认和尊重。中国人不能轻率地否定祖宗传下来的群体隐私的合理内核。这个合理内核就是集体主义和爱国主义。

第四，群体隐私的观念仍然是解读中国文化的一把钥匙。

第五，国人应该走向群体隐私和个体隐私的平衡与和谐，寻求二者的黄金分割和最佳结合。

第六，韦斯丁所列前三种隐私可统称为个体隐私，第四种隐私可简称为群体隐私。

对于不同的文化背景，确保隐私的手段各有不同。

人人都有一个自己的小小王国，不许他人侵犯。

一个人希望静居独处、不受打扰、确保身心宁静时，任何与此意愿相忤的干扰都是对他人领地的侵犯。因此，窥探、噪音、言语和有形的物体都可能构成对个体隐私的侵犯。为了防止对个人隐私的侵犯。可以使用各种各样的手段，包括物质和心理的手段。

物质的手段显而易见。如围墙、房门、篱笆、屏风、照壁、柜台、树丛、面纱、墨镜、口罩、头巾等一切物质障碍。都可以用来保障个人的隐私。无论什么文化都需使用物质的手段来确保个人的隐私。只有使用物质手段的种类和程度之别，而没有性质的不同。论述此问题时爱德华·霍尔（Edward T. Hall）举过许多生动的例子。美国国会议员每人有一间或一套办公室，英国的议员就没有这样奢侈的个人享受。美国人办公室的门总是敞开或虚掩着的，德国人的办公室却是关得紧紧的。美国人办公室开着门，表示可以会客；但是敞开的房门并不意味着缺乏个人隐私，因为谁也不能未经允许而贸然闯进来，除非有特殊的隐私，他们是不会关门的。美国人在家里要关上卧室的门，以保证父母子女互不相扰。阿拉伯人却觉得无此必要，他们需要更多的目光照看和相拥相抱，以确保更多的亲情交流。爪哇人家庭内部也是这样，他们不会在父母子女之间竖起物质的障壁。传统的中国住宅有一种模式是一字排开的，家庭成员可以在连通成排的房间里自由地进进出出。这样的家庭不需要分隔家人的物质障碍，但是它却非常需要用围墙、照壁之类的物质屏障来防止外来人的侵扰。即使在今天比较狭窄的城市居民住宅，父母子女也可以比较随意地出入彼此卧室而不至于引起反感。

另一种确保个体隐私的手段是心理手段。爪哇人的家就是一个典型的例子。由于住宅里没有用墙壁和房门分隔的空间，所以希望静居独处的人只能求助于心理的手段。他可以用沉默的方式来表示希望宁静——沉默足以，门或墙则大可不必。与外人打交道也是这样。他可以用沉默来竖起一道心理屏障，这道无形的沉默和礼貌之墙，足以保证个人的隐私。日本人的家庭与之类似。家庭成员之间虽有物质分隔的空间，但是滑门一拉就开，纸墙一捅就穿，既不隔断视线，也不隔音，个人的隐私主要靠沉默和礼节来确保。日本人习惯了自己周围这一道无形的沉默之墙，而且将其迁移到家庭之外，所以他们在摩肩接踵的人群中对陌生人视若无睹，以此确保个人的隐私。在不理解者看来，这似乎有点冷漠。在中国北方，一家人"济济一炕"，吃饭、聊天、看电视、睡觉，个体之间没有物质的障壁，个体隐私的确保也只能运用心理的手段。

二、中国人的隐私

如前所述，中国人有中国人独特的隐私观念，即看重群体隐私。然而，这并不意味着忽视或否定个体隐私。韦斯丁所谓的四种隐私均可见于中国文化。

（一）独处隐私

在家里，中国人对静居独处的渴求并不如西方人那样难以压抑。围墙之内，一家人自成一统，形成一个不可分割的整体。家庭的和谐压倒一切，个人的静居隐私退居次要地位，且不为之而孜孜以求。实际上，即使个人的宁静受到一定程度的忽视，也不会伤害个人，使之气恨难消。中国人最痛恨的是兄弟阋墙、祸起萧墙。

不过，一旦需要个人独处，他可以选择礼仪得体的沉默或退居一旁。此外，禅宗的静虑，各种门派的气功，儒家的"坐忘"，道家的清静、柔雌等都可供选择。禅宗认为，日常万事万物之中都透露出佛性禅机。常人凭直觉就可以悟禅，透过日常琐事就可以观照真理，甚至连打坐也并非必需。与此相似，庄子与孔子都相信人能进入一种浑然不觉物我的"坐忘"之境。至于气功，无论什么门派，无论如何调息静虑，都可以使人进入身心静笃、祥和、虚寂的境界，即达到静居独处的隐私境界。

中国人无须逃避家庭，就可以享受到个人独处的隐私，实在是传统使然。他们不必遁迹山林，也能离尘脱俗；不必出家寺观，也能修成正果、长生久视。集儒、道、释于一身的隐逸诗人陶潜就能在尘嚣中求得一片宁静："结庐在人境，而无车马喧。问君何能尔？心远地自偏。"

时至今日，闹中取静、身在尘嚣而心宁神静的传统仍在中国文化中占据一席之地。

（二）隐名隐私

与外向的美国人相反，中国人非常看重隐名隐私。面对陌生人，他们一般是不打招呼的，否则就会被视为轻浮。

中国的流行歌星为此而准备了两手，因而舞台演出时的坦露与演出后的封闭形成强烈反差。面对众多的歌迷，他们可以敞开心扉、甜言蜜语、恩宠有加；一旦离开舞台就会改用另一手，因为他们对隐名的珍视大大超过常人。有的追星族不了解这两手之妙，奢望能把舞台演唱那种台上台下激动人心的唱和一气的狂热搬下舞台。他们有所不知，那种狂热只限于舞台演出，奔放的热情、"敞开的心扉"、尖厉的狂喊都是"做"出来的、"逼"出来的或敷衍了事的。企图在舞台下得到偶像们热情的回报，那无异于缘木求鱼。

（三）心理超脱隐私

中国人一般生性沉静含蓄，外向不足而内向有余，且拙于社交、不擅

41

辞令。因此，对心理超脱隐私的追求显得非常突出。这种追求显然是由中国文化传统塑造的。道家的贵柔、守雌、主静、尚无，儒家的辞让谦和都使中国人向内求修身而不是向外求发展，使中国人与世无争、与人无争，并以此寻求自身的和谐和人际的和谐。此外，笔者发现还有另一条规律在起作用：对心理超脱隐私的需求似乎与人口的密度成正比。中国人口过甚的问题已存在三四百年，这对人的生存和心理构成巨大的压力。人口过甚的沉重压力自然要产生一种文化补偿机制。这种机制就是心理上的超脱，而不是人身的遁隐和脱俗。人口越是密集，人们对心宁神静的追求就越是执着和顽强。

这种心理上的宁静在人口众多的大家庭中是非常必要的。在家庭之外，面对熙攘的社会，这种需求就更为迫切和重要。静默是一种办法，它有助于心理的宁静和超脱。在不得已而与人打交道时，还有另一种办法来保持心平气静，那就是中国人几千年形成的"过分"的温良恭俭让。"过分"的谦让可以防止过分的亲热，可以成为防止干扰和误解的盾牌，此时的言谈举止竖起了一堵保证隐私的高墙，而不是打开了通向隐私的大门。

（四）群体隐私

群体隐私在中国文化中的地位极端重要，除韦斯丁和阿尔特曼外，美国跨文化研究的著名学者萨莫瓦（Larry A. Samovar）也认为：日本人和中国人高度重视隐私，不鼓励公开性。事实上，这两种文化都认为，公开袒露隐私是虚弱的表现。但是，我们在考察以色列或意大利时，就可以看到对待隐私的一种与之相反的倾向。在以色列和意大利的文化中，人们要躲进静居独处。

萨莫瓦在此明确指出中国人隐私的极端重要性，可惜他语焉不详，未能阐明这一观念的性质、类型和特征。他这里所谓的隐私就是中国人的群体隐私。

中国传统文化不分辨个体，原因很简单：社会的基本单位或构件不是个体而是群体，尤其是最重要的原生性群体——家庭。个体的地位淹没在家庭甚至家族的利益中。既然个体的地位如此微不足道，那么，其权利就微乎其微了。相反，个体对家庭、家族、社会、国家的义务倒是界定分明，不容含糊的。

个体在家庭内部的义务是：长辈对晚辈的呵护和教养，晚辈对长辈的尊敬、服从、孝敬、崇拜和赡养。个体在家庭之外的义务更多，难以历数，要者为仁义礼智信、精忠报国。国家是家庭的复写和放大，因此服务社会、精忠报国就成为个体对家庭义务的自然延伸。

"修身、齐家、治国、平天下"，这一儒家名言，清楚勾勒出昔日仕宦阶层的种种义务。人生的理想是正心诚意以成君子，修身养性以成大丈夫，并以最完美的道德修养和最高尚的人格去履行自己对家庭、国家乃至世界的义务。几千年来，无数杰出的历史人物实践了这一伟大理想。"精忠报国"的岳飞、"留取丹心照汗青"的文天祥、禁烟抗英的林则徐、威武不屈的汉朝使节苏武便是其典型代表。

"修齐治平"是传统集体主义的基础，集体主义又是中国传统伦理中最重要的成分。诸如"先天下之忧而忧，后天下之乐而乐""天下兴亡，匹夫有责"的格言警句是其最好的表述。

中华人民共和国继承并发扬了传统的集体主义，上述历史人物与格言警句仍然口碑载道，"全心全意为人民服务""人人为我，我为人人"之类的新格言层出不穷。

由于个体在中国文化中的地位微不足道，但其名分相当固定，义务非常明确，而权利相对模糊，因此，群体的隐私就至关重要，而个体的隐私则退居其次了。

群体隐私的重要性在圈内人和圈外人这种二分观念中表露无遗。家庭是中国文化中的原生群体，因此有必要首先考察中国人的住宅和家庭，继而逐步揭开群体隐私那神秘的面纱。

围墙心态是中国文化一个十分重要的特点。家宅绕以院墙，单位绕以围墙，城市绕以城墙，国家绕以长城（包括有形的和无形的、物质的与心理的）。有些老式住宅在围墙之外还要加一堵照壁，即使院门大开，外人也无法窥视家中的秘密：家丑不可外扬。

在家庭内部，人人互相依靠，自主不受鼓励。孩子依靠父母呵护养育，直至自立门户（但是许多成年的子女并不寻求自立！）；父母依靠成年子女赡养照顾，不想离开亲情洋溢的家庭去住养老院；家庭成员并不追求个人的独立人格，全家人只需使用的一个群体的身份。"娃儿他妈"，"他爹"，"活是你家人、死是你家鬼"，"从此我是你的人"，一人得道、鸡犬升天、光宗耀祖、衣锦还乡，等等说法便是人们心态的写照。个人生活的意义、身份的价值、事业的成败在很大程度是为了家庭，而且与门第息息相关。

由于对家庭的依赖，许多人不愿外出冒险。"在家靠父母，出门万事难"，"父母在，不远游"，"一方水土养一方人"，老不出（四）川之类的话语常见于经典。在当今社会里，父母送儿女上大学时常出现这样的镜头：父母扛行李，子女潇洒跟着走；父母忙于办入学手续，子女袖手旁观。

依赖心并不囿于家庭内部，出门还要依靠朋友。有朋友、同事在内的交往圈子越大越好，师兄师姐越多越好，铁哥们越铁越好。交友的目的是扩大"圈内人"的圈子，以求安稳、保险。多个朋友多条路，遇事有人好依靠。

家庭这个原生性群体是破译中国文化的密码。家庭的结构和功能似乎可以无限地复制和放大。任何一个社会单位都被比喻为家庭，而且被当作家庭。以校为家、以公司为家、以机关为家、以工会为家……总之，以"单位"为家仍然是多数人的信仰、偏好和追求。当今中国人的"单位"观念与日本公司的家族式管理相比，真是有过之而无不及。

家庭观念的重要性，还可以从"国家"的构词方式中反映出来。这个词是偏正结构。其中心成分是"家","国"（都城、邦）反而仅仅是个次要的修饰成分。由此可见,"家"是原生群体,"国家"仅仅是它的复写和放大。对个体而言,"家庭"有直接的重要意义,"国家"的重要性反倒要退居其次了。同时,"国家"在功能和结构上必然要重现"家庭"的特征。

家庭观念再进一步放大,就构成了中国政治哲学和民间宗教的基础。古人相信天下一体、四海一家。祭天就是祭祖,拜天拜祖同出一辙。天（上帝）是天下（世界）之祖。"天子"（帝王）是一国之父。崇拜祖先、崇拜皇帝、崇拜上帝,平行不悖、性质相同。这一点与基督教截然相反:基督是要"天"不要祖,不允许祖先崇拜;上帝压倒祖先。五千年来的中国,帝王是万民之主,君临一切,百姓是帝王的子民,俯首听命,三叩九拜。"薄天之下,莫非王土;率土之滨,莫非王臣。"君权神授,皇冠上罩着神权的光环。

家庭复写出的又一个典型组织是会馆。海外游子远离故土,飘零失落,自喻为落叶与浮萍。他们在陌生的环境中为了生存和发展,急需归属、认同、安稳、依靠、互助,急需一个充满亲情、认同故里、心向华夏的组织,会馆由此应运而生。

三、文化冲突试析

隐私观念的分歧可能会触发文化的冲突。

我们以中美两国文化交际习惯的差别来解剖和诊断症结所在,进而说明隐私观念的差别。

中国人与美国人初次打交道时有可能产生误解。中国人对陌生人和圈外人视若无睹,因为陌生人与无人格的花草树木不无相似之处。与陌生人打招呼攀谈,可能被当作疯癫,或被看作轻浮。美国人却大不相同。遇见陌生人,报之以微笑,说一声"Hello",自然而然,合情合理,既不勉强,也不奇怪，更不轻浮。

公共场合站队时，美国人与中国人也大不相同。美国人会拉开距离，讨厌贴身紧"逼"。他们需要一段空间距离来保护自己周围那块无形无影的领地。中国人却靠得很近，不需要保持很远的间隔距离，其隐私是靠心理距离来得到保护的。

在大办公室里，也可以看到迥然不同的交际习惯。无论面对面交谈还是打电话，美国人的声音都很小，小到连邻座都听不清。这样既可以保护自己的隐私，也可以避免打扰同事。中国人的大嗓门却降不下来，他们既不怕泄露自己的隐私，也不怕干扰他人的隐私。这是因为：办公室是"公开"场合，而公开场合是不应该有隐私存在的；对周围的同事和朋友来说，他们不能在这种场合"偷偷摸摸"地保守什么秘密；中国人隐私的保护机制完全建立在自己身上，而不是建立在其他人身上。

在家里的言语行为也很不一样。美国人非常健谈，谁要想清静，谁就得退场。中国人在家里寡言少语。家人的交流更多的是心灵的交流、无声的交流，而不是言语的交流。家人谈话时，不参与谈话的人不必退场也能享受到清静，因为他们虽然身临现场，内心却可以超脱而保持宁静。

中国人不招呼匆匆而过的陌生人，但也有例外的，这就是同路人。一旦与同路人聊上，不但招呼聊天，甚至还要互相打听家庭、经济收入等"私事"。原因是同行的陌生人是潜在的朋友，而潜在的朋友是可能成为"圈内人"的。圈内人互相关心，互知底细，不必互相隐瞒。而且"出门靠朋友"，不袒露自己怎么交朋友？何况许多同路人天各一方，不常往来，即使互知底细，也不存在散布隐私、构成威胁的危险。

圈内圈外的二分观念弥散到各个领域，反映在社会生活的各个侧面。出版界有所谓内部书刊。各个专业都有自己相对封闭的学会，甚至同一专业的许多性质相似的学会也可能成为圈内外分明的排他性组织。如外语界就有中国英语教学研究会、中国比较文学学会、中国外国文学学会、中国翻译协会、中国跨文化交际学会等，它们形成互不来往、互不"侵犯"的圈子，各自内外有别。

美国人不讲究圈子，故不讲究内外有别。如果有什么圈子的话，他们的圈子就是一个小小的自我，其内外之别就是"你我"之别、个体之别，而不是团体之别。

笔者有一位美国朋友，曾在中国一所高校供职 5 年。他工作勤勉，认真负责，深受好评，可是中国同事并不把他当作圈内人。我的那位朋友却不大明白这一点。他那种主人翁的工作热情获得好评后，自以为已经进入中国人的圈子，直率批评，无话不说，想与中国人打成一片。但中国人却觉得他盛气凌人，干涉太多，总想打破我们内外有别的原则。这种文化差异终于导致了教学工作安排上的冲突。

这是一场典型的文化冲突。从中可得到如下的启示：

第一，成功的跨文化交流可以将文化差异缩小到最低限度。然而，除非参与交流的各方最终完全放弃自己的文化个性（实际上不太可能），否则各方总有一些最后的疆界是绝不允许他人超越的。只要文化分歧存在，文化冲突就难以消除。人们能做和应该做的，是预测诊断、缓和和尽力化解这种文化冲突。

第二，圈内圈外的二分观念是中国隐私文化必须坚守的最后一条疆界。圈外人不能干涉圈内人的隐私，而且并非所有的朋友都能成为圈内人。外国朋友要成为圈内人，还要走一段漫长的路。他们不能太急，太急了会失望。

第三，中国文化是羞耻文化。批评的方式和批评的内容同样重要。和风细语、温柔敦厚的态度和方式可以使对方不丢面子而乐意接受批评。这是圈内人应遵循的批评原则。圈外人的批评更要注意不使被批评者丢面子。

第四，直率坦言的处世风格、大胆泼辣的工作作风、咄咄逼人的自我表现，在美国文化中很受欢迎，但在中国却没有市场。即使在西方文化

"盛行"的外语界，它也不大受欢迎，就连深受"西风"熏陶的中国外语教师对它也多有保留。无论何时何地，群体隐私的观念总是不允许践踏的，坦率陈词与干涉隐私的界线就在这里。

第五，个性特征和个体本位的思想正在迅速进入中国文化，但它并不能侵蚀更不能瓦解中国人的集体传统。集体主义是中国文化的宝贵遗产，应引以自豪，且要发扬光大。

第六，任何时候都要防止本族中心思想。跨越文化交流时，必须尊重对方的文化，唯有如此，才能达到文化交流的目的。

中国的大同思想是当今世界文化交流中的宝贵财富。这种和谐一体、天下一家、理想社会的梦想是文化交流和融合的最高境界。中国人继续为之成为现实而奋斗不息。研究跨文化交流的学者为此而肩负着光荣而艰巨的使命。

创意导游的文化修养 [1]

旅游类书籍已不下十种，且成系列。何苦再添一种？

细思之，已出之书不外三种。一种囿于导游业务，别无旁顾。一种流于漫笔，似乏深度。一种纯为教本，四平八稳，特色不彰。

再察之，尚无一本以英文撰写。

故此，一本用英文写就，力图有特色、超越以上局限的书当不至于不受导游和其他旅游业中人的悦纳吧？

姑以这本书填补一个小小的空缺。

我无意面面俱到、博采众家，只求个人特色，哪怕挂一漏万。

我不欲限于导游接待业务，因为此非我之所长，而且此类书籍已然嫌多，不必再凑热闹。

是书也非会话书。它既不教句型、套话和词语，也不提供语言练习。

旅游业界常常感喟的是导游的整体素质、文化修养，急需的是一本讲文化修养、比较文化的书。笔者尝试满足这一迫切需要。

笔者心目中的导游应是形象可人、任重道远、不断进取、精通业务、

---

① 《创意导游》（*The Innovative Tour Guide*）自序，重庆出版社，1995 年。

外语一流的万事通。本书提倡一种学无止境、德无止境、业无止境、艺无止境的至善至美的精神品级。

精神追求、文化修养、英语能力是本书的三个重点。

本书内容力求新颖，语言力求明快，风格力求亲切。

本书专辟一章讲比较文化和跨文化交际，为此不惜占用全书五分之一篇幅。既提供最新理论、确保理论深度，又注意生动实用，相信读者能获立竿见影之效。其中所论的时间语言和空间语言新奇有趣，指述之文化错误当能使人警觉。

语言平易朴实是本书的追求之一，读者会注意到海明威似的"电报语"，句子短、动词多、"小"字多。有心人又会注意到语言虽为口语，但绝不是"口水话"，更不是"幼儿语"，而是锤炼、优雅、精警、生动、风趣的。

本书用第二人称写就，作者直呼读者。平等待人，娓娓道来，语气亲切，是笔者所求。绝不装腔作势，力求情境生动是本书的基本目标。

除序跋之外，全书十章可分为三部。第一至第四章为第一部，依次讲导游的形象、资格、修养、地位。这一部所论，要在"知己"二字。第五章为第二部，说的是"知彼"。其余各章为第三部，细说导游的德、识、才、学、业、艺。这是本书的重点和精华。本书的追求还可概括为三个字：高、新、善。

所谓高是品味高、起点高、标准高。导游据信是无冕大使、外交部部长、万事通，品味自然应该高。一般导游具有大学以上学历，受过严格专业训练，起点自然不会低。社会和游客对导游的期望值高，将其视为栋梁、依靠和灵魂；导游任重而道远，其标准自然亦不低。

所谓新是知识新、视角新。跨文化交际学、人际交流、人本主义心理学、旅游美学、营销学、公关术等新知识融入书中，或独立成章节，或贯穿全书。对于读者比较熟悉的东西，也力求从全新的角度予以阐释。庄子哲学、儒道释自然观、中国人的天人观、都市旅游心理、山水中的人文美、王国维的境界说、马斯洛的自我实现说、中美文化比较等等，都力求注入作者的理解和阐释。

所谓善指至善至美，已知前述。全书贯穿力争"第一"的开拓进取精神。且专辟一节讲导游的精神品级。

绝大多数章节都有简明的中文提要。浏览提要不失为了解此书的捷径之一。读者不妨借以提纲挈领，然后决定取舍或轻重缓急，或可逐章细品，或可重点涉猎一二。

读万卷书，行万里路，是为古人孜孜以求的人生理想。今人幸逢盛世，当能笃学躬行，一展平生宏愿。

中国人向好旅游。战国诸子的周游和游说，历朝士子的学游与游学，历代仕宦的仕游与宦游，商人的商游，帝王的巡游，魏晋时极盛之玄游，古今之人的出游、漫游、浪游、漂游、畅游、浮游、交游、远游、遨游、优游、神游……均令人神往。

我向往李白的"一生好入名山游"。我静观王维的"独坐幽篁里，弹琴复长啸"。我欣赏孟浩然的"开轩面场圃，把酒话桑麻"。我陶醉于陶渊明的"心远地自偏"。"久在樊笼里，复得返自然"令人狂喜，"结庐在人境，而无车马喧"也令人怡悦。

俗云"秀才不出门，全知天下事"。南北朝画家宗炳之的"卧游"能使人忙中偷闲、世中脱俗、心远地偏、心宁神静。正所谓"澄怀观道，卧以游之"，"闲居理气，拂觞鸣琴，披图幽对，坐究四荒"。

话又说回来，卧游是不得已时，退而求其次。凡有资有闲有力者，均要勉力遍游名山大川。中国人追求"齐生死，一物我"，"人与天地参"。我渴望"逍遥游"那种绝对的身心自由；不仅要"思接千载，视通万里"，而且要"绝云气，负青天"，还要"乘云气，御飞龙，而游乎四海之外"，"逍遥于天地之间，而心意自得"。中国人讲究天人合一、天人和谐、天人相副、天人相契。只有回归自然，才能返璞归真。只有投入自然母亲的怀抱，才能与她息息相通，做到天人合一、物我相忘；才能体会到"天地与我并生，而万物与我为一"那种浑然一体的神秘和壮美；才能实践"堕肢体，黜聪明，离形去知，同于大通"那种绝对的身心自由。

就笔者而言，读万卷书似接近完成，行万里路却尚待努力。羁于教学、囿于书斋、羞于钱囊使我尚未游祖国名山盛水于万一，诚为憾事。但是我壮心不已。随着旅游业的繁荣，行万里路的目标总能达到的。

神游吧，在神游中摆脱功利，荡涤灵魂。去追求真善美的精神境界而怡然自得。

1994 年 4 月 18 日

第二部

文化与传播研究

介绍一门新兴学科：跨文化的交际 ^①

跨文化的交际20世纪60年代崛起于美国，它是"喷气机时代"和"太空时代"的产儿，是介于文化人类学、文化社会学和交际学科之间的一门中间学科。研究的是不同民族的文化，比较异同，找出文化差异并预测由此而引起的人们交际中的困难、障碍、矛盾和冲突。目的是避免以上所举四种消极因素，促进国际交往和各国人民之间的友谊。研究的正确态度是对不同文化要宽容、尊重，要反对文化自大主义和文化帝国主义。研究的基点是知己知彼：首先要知己，要了解自己的文化，进而去了解别人的文化，由此再回头加深对自己文化的了解，保持自己文化的个性。研究的范围涉及人类学、民族学、民俗学、社会学、心理学、地区研究、语言学、交际学科和其他人文学科。其性质是文化人类学，是文化社会学和交际学科的一门应用学科。

---

① 原刊登于《四川外语学院学报》，1983 年第 2 期。

一

（一）天下真小

20 世纪 50 年代人类进入喷气机时代，60 年代太空时代来临。现在，喷气式客机可以在十数小时之内把人们送往地球的任何角落；通信卫星可以使人们在电视屏幕上看到地球上任何地方正在发生的事情；国际电话可以使人们在几分钟内和远在大洋彼岸的亲友通话，自动拨号机使远在异乡的游子能在顷刻之间和家乡的亲人尽诉衷肠。孙悟空驾筋斗云的幻想早已变为现实。小小寰球在时间和空间上变得越来越小，大有成为"环球村落"之势；各国人民之间的交往越来越频繁……

"天下真小！"这是人们在国际交往中的一句套话。频繁的国际交往促进了各国人民之间的了解和友谊，这是国际交往中美好顺心的一面。可是国际交往中有时候也有不那么顺心、不那么理想的一面。

（二）"水土不服"与"文化冲击"

"水土不服"，这是千百年来人们认识到的一种困难。它说的是人们出门在外，离开了长期习惯的故土，进入了一个陌生的环境，丧失了"天时、地利"两个条件时，对气候和地理环境一时不能适应的感觉。

"在家千日好，出门万事难。"说的是身在异乡为异客，丧失了"天时、地利、人和"这三个条件时，人们遭遇到的生活和交际中的困难。

然而这些困难纵然再大，只不过是同一文化中的交际困难，只不过是人们在同一文化环境中由于地理位置的迁移而发生的困难。这种交际困难，用时髦的术语说，就是"亚文化"之间的交际困难。

如果人们突然进入一种完全陌生的文化，丧失了长期习惯了的文化环境，就会遭遇到很多麻烦和挫折，感到别扭、烦恼，并渴望得到自己习惯、熟悉的东西，这就叫作"文化冲击"（culture shock）。在事先没有精神、物质准备的情况下，甚至可能连吃饭走路，抬脚动步都有困难。很显然，"文化冲击"比"亚文化"的交际困难要严重得多。

二

（三）一门新兴学科的崛起

20 世纪 60 年代，一门新兴学科在美欧一些国家崛起，叫作"跨文化的交际"（cross-cultural communication）。一望而知，这是一门介于文化人类学与交际学科之间的中间学科。

用比较的方法研究不同的文化，求其异同，预测来自不同文化背景的人在交际过程中可能遭遇的困难，设计出一些促进交际的方略和技巧，以减少误解和冲突，促进了解和交际效果，这就是"跨文化的交际"这门学科的定义。

70 年代，这门学科有了长足的进展。80 年代，它在自己的生命历程中已进入成年。在一些西方国家已经家喻户晓。欧美国家的大学里，相当普遍地开设了这门课程。该学科的许多专门术语已进入人们的日常用语，不再是专家学者垄断的生僻词汇。"文化差异""文化疲劳""文化自大主义""文化帝国主义""文化教学"已成为人们议论的日常话题。

（四）比较文化与跨文化的交际

比较文化有广义和狭义之分，广义的比较文化包括文化的一切领域。归结起来有比较哲学、比较语言学、比较文学，比较法学、比较政治学、比较神话、比较民俗学以及地区研究、考察探险、旅游见闻等。狭义的比较文化就是本文要着重介绍的"跨文化的交际"。它是研究人们在跨越文化时言语交际（verbal communication）和非言语交际的学科，是一门人际交际（interpersonal communication）的学科。

（五）跨文化的交际的三大基石

文化这个东西和人类学、社会学、交际学等结下了不解之缘，人类学、社会学和交际学是"跨文化的交际"的三大基石。"跨文化的交际"是人类学、社会学和交际学的中间学科和应用学科。

人类学研究人类文化的各个方面，包括人的生物学基础、历史、语言、心理、社会、经济、行政管理、哲学、宗教、世界观。社会学的研究领域和人类学有很多交叉的地方，但是它着重研究人与人的社会关系，粗线条地说，这两门学科有以下两种区别：①人类学着重研究落后民族，社会学偏重研究现代社会；②人类学家依靠实地考察，社会学家则着重利用人类学和其他学科的研究成果。我国著名学者费孝通就是身兼两职，两家兼顾。

人类学从 19 世纪初叶创立起来，从幼年走向成熟，经历了很大的变化。现在，人类学既研究落后民族，也研究先进民族；既研究原始部落，也研究工业社会、都市社会。除了传统的体质人类学、文化人类学、古人类学、人种学、民族学、民间文学、考古学等分支学科之外，又兴起了分子人类学、工业人类学以及若干种应用人类学。

交际学是研究人与人之间的言语交际和非言语交际、大众传播媒介以及传播媒介对人的行为产生的影响等的学科。西方很多大学里都设有交际系，下开言语交际、大众传播媒介、跨文化的交际、人际交际等课程。

三

（六）学习"跨文化的交际"的态度和前提

"入国问禁，入乡随俗"（Do in Rome as Romans Do），这是千百年来不同文化背景的人打交道中公认的真理和准则。用时髦的术语说，就叫作"文化适应"（cultural orientation）。尊重别人的文化，这是学习"跨文化的交际"的前提之一，也是研究这门学科的正确态度。国不论大小，各有所长；民族不论先进与落后，其文化各有瑰宝。民族无优劣之分，各民族的文化无优劣之分。要认识人类文化中的奇珍异宝，尊重别人文化，并准备虚心学习，洋为中用。要反对以我为中心，反对文化自大主义，反对闭关锁国、自我孤立、对一切外来的东西嗤之以鼻。也要反对全盘接受，洋奴哲学。尤其是要反对文化帝国主义，反对任何人把自己的文化强加于他人。一个民族，一个人，或因其国力强盛、疆域辽阔，或因其文化灿烂、历史悠久，或因其科技先进、经济发达，有可能自觉不自觉地恃强凌弱、强加于人。这是国际交往、文化交流的大敌，其性质无异于军事帝国主义。

研究跨文化交际的另一个前提，就是要知己，要首先了解自己的文化。知己方能知彼，了解自己的文化才能深刻认识别人的文化。学习自己的文化对于促进跨文化交际的好处概括起来有以下五点：

1. 使我们能更顺利地预测和诊断出跨文化交际中可能出现的困难；

2. 可以减少进入一种全然陌生的文化时所遭受到的"文化冲击"；

3. 可以增加我们学习和了解其他文化的动力；

4. 由于人类不同文化中存在着共同现象，"知己"可以成为"知彼"的桥梁；

5. 可以使我们获得一种参看框架，用以比较自己文化与别人文化的同异之处，并据此找出自己文化中那些有利于跨文化交际和妨碍跨文化交际的两种类型的模式，以便自觉地发扬那些有积极因素的模式，避免那些有消极因素的模式。

（七）学习"跨文化的交际"的好处

国外研究比较文化的专家认为，留学生进入一种陌生的文化时，往往需要一两个月甚至更长时间才能渡过"文化冲击"，初步适应一种新的文化。如果我们的留学生在国外待一年，其学习期限以十个月计算，那么他们花在"文化适应"上的时间竟然占掉了学习时间的五分之一，即他们的有效学习期限最多只有八个月。但是如果经过短期训练，学习一点跨文化的交际，那么他们很快就会渡过"文化冲击"这第一道难关，很快就能适应一种全新的文化，有效而充分地利用有效的学习时间。美国政府采取的两点措施，值得我们重视。卡特总统任内，命令把美国新闻处更名为国际交流总署，这是加强对外国文化研究的一种行政措施。美国国务院所属的外事学院，把跨文化交际作为一门重要课程，而且是一切外交官的必修课。未及先学而进入外交界的老资格的外交官也要安排时间，专门离职学习，补上这重要的一课。由此可见，他们认为，学不学是大不一样的。

张骞通西域，甘英出使罗马，玄奘赴印度取经，郑和下西洋抵非洲，马可·波罗东行至中国，哥伦布发现美洲，麦哲伦环航全球，他们经历了千难万险，在与全然陌生的文化打交道时遭遇多少挫折和困难啊！他们生不逢时，若能学一点跨文化的交际岂不美哉？麦哲伦这位一世英豪，完成了人类历史上的壮举，推翻了千百年来的偏见、迷信和伪科学，在即将载誉返回西班牙的前夕，却惨死在菲律宾的珊瑚礁上，死无葬身之地。如果他能学点跨文化的交际，在和当地的原始部落打交道时应当会更加小心谨慎，而不至于死于非命吧！

当今世界早已进入太空时代，现代文明迫使各国人民要频繁交往，"四化"建设要求我们学习人类文化的一切瑰宝精华。我们要把国际交往中的文化因素提高到理论的、科学的高度。

可喜的是，已有人在研究和宣传比较文化中做了一些拓荒性的工作。两年来，金克木先生在《读书》杂志先后发表了三篇文章介绍比较文化。我们深信，不出三五年，一定会出现一个研究和学习比较文化的热潮。

我们的军事家，若能学一点比较文化，就似如虎添翼，定能更好地知己知彼、运筹帷幄、决胜于千里之外。

我们的外交家，若有比较文化的修养，定能更好地纵横捭阖、广交朋友，为我国"四化"创造一个最良好的国际环境。

我们的外贸职员，如果不了解自己的文化和外国的文化，怎么能做好生意，扩大外贸？

我们的一切涉外人员，如果不学习比较文化，怎么能广交朋友、发展同各国人民的友谊？

我们的一切直接和间接与兄弟民族打交道的同志，如果不学比较文化，怎么能促进全国各族人民的大团结？

比较文化之我见 ①

一

金克木先生在《读书》杂志上先后发表两篇文章，评介美国两位著名人类学家在第二次世界大战中的杰出贡献。他为我国研究比较文化，做了一些拓荒性的工作。读后喜之不禁。金先生大声疾呼，希望唤起学术界的注意，敦请专家们撰文介绍比较文化。其言之痛切、急迫，使人心灼。

用比较方法研究各种学问，古已有之。各种各样的比较学科早已进入大雅之堂，如比较哲学、比较宗教学、比较语文学、比较语言学、比较教育学、比较文学等等。近年来，国内对比较文学的研究风靡一时，成为时尚。这是理所应当、令人鼓舞的。可是比较文化的研究为何遭此冷遇？

这是有历史原因的。

诚如金先生所说，我国引入并研究人类学，始于 20 世纪二三十年代。当时做了一些工作，涌现出了像费孝通先生这样知名的人类学家、社会学

---

① 原刊登于《读书》，1983 年第 8 期。有删节。

家。不幸的是，由于我们一度认识不清，三十年中，我们只保留了民族研究所和民间文学研究所，只做了一些民族学和民俗学的研究工作，把人类学、社会学这两门学科视为无用、甚至是有害的东西。

造成这样的局面，有两个重要的原因：一是我们对人类学、社会学的研究领域、内容、功能认识模糊，以至人为地把这两门学科和马克思主义理论对立起来；二是不承认社会主义社会存在社会问题和矛盾，或者认为这些问题和矛盾依靠大轰大嗡就可解决，因此就没必要用社会学这"老劳什子"。

近年来，随着人类学、社会学学科的重建，人类学、社会学在生活中开始显露其日益重要的作用，表现出了强大的生命力。这说明它们在我国是大有可为的。它们正在为我国各民族人民的大团结、社会主义建设，为国际学术交流、促进各国人民的相互了解和友谊，做出巨大的贡献！

二

我们谈比较文化，为什么先扯到人类学、社会学去了呢？因为文化这个东西和人类学、社会学结下了不解之缘，因为人类学、社会学是研究比较文化的两大基石。比较文化还有一些其他支柱，这是下面要简略提及的。

"文化"是什么呢？我们这里所说的文化，不是教育学、扫盲识字、群众口头长期习用的"文化"。平常人们说的"学文化""文化水平"和我们这里所说的"文化"是两个不同的概念和字眼。我们所说的"文化"是人类学、社会学、考古学、历史学、语言学、交际学等学科中使用的术语。它是什么意思呢？

简而言之，文化就是人们（一个民族、一个部落、一个社区）世代相传的生活方式，包括宇宙观、感知、经验、知识、信仰、价值观念、行为准则、道德标准、宗教信仰、等级观念、人的角色、时间观念、空间观念、生产技术、财产等。用通俗的话说，文化就是指人们的衣食住行、婚丧嫁娶、家庭生活、社会生活、教育、科学、技术等。它包括精神文明和物质文明两个方面。文化表现在人们的语言模式、活动模式、行为模式之中。一种特定的文化（如一个民族的文化）是无时不在、无所不在的，并且具有连续性和持久性。人们对自己的文化往往熟视无睹，不经过特殊的学习和训练，往往是不自觉的。文化对人们的思维、言语行为和其他行为有巨大的影响。

提到人类学家，一般人总感到有几分神秘和怪异。他们误以为人类学家就是考察一下落后的、甚至是原始的民族，测量一下他们的头骨，研究一下他们的毛发、肤色等等。其实这些研究仅仅是属于人体测量学的范畴，是人类学在其幼年时走出的第一步。20世纪以来，尤其是第二次世界大战以来，人类学有了长足的进展。人类学的多种分支学科如社会人类学、文化人类学早已进入成年。应用人类学也已应运而生，并且产生了城市人类学、工业人类学、医疗人类学等应用人类学的分支学科。因此，人类学早已越出了研究落后民族、原始部落和研究过去的范围，人类学已经进入了研究现代社会、研究工业发达国家的领域。

三

比较文化这个字眼作为一门学科的名称还不太流行。第一次在国内使用这个字眼的是金克木先生。他在上面提到的两篇书评中使用了这个字眼，但又不愿贸然标新立异，把它作为一门新兴学科的名称，而是仍然把它作为一种研究方法和观点。

既然比较文化这个字眼并未通用。那么是不是说，比较文化这门学问就不存在呢？否。金先生两文本身已经有力地说明了，比较文化应该成为一门独立的学科，应该在我国学术界占一席之地。比较文化应该作为这门学科的名称，现在是给它定名的时候了。

为了让读者明白比较文化产生的历史背景，有必要把金文中提到的两位美国人类学家补充介绍如下。

二次大战中，美国政府起用了多种学科的智囊人物，协助白宫制订正确的战略战术。其中有两位女人类学家就做出了杰出的贡献。一位叫密德（Margaret Mead, 1901—1978）。她为了促进美英两个盟邦的协调行动、两支盟军的协同作战，增进美英两国人民的相互了解，到处游说，讲的就是比较文化，就是美英两国文化的异同。另一位是本尼迪克特（Ruth Benedict, 1887—1948）。她接受了一个艰巨的任务，协助政府制订正确的对日战略。她必须回答以下几个尖锐的问题：日本是否会与纳粹德国一样拒不投降？是否应当摧毁日本的天皇制？是否应当摧毁日本的行政机构而由盟军直接管理？换句话说，美国的对日战略是否应与其对德战略一样？本尼迪克特根据她创立的文化类型论，经过仔细研究，做出了以下报告：美国文化和日本文化属不同类型，美国人不了解日本人，因此不能直接接管日本的国家机器；日本人会投降；日本的天皇制不能摧毁。美国政府及其智囊团里有两种意见，另一种意见与本尼迪克特的书面报告截然相反。但美国政府还是采纳了本尼迪克特的战略。

本尼迪克特说得不错，战争的结局及战后的形势基本合乎她的预计和判断。她何以能做到这点呢？没有别的，就因为她是一位人类学家，就因为她精于对不同文化的比较研究。在开展多学科的地区研究中，人类学家具有优势，因为只有人类学家的研究才包括地区研究中的一切领域：人文地理学、语言、技术、社会组织以及人对自然环境的适应能力。而其他的专家，包括政治家、地理学家、气候学家、语言学家、社会学家等等则有所不同，他们只偏重研究某一个侧面。

为什么本尼迪克特提出不能摧毁日本天皇制呢？第一，天皇制是日本国的象征，它有历史的连续性，是日本人的精神支柱。因为文化固有的连续性和持久性，摧毁天皇制会遭到日本人民的强烈反抗。第二，天皇制与日本法西斯主义没有历史的必然联系。日本军国主义是必须摧毁的，但不能把天皇制与军国主义拴在一起而一并摧毁。第三，日本政府的投降并不能迫使一切日军停止作战，遍布亚洲及太平洋各岛的日军没有听到天皇的乞降书，是决不会统统投降的。

关于本尼迪克特的研究工作，还有一段趣事。当时美日交兵，她无法到日本本土去实地考察。所幸的是，美国西部住有大批日侨。美国政府把他们圈在"集中营"中，便于控制。本尼迪克特就到这些集中营中去开展研究工作。她很有几分神秘色彩，谁也弄不清她的身份。名义上、编制上她是属于集中营的行政领导，但是她又从不参加实际管理。她像"三明治"馅一样，夹在日本人和美国人之间。日本人见她这个行政当局中的人态度和蔼、与众不同，颇感迷惑，怀疑她是集中营当局豢养的特务。行政当局见她与日本人打得火热，也感到莫名其妙，怀疑她是华盛顿安插的间谍。

四

什么叫比较文化？我们认为有广义的和狭义的比较文化。

广义的比较文化包括比较哲学、比较神话、比较民族学、比较民俗学、比较宗教学、比较语言学、比较语文学、比较美学、比较文学、比较艺术、比较法学、地区研究、考察访问、旅游见闻和文化交流史等。总之，广义的比较文化包括精神文化和物质文化的一切领域。

本文着重介绍的是狭义的比较文化。欧美国家叫"跨文化的交际（传播）"（cross-cultural communication），也有人叫"文化之间的交际（传播）"（intercultural communication）。它研究的内容是不同文化背景的人打交道时的言语交际和非言语交际，它是一门人际交际的学科。狭义的比较文化可以界说如下：用比较方法去研究两种或多种文化，求其异同，预测来自这些不同文化的人在交往过程中可能遭遇到的挫折、困难障碍、矛盾和冲突，设计出一些促进交际的方略和技巧，以减少误解和冲突，促进了解和交际效果，促进国际交往和各国人民的友谊。这就是狭义的比较文化。狭义的比较文化发端于第二次世界大战之中的 20 世纪 40 年代，崛起于 60 年代。它是"喷气机时代"和"太空时代"的产儿。是介于文化人类学、社会学和交际学科之间的一门中间学科、边缘学科和应用学科。研究的正确态度是对不同文化要尊重和宽容，反对文化自大主义和文化帝国主义。研究的基点是知己知彼，即首先要了解自己的文化，然后才能去了解别人的文化。由此再回头加深对自己文化的理解，保持自己的文化个性。

"天下真小！"这是人们在国际交往中的一句套语。20 世纪 50 年代人类进入喷气机时代，60 年代太空时代来临，70 年代接踵而来的是通信卫星时代。我们这个一度难以跋涉的庞大星球即将变成一个小小的村落。喷气机可以数十个小时内把人们送往地球上的任何角落。通信卫星可以使人们在电视屏幕上看到地球上任何角落正在发生的事情。国际电话可以使人们在几分钟之内和远在大洋彼岸的同行打交道。自动拨号机可以使远在异乡的游子在顷刻之间和家乡的亲人倾诉衷肠。孙悟空驾筋斗云的幻想已经变为现实。

频繁的国际交往促进了各国人民之间的了解和友谊。这是国际交往中美好顺心的一面，是人们向往的理想和目标。可是国际交往中有时候也有不那么理想、不太美好和不大顺心的一面。由于人们的文化背景不同，他们在国际交往中就可能产生误会，可能在沟通思想中会遇到障碍。不同的文化接触中必然产生冲击和不适，甚至会导致摩擦、冲突和对抗。研究如何避免国际交往中这消极的一面，以便增进各国人民的相互了解、发展各国人民之间的友谊，这已经成为当务之急。

20 世纪 60 年代，狭义的比较文化跻身学海，争得了一席之地。20 世纪 70 年代以来，它又有了长足的进展，在人们的心里已深深扎根。欧美的大学里已经相当普遍地开设了这门课程。该学科的许多专门术语已进入人们的日常用语，而不再是专家学者垄断的生僻词汇。"文化差异""文化疲劳""文化冲击""文化摩擦""文化对抗""文化适应""交际失败""文化自大主义""文化帝国主义""文化教学"已成为人们日常议论的话题。

我们要急起直追啊！

跨文化交际研究的报春花 [①]

　　1991 年，笔者曾撰文《呼唤比较文化的新局面》，评论胡文仲教授《跨文化交际学选读》，吁请外语界同行协力同心，以自身的优势开展跨文化交际研究，成为中国比较文化研究的一支生力军。

　　自此，外语界在跨文化交际研究领域又推出了上百篇论文，出版了论文集《文化与交际》（胡文仲，1994）和辞典《英美文化辞典》（胡文仲，1995），成立了中国跨文化交际研究会（1995）。中国的跨文化交际研究龙腾虎跃，蔚为壮观，出现了我们翘首企盼的新局面。

　　如今，林大津先生的专著《跨文化交际研究》即将付梓，且作者又是后学中的先进，怎不令人高兴！

　　我与林大津先生仅有一面之交。1995 年 8 月在哈尔滨举行的研讨会期间，他以深厚的学术潜力当选为中国跨文化交际学会的常务理事时，并没有给我留下特别深刻的印象。可是，半年后的春节期间，他从福建打来的两次长途电话却使我顿生敬意。第一次他询问美国文化学家霍尔的有关情况，知他钻研很深，且在指导跨文化交际领域的硕士论文。在万家欢庆春

[①]《跨文化交际研究》（林大津著，福建人民出版社，1996）序，有删节。

节时，从他的第二次来电中得知他在为其专著做最后的一搏，感奋和敬佩油然而生。

当他提出希望我为之作序时，我毫不犹豫地欣然从命。原因有二。一是笔者"呼唤"的"新局面"又结硕果；二是"惺惺惜惺惺"。回想笔者两年前刚到深圳的春节期间为撰写《创意导游》所经历的种种情景，深知他半年来的酸甜苦辣，不由得对他的执着精神充满敬意，且引为同志。

我怀着喜悦的心情，一气卒读了《跨文化交际研究》的清样，与作者一道神游于浩瀚的文化海洋，深以为幸。总的感觉是，我在未见书稿时就答应为之作序虽有几分冒险，这冒险却是完全值得的。

关于本书的总体评价，我想作者在前言中所用的"千人糕"的比方相当贴切。如果稍加引申，似乎可以做出几点估价：①本书在学科体系建构方面似乎主要承袭美国跨文化交际学的理论，但各章都有不少独到的真知灼见；而作者关于"本书在借鉴他人成果时……做了一番取舍后，自成一统，不少论断纯属一家之言，一孔之见"的自我评价则说明作者不仅具有严谨的治学态度，且具有不断探索的执着追求。②本书的性质和价值定位于"知识性、实用性、趣味性"是名副其实的。它因此而具有相当强的生命力，且兼有教科书的科学严谨、参考书的丰富内容和实用手册的向导作用。③本书可读性强，风格幽默诙谐，文字生动流畅，既"化精深为通俗"而又不媚俗。④作者作为"千人糕"的设计师，确有画龙点睛之功，这一份色香味俱佳的精美糕点注入了制作者大量的心得和独创。因此，本书绝不是一般意义上的资料和手册，而是当之无愧的学术专著。

本书的真知灼见，至少有以下一些：

1.关于文化评价的二分观点。作者认为，从总体上和宏观上看，我们不能对任何一种民族文化厚此薄彼，妄论孰优孰劣，否则就可能陷入民族中心主义、民族沙文主义甚至是文化帝国主义的泥坑；然而另一方面，从局部上和微观上看，又可以对文化现象做出价值判断，比如礼貌服务总比野蛮"服务"好，讲究公共卫生总比乱扔瓜皮纸屑好，排队总比插队好，等等。

2. 关于中美文化的宏观特征对比，作者提出个人本位与人伦本位的相对概念。乍一看，个人与人伦相对的说法似不如个人与集体相对的提法符合逻辑。但是细究起来，中国的集体主义正是建立在人伦本位的观念之上。

3. 本书专辟一章论述中国文化的动态特征。作者提出的几种变化趋势，很有道理。他心中有"数"，判断有"度"，措辞亦有分寸。例如："个体意识增强是打开中国文化动态走向的一把钥匙"，"中国人……从多元时间制向一元时间制转化的速度加快了"，中国人从高环境文化"向低环境文化转化的例子却不少"等言论都颇有新意。

4. 本书对跨文化交际能力的解说颇有独创。作者首先对罗列数十种交际能力那种"一团乱麻"的理论提出尖锐的批评，然后提出交际能力的行为模式和层次模式，继而又提出了培养跨文化交际能力的种种途径和建议。

本书的突出优点，至少还有两笔可书：

1. 本书征引的文献数以百计，且资料翔实，例证有趣生动，文风活泼风趣。作者信手拈来，任意挥洒，读来兴趣盎然，有很大的实用性。这无疑是在普及跨文化交际知识、促进中外沟通等方面迈出了非常可喜的一大步。

2. 本书在研究实际问题上带了一个好头。作者收集第一手资料，"小题大做"，深入浅出，在微观研究上不是人云亦云、炒作资料，而是自有心得、自成一体。例如，关于语言与思维的关系，作者首先对五种说法一一作出评介之后，得出了自己的一家之言："目前，关于语言与思维或世界观的关系，尚无定论。从跨文化交际研究出发，我个人倾向于认为，语言、思维、世界观与文化生态环境，相对独立但互有影响，相对影响要远远大于相对独立性。理由是……"关于英汉句法结构与思维习惯，作者在检讨了诸家理论、研究了各个侧面、提供了大量的例证后，得出了这样的结论：

英汉语言的句法特征"集中体现于英语形合法和汉语意合法的差别。从语言与思维的关系看，英语族人倾向于形式分析，抽象思维，从小到大，从未知到已知，突出主观作用，以主体为中心，主客体界线分明；汉族人倾向于整体思维，情感思维，从大到小，从已知到未知，从实际出发，注重主客体融合。英汉文化思维方式的核心区别是：英语族的自我中心与汉族的群体观念"。仅从上述两例足以看出作者用心之勤。

　　林大津先生的《跨文化交际研究》诞生了，这是跨文化交际研究的又一朵报春花，它稚嫩，但是它鲜活、明丽、生机勃勃。看到它破土而出，我们感到由衷的高兴。对于林先生的辛勤耕耘，我们表示由衷的感谢。我相信，林先生在后记中的种种呼吁，定会引起文化界的重视和响应。

世界文化史经典之作:《文化树》^①

第一版序

本书不是一般意义上的文化史，文明史，理由如下：

1. 作者把人类文化比作一棵热带大榕树。这棵大树扎根在史前文化悠远的土壤之中，它的不定根和气生根落地之后，长成了许多附生的树干；它枝杈横生相互绞结，最终长成一片盘根错节、枝杈交叠的丛林。换言之，人类的文化源头在人类祖先的亚人动物的进化之中；人类文明的起源是多源头并行发展的，各种文明相互影响、交相辉映，人类文化的演进不像一般进化论者所描绘的那种进化树，不是只有一条主根、一条主干的进化树，而是附生根众多、枝干绞结的大榕树。

2. 本书以科学发现、技术发明、制度演进为重点和核心，对一般的历史事件和帝王将相却不予重视。在这个意义上，亚历山大、成吉思汗、帖木儿之辈仅仅是昙花一现的匆匆过客，作物栽培、动物驯化、纸的发明、织布机的问世，反倒是影响深远的重大里程碑。

---

① 原《文化树：世界文化简史》(重庆出版社，1989；北京师范大学出版社，2017) 译者序。

3. 作者在横向的空间平面上，将人类文化分为若干大文化区。各文化区在文明兴起的时间和发达程度上千差万别，各文化区自有其显著的特色，亦有其共同的模式。这些文化区，有一般人比较熟悉的两河流域文化区、埃及文化区、希腊罗马文化区，又有不大为人所知的南亚／印度文化区和东南亚文化区。这些文化区不是封闭的板块，而是相互影响的、在时间和空间上渗透和流动的文化复合体。就其共性而言，各文化区在生存手段、技术模式、城市组织上都经历了大致相同的历程，就其特色来说，两河流域以城市生活为中心的模式、发达的形式法典和咄咄逼人的一神教引人注目；印度文明以宗教哲学、漠视历史、宽容精神最为显著；埃及文明以神秘主义最为突出；中国文明以庞大统一、绵延不绝、周期振荡、仕宦政治、文白分离、祖先崇拜、宗教宽容为绝无仅有的特色。

作者以雄辩的事实，强烈批判了欧洲中心论，言他人所不能言，历数了许多既令人震惊又令人信服的观点：希腊人并不是科学方法的始祖、罗马文明打上了蛮族（日耳曼人和凯尔特人）的深深烙印……

一般人所不熟悉的东南亚文化圈，包括马来－波利尼西亚人在遍及太平洋和印度洋诸岛上的移民。作者在述及太平洋岛民的超自然力崇拜和禁忌，和东南亚新石器文化对中国文化和日本文化的影响时都不乏精彩之笔。

4. 本书以浓墨重彩描绘了蛮族文化对古老文明和欧洲文明的影响。雅利安人侵入印度，摧毁印度河的古老文明，凌驾于印度土著之上，使《吠陀》经典和吠陀教义成为印度思想和文化的主宰。雅利安人尚武骁勇、蔑视学术的传统影响欧洲贵族达千年以上，直至近代为止。高卢人和日耳曼人对罗马文化的影响，在很大程度上超过了希腊文化对罗马文化的影响。突厥人、鞑靼人、蒙古人把中国文化带到了西亚、南亚和欧洲。上述现象说明，文明程度迥异的文化的影响不是单向的，而是双向的；低文化也可以向高文化逆向流动。

5. 本书对世界各民族形形色色的宗教作了精当的分析和比较。宗教是解析和阐释文化要义的一把重要的钥匙。本书描述和透视原始宗教，有中国人的巫祝，波利尼西亚人的自然崇拜和禁忌、日本人的神道。它着力比较的一神教，是犹太－基督教和伊斯兰教。它紧紧抓住原始吠陀教—婆罗门教—新婆罗门教（即印度教）—佛教和耆那教这条演化主线，来剖析印度文化不重历史、亚文化严重分歧、长期割据、无法抵御外来入侵的历史现象；这是独具慧眼、出手不凡的学界泰斗方能驾驭的思想。本书作者拉尔夫·林顿（Ralph Linton, 1893—1953）确乎是一位学界泰斗。费孝通说他是二战前后美国人类学界的四大台柱之一，也是当时世界上首屈一指的人类学家。和美国其他人类学家一样，他在人类语言学、考古学、民族志、民族学上有极高的造诣。有别于其他著名人类学家的是，他还对世界文化史有深刻的研究。

本书是林顿的遗著，是其毕生心血的结晶。原书卷帙浩繁，译本是他的夫人艾德琳·林顿（Adelin Linton）整理浓缩的节本。这个节本保留了原书的精华，删去了人类进化、史前文化和美洲文化的章节。对专家学者而言，这固然引以为憾。可是对一般读者而言，这倒是一种赐福。我们可以在一本小书之内线条清晰、脉络分明地把握世界文化史的轮廓和骨架，而不至淹没在浩瀚的汪洋大海之中。

该书从世界文明多源头的平行发展和横向交流这两根轴上，对人类文化演进、文明兴起，以及各文化区、各文明的相互影响进行了立体、多层次、多侧面的描绘、分析和阐释，展示了人类文明和地区文明绚丽无比的图景；既有浓墨重彩、工笔描绘，又有速写勾勒、大笔写意，所以它能使读者兴趣盎然地漫游于上下数万年、纵横数万里的文化史画廊之中。作品的权威性、可靠性、可读性，是毋庸置疑的。

林顿博士在书中提出了文化突变的思想，他把人类文化发展的爆发期比作生物的遗传变异。用这个思想来考察世界文化史，它提出了三个文化突变期。第一个突变期的标志是火的使用、工具的制造和语言的起源，第二个突变期的标志是农牧业的兴起，第三个突变期的标志是工业革命。此外，林顿博士抓住刚露端倪的核技术和空间技术（林氏去世于 1953 年），预言了第四次文化突变的来临。

1980 年，托夫勒在《第三次浪潮》中，将人类文明分为三期（农业文明、工业文明、后工业文明），引起了强烈的震撼。1953 年，林顿将人类文明史分为四期。这一思想多么言简意赅、发人深省，谁知道托夫勒从中受到了多大的启发！

1986 年 6 月

第一版后记

数十年来，我国内地尚未出版过一本比较系统的世界文化史专著。本书的翻译出版，在时间上虽然较晚，但无疑还是极具价值的。

任何学术著作都必须经历时间的考验，被岁月的长河冲刷、淘选、洗汰；能够在时光的流转中沉积下来，历久弥新的，乃是真正的智慧结晶。作为大师作品的《文化树》正是这样一本堪称具有真知灼见的学术价值的经典著作。

自 1955 年此书问世以来，时间的车轮已转过了近 40 年。然而，由于它出自学术巨擘之手，所以它代表了当时学术界能够达到的最高水平。尽管此书的论述材料受到当时考古发掘的限制，本书的素材不免表现出作者"此生有涯"的客观局限（尤其表现在中国和印度考古素材上）。但是我相信，对于本书的每一个认真的读者来说，书中的分析和阐论所具有的那种宏博的时代超越性，会给人留下深刻印象。作者所具有的对历史材料和研究方法纯熟的驾驭和运演能力，深邃的历史洞察力和预言的智慧，使他不受当时的考古材料束缚和羁绊，这是弥足珍贵的禀赋和成就。

世界文化史是一项宏大的工程，要浓缩成一本小书，谈何容易；由一人完成，其难度可想而知。在较新的专著问世之前，《文化树》的价值是不可取代的。即使有了新的专著问世，它纵横驰骋的思路、挥洒自如的笔墨、宏富经纬的睿智、阐幽抉微的条分缕析，仍将具有经久的魅力。

译者的学问和译笔难以承受本书这种繁难的译事，殷切期待专家学者批评指正。

为便于年轻朋友阅读此书，在必要处做了大量的注释，其中倘有不妥之处，亦请读者不吝赐教。

1988 年 6 月

第二版序

这篇小序回答一个问题：为什么要推出《文化树》的中译本第二版？分两个部分：①不朽经典，②认真修订。

一、不朽经典

1988 年 6 月，在本书的第一版译者后记里，我断言："在较新的专著问世之前，《文化树》的价值是不可取代的。即使有了新的专著问世，它纵横驰骋的思路、挥洒自如的笔墨、宏富经纬的睿智、阐幽抉微的条分缕析，仍将具有经久的魅力。"

如今看来，这一判断是站得住脚的。

　　这一判断以该书的五大特点为依据，容我在这里做简要概括（亦见"第一版序"略微展开的文字）：①多源并行、相互影响、交相辉映的人类文化；②人类文化演进的重点和核心是技术发明、科学发现、制度演进，而不是帝王将相；③各文化区有特色，亦有共性，不存在所谓的"西方中心"；④"水向高处流"：低文化影响高文化，"蛮族"影响文明；⑤精当分析一神教和多神教，摒弃褒贬偏见。

　　为了支持这一判断，容我引用四段文字，借以管窥作者胜人一筹的学术追求和视野。

　　他展现色彩斑斓的人类文化："本书试图说明的是，各种文化的专门化发展是如何产生、如何整合、如何传播的，是如何使现代世界文化丰富多彩、繁复多样的。"

　　他对非洲文化的复兴充满信心："据料，非洲文化的复兴可能在下个世纪发生。在这个复兴过程中，对上述长期扎根的传统，看来是不该忽视的。把民主政治的现实和外在形式强加于非洲文明之上的任何企图，尤其是非常不恰当的。"

　　他观察中国文化似乎比我们中国人更胜一筹："中国人彻底皈依马克思主义的前景，不可能出现。他们的文明太悠久了，所以他们不可能以俄国人热爱共产主义的那种宗教狂热去拥抱任何一种政治思想。中国人的心理是智慧老翁的心理，他们阅尽了人间世态，饱尝了人间沧桑，对任何东西都不可能兴奋狂热了。"

　　他对中国文化的光明前景似乎比我们中国人更有信心："我们有相当的理由确信，两百年之内，中国又会出现一个强大的朝代，中国将像过去一样，再次成为一个重要的世界强国。"

二、认真修订

近年来，我反复重申：我的译作要做到"五个对得起"，即对得起作者、读者、出版社、译者本人和后世。为了兑现这一庄严承诺，第二版的修订做了以下努力：

1. 贴近原书的两大风格：严肃、平易。作者治学严谨、理论功底深厚、田野经验丰富，反映在文字风格上就是滴水不漏，是为严肃。作者驾驭复杂课题举重若轻、删繁就简，行文极其流畅，不通历史和考古的一般读者也能一气卒读，是为平易。为了贴近严肃的风格，我将第一版中过分口语化的词汇改为书面语，比如将"那儿"改为"那里"，"这儿"改为"这里"，"哪儿"改为"哪里"。同时，正是为了反映原书平易的风格，我们又不过分迁就欧化句式。

2. 校勘时更注意约定俗成和规范，比如，"字谜文字"（rebus writing）改为"画谜文字"，"有史时期""有史时代"改为"历史时期"，"拜占庭"改为"拜占廷"，"亚利安人"改为"雅利安人"，日本的"郡"改为"藩"。

3. 矫正和充实译者注。仅举一例，澳大利亚人类学家戈登·柴尔德的注释由"澳大利亚历史学家，对欧洲史前史和中西文化进行过深入研究，著述甚丰"扩充为"澳大利亚历史学家、公认的史前考古权威，提出'新石器革命'和'城市革命'概念，著有《历史的重建》《历史发生了什么？》《人类创造了自身》《考古学导论》《欧洲文明的曙光》等"。

4. 纠错。亦举一例。由于1988年检索困难，并不知道Francis L. K. Hsu就是大名鼎鼎的美籍华裔学者许烺光，几年以后读到他的《中国人与美国人》时，已来不及纠正。所以，2014年的第二版急忙予以订正，并详加注释："许烺光（Francis L. K. Hsu, 1909—1999），美籍华人、人类学家、心理人类学创始人之一，曾任美国人类学会会长，1943年受本书作者拉尔夫·林顿邀请访美，随即留美任教，著有《中国人与美国人》《家元：日本的真髓》《彻底个人主义的省思》《祖荫下：中国乡村的亲属、人格与社会流动》《驱逐捣蛋者：魔法、科学与文化》《文化人类学新论》《美国梦的挑战》《边缘人》等。"

2013 年 12 月 22 日

跨文化传播的第一声春雷 ①

本书共十一章，外加导论和三个附录。

"导论"讲解作者已出的三本书的主题，道明作者的文化研究追求：绘制类似乐谱的"文化地图"。

第一章"时间的声音"是概论，介绍"美国人的时间"和"其他时间观念"，详细的论述留待第九章"时间的语言"。

第二章"什么是文化"里霍尔痛感前人和同时代人文化研究的不足，提出文化研究的五个基本步骤：①识别文化的积木块即文化元素（isolates）；②在生物学基础上整合这些元素，使之能成为各种文化比较的基础；③建立一套数据和方法论，借以从事研究和教学，使研究者不必依赖"神入"之类的素质；④制定统一的文化理论，以便做更深一层的研究；⑤找到一种办法，使一般人觉得人类学很实用。

第三章"文化的语汇"是本书的理论基础之一，有四个重点。①一望而知的行为是文化的语汇。②古人今人一线牵，人类与其他生物一线牵，文化之前有"前文化"（pre-culture）和"基础文化"（infra-culture），文化

———————————

① 节录自《无声的语言》译者序。

有生物学根基。③文化系统必须具备三个条件：生物学根基，人类出现前，构成文化基础的大部分进化业已完成；能用系统自己的术语进行分析；一个系统既反映其他文化系统，又反映在其他文化系统中。④十大基本讯息系统。

第四章"文化的三个层次"是本书理论基础的重中之重，三个层次是显形（formal）文化、隐形（informal）文化和技术性（technical）文化。以这种层次分析为基础，分别论述学习、意识、情感和文化变革态度的三个层次。和二元分析相比，这种三元分析法显然是创新和突破，也是最难以把握的思想，这三个术语的翻译令译者吃尽苦头。

第五章"文化即是交流"是一种新研究路径，至少有两种创新：①清楚区分显形、隐形和技术性的文化三层次；②文化可以解析为集合、元素和模式。

第六章"无所不在的集合"讲文化的语汇，其特点是一望而知，数量无限。

第七章"难以捉摸的元素"讲文化元素的特点：它是构成集合的抽象成分；一旦仔细分析，元素也可以转化为集合，这种集合—元素—集合再转化非常重要，构成了"文化的测不准原理"。

第八章"文化的组织模式"首先讲模式的三种类型，即显形模式、隐形模式和技术性模式，接着讲模式的三种定律，即有序律（laws of order）、选择律（laws of selection）与和谐律（laws of congruence）。

第九章"时间的语言：美国口音"似乎一目了然，但未必如此。霍尔见常人之未见，有两个重点：①美国显形时间的"自然"属性：有序性（order）、周期性（cyclicity）、综合性（synthesisity）、价值性（valuation）、实在性（tangibility）、延续性（duration）和深度（depth）；②美国隐形时间的四个元素：紧迫性（urgency）、一元时间性（monchronism）、活动性（activity）和多样性（variety）。

紧迫性因主观感觉而异。一元时间性使美国文化有别于其他文化的多元时间性。活动性之下讲解动态文化和静态文化。多样性之下讲解两个问题：多样性因主观感觉而异；两种对待日程的美国时间模式常发生冲突，它们是"散点模式"（diffused pattern）和"位移点模式"（displaced pattern）。

第十章"空间的语言"首先讲强烈的领地欲。接着分四节论述空间语言。第一节"不同的文化如何利用空间"有两个非常生动的例子，一是一般纽约人心中非常扭曲的"美国地图"：除了纽约和好莱坞外，其余国土都很模糊，只是程度不同而已。二是霍皮人的空间使用，他们的语言里根本没有表示空间的语词。第二节"文化接触里的空间因素"举例说明美国人、英国人、法国人和拉美人空间使用的差异。第三节"显形的空间模式"介绍城市和乡间的定向和定位以及计量空间的标准。第四节"空间如何传递信息"以亲身经历细说交谈时的人体距离，数据翔实。一个经典的例子是一位美国人和一位拉美人交谈的画面，拉美人"步步紧逼"，美国人"步步退让"，直到他们从走廊的一端移动到走廊的尽头。

第十一章"挣脱枷锁"有四个重点：①坚信"文化即是交流"的研究路径产生的重大影响；②文化就是监狱，但我们握有打开这一囚笼的钥匙；③文化就是人，文化是人与人的纽带，人与人互动的媒介；④文化宛若音乐，文化图示好比是乐谱，霍尔描绘了"文化教学示意图"，而且坚信人类学家可以构建更加完善的乐谱和图示。

附录一"社会科学家的文化研究纲要"历数本书的八大贡献，即八个相互关联的理念：①文化即是交流，交流即是文化；②文化的十大"基本讯息系统"植根于人的生物学属性；③本书不研究制度及其构造，也不研究个人及其心理，这种研究只出现在较高的组织层次上；④人的活动分为显形、隐形和技术性的三个文化层次，三个层次彼此转化，转化就是变革的过程；⑤讯息有集合、元素和模式这三种成分，集合数量众多，元素的数量有限，模式的数量也有限；⑥文化测不准原理；⑦文化相对性原理；⑧文化分析始于微观分析，即元素层次的分析。

附录二"文化教学示意图"见下文"文化的系统分析"。

附录三"文化变革三例"分别介绍文化在显形、隐形和技术性层次上的变革。

一、文化的层次分析

语言是一个由音位、语素和语法组成的三级系统。霍尔把语言分析的这三个概念移植到文化分析之中，把文化看成是一个由文化、集合与模式组成的层级系统。

霍尔在建立文化的层级系统时注意到，要在理论上站住脚，且富有实用意义，就必须参考其他学科的理论框架和研究方法，同时又要避免生搬硬套。他竭力使自己的研究方法达到以下五个目标：

1. 分离出文化元素。文化元素是文化的最小构造单位，就像是语言学里的音位。

2. 把文化元素嵌入人类活动的十大范畴之中去进行研究。这十大范畴是根据人的生物学特性划分的，因而是人类文化的共同现象和共同基础。同时，这十大范畴也构成了人类文化的十个子系统。有了这样一个共同的系统框架，一切民族文化就有了明确、具体、客观和形式化的可比基础。

3. 在广泛搜集各民族文化特征的基础上，提炼出分析文化的方法论体系，然后又反过来用这个方法体系去从事文化对比和教学，使这一方法体系建立在科学、客观并能不断重复进行的基础之上，以避免研究者的主观随意性和感情色彩。

4. 提炼出统一的文化理论，用以指导文化研究。

5. 整个文化理论和方法应该简明适用，使一般读者受益。

把文化看成是一个由文化元素、集合与模式构成的层级系统，这是霍尔的一大贡献。

这个层级系统是根据文化的内部结构建立起来的。为了使自己的文化理论和文化系统更为适用，霍尔又从另一个角度去分析文化。他按照人们对文化的知觉程度把文化分解为三个层次：显形文化、隐形文化和技术性文化。

人们自觉程度较高的文化是显形文化，自觉程度很低的文化是隐形文化，自觉程度最高的文化是技术文化。

霍尔之前，人类学家借鉴精神分析理论，提出文化的两层次说。拉尔夫·林顿区分显性的文化和隐性的文化，克莱德·克拉克洪（Clyde Klurkhohn）区分明晰的文化与隐含的文化。心理学家哈里·沙利文区分知觉层次的文化和"超乎知觉"层次的文化。霍尔的文化三分法，显然是前进了一步。

显形文化是广为人知、理所当然的文化。它与人们的日常生活紧密相关，是人人必须遵守的文化。这种文化有很大的传统势力。成人用训诫的方式向儿童传授这种文化，其学习过程有一个固定的程式：儿童犯错误—成人的训诫—儿童纠正错误。学习的答案总是二元对立的，要么就对，要么就错，不允许模棱两可。

显形文化具有强烈的感情色彩。它是人们的一种感情支柱。抽掉了这根支柱，就仿佛是抽掉了人们赖以生存的基础。宗教信仰和民族的传统就属于这种文化。

隐形文化是知觉程度很低的、不假思索的文化，用心去想反会弄巧成拙。打字员打字时的指法，驾驶员刹车时的紧急制动，人们平时讲话时的言语熟巧等就属于这类文化。

隐形文化不带或少带感情色彩。由于人们意识不到隐形文化的民族差异，所以在跨越文化的交际中，往往会出现障碍。英国中上层人士使用的伦敦腔属隐形文化，本不带感情色彩。有些美国人不了解这一点，觉得伦敦腔矫揉造作、带贵族味儿。虽然隐形文化本身并不带感情色彩，可是它的基本格局被打破以后，人们也会感到焦虑，感到不舒服。人们谈话时身体的距离属于隐形文化。这个距离有一定的格局。如果打破这一模式，身体靠得太近，或离得太远，我们都会感到不舒服。

隐形文化的学习方式与其他两种文化迥然不同。模仿是学习隐形文化的重要途径。这种学习有两个特点：①人们并不知道自己在学习；②人们意识不到隐形文化是有规律的。

技术性文化多半是在学校里通过正规的教育完成的。这是一种师传生受的单向学习。传授的过程可以解析为两个步骤：①系统的逻辑分析；②归纳出一个条理清晰的纲要。技术文化具有不妥协的特性，它压抑着人们的情感，总是与权威和法律相联系。

日常生活里共享的文化系统叫显形的系统；脑子里储存的共享系统叫隐形的系统；技术系统是外化的系统，即延伸的系统，体外承载的系统。

二、文化的系统分析

霍尔的另一个创举是把文化当作是一个庞大的通信系统来研究。霍尔认为，文化这个通信系统可以下分为十个子系统，即基本讯息系统。他从化学元素周期表得到启式，把这十个基本讯息系统同时作为横轴和纵轴，排列成一个矩阵。横轴和纵轴相交就构成一百个基本的文化模式。霍尔认为，这个矩阵可以穷尽人类的一切文化模式，这是一个详尽无遗的文化教学示意图。

三、创新与贡献

半个多世纪过去了，《无声的语言》开拓的跨文化研究蔚为壮观，成果辉煌，后继的学者逐渐完善学科体系，深耕细作，但在原创性方面，罕有能与其匹敌者。他的思想全然不同于前人，也全然不同于后人。我在1988年《超越文化》的译者序中，归纳了他的十大贡献，不拟在此重复，读者可以参阅。在这里，我着重借用他自己的话重新归纳他最突出的贡献。

创建崭新的文化分析方法及五个步骤：①识别文化的积木块，即文化元素；②在生物学基础上整合文化元素，使之能成为各种文化比较的基础；③建立一套数据和方法论，给文化研究和教学提供有效而实用的基础；④制定统一的文化理论，以便做更深一层的研究；⑤找到一种办法，使一般人觉得人类学很实用。

"在许多重要的方面，本书提出的文化理论与以前的思想全然不同。区别主要是"：①借用语言模式；②将文化视为交流系统；③将基本讯息系统植根于生物学；④将系统整合为显形、隐形和技术性三种类型；⑤将文化构造解析为集合、元素和模式三个层次。

挣脱文化的羁绊 ①

第一版序

在爱德华·霍尔（Edward Twitchell Hall）的代表作中，经我们译介给中国读者的已有两本。我们极力推崇他的思想和著作，是立足于以下几点认识。

1. 世界各地学者给予他很高的评价，赋予他崇高的地位，中国内地的学者对他的了解太少、介绍不足。

2. 他能给中国的文化热提供崭新的视角，促进中国文化研究的深入发展。中国理论界的危机意识和使命意识使中国的文化研究打上了强烈的政治烙印，带上了强烈的哲学、伦理的理性色彩；中国的文化研究缺乏深层的文化学、人类学和心理学角度的剖析，需要从这几个角度去填补空缺；它偏重对显意识文化的关注，对无意识文化的关注几近于零；它偏重纯理论、书斋型的研究，对实际生活的关怀不够，因而令一般人有曲高和寡之叹。

3. 中国的文化研究以哲学界为主力军，缺乏一支多学科的队伍；理应

---

① 《超越文化》的译者序。这里的文本有不少删节。

成为文化研究主力军的人类学、社会学和心理学界没有标新立异的领头人物和创新论著。

4. 中国的大门敞开之后，跨文化交流的理论研究和应用研究迟迟未动，已经给国际交往、国内建设造成损失。

在上述各方面，霍尔的思想都将给我们吹进一股清新的风。

他在文化研究中构筑了一个多学科、多层次、多视角的宏大体系。

1. 他借用信息论和系统论的基本思想对文化进行系统分析，提出文化即是通讯的观点，把文化当作一个巨大的通信系统，按人类活动的领域把文化分成十大子系统（交往、组合、生存、性别、空间、时间、学习、游戏、防卫、开发）。

2. 他按意识程度的高低把文化分成三个层次：技术文化、显形文化和隐形文化。技术文化清晰度最高、情感性最低、意识程度最高，隐形文化清晰度最低、情感性最高、意识程度最低。

3. 他借用语言学理论把文化分解为三个层次：元素（相当于音位）、集合（相当于词）和模式（相当于句子）。他对模式的界说和分析精彩纷呈。

4. 他对空间语言、身势语言和时间语言的分析新颖独特、富有创见，对国际了解、文化交流极为适用。

5. 他提出一连串二分术语：一元时间和多元时间、高环境文化（high context culture）和低环境文化（low context culture），给比较文化提供了许多精当的参照系。

6. 他追溯了文化的生物学基础和神经生理学基础，给非理性文化和无意识文化的研究提供了坚实的基础。

7. 他分析了无意识文化的结构框架，提出了情景框架（最小的、能独立存在的文化单位）和行为链的结构分析法。

8. 他深入分析了非理性文化的各种表现，提出六种类别：情境性非理性、语境性非理性、神经症非理性、官僚主义和制度性的非理性、文化性非理性和民族中心主义非理性。

9. 他提出的无意识文化不同于过去一切思想大师的无意识理论。弗洛伊德研究的是个人无意识（本我、自我、超我），荣格研究的是集体无意识（先天遗传的、人类共同的无意识）。霍尔的文化无意识是处于知觉之外的、尚待提升到显意识层次的东西，包括时间语言、空间语言、人体节律和同步运动（syncing）等范畴。

10. 他提出延伸及延伸迁移的理论。他认为文化是人外化的一种屏障、筛子和桎梏。之所以说文化是屏障，是因为它对人有保护作用。之所以称之为筛子，是因为它有信息筛选功能，能避免"信息超载"。至于说它犹如桎梏，是因为延伸迁移（extension transfer）形成了对人的种种限制。延伸迁移的理论包括以下要点：

①延伸系统形成之初富有弹性、易于改变，后来逐渐成为僵化的、难以改变的东西。

②延伸系统取代被延伸的过程，符号代替了所指。偶像崇拜即为一例。偶像是人的外化，可是它取代人，成为至高无上的东西。

③人的延伸分为若干世代，如体态语言是第一代的延伸，口语是第二代的延伸，书面语是第三代的延伸。后一代的延伸往往掩盖前一代的延伸，如口语掩盖体态语言，书面语掩盖口语，使被掩盖的延伸模糊不清，成为仿佛没有结构的东西。

④延伸迁移的功能障碍。延伸系统被用于不恰当的情况，延伸系统就会出现功能障碍。如拉丁语法硬套到汉语头上，硬科学的范式用于软科学，等等。

⑤延伸迁移是人与自我和传统日益疏离的因素之一。

上述各点用霍尔的话说，叫作延伸迁移综合征，这是我们在摆脱文化钳制、超越文化局限中必须翻越的障碍之一。

霍尔在他的著述中，反复对西方思维模式和时间语言提出批评。一方面，他明确主张东西方的思维模式、一元时间和多元时间各有利弊，世上绝无排他性的独一无二的东西，同时他又告诫世人对自己文化模式的局限性要有所认识。比如，他认为，北欧传统中分裂切割、条块分割、线性排列、一次只做一件事的一元时间系统，就使许多未竟之事功败垂成；分析切割、线性排列、逻辑、理性、语词的西方传统的思维模式，就与大脑的整合功能、"全息功能"不协调，如果只用这种思维模式，大脑的潜力尚未发挥其万分之一，那就是一个大的悲剧。

霍尔之所以能构筑如此宏大的理论体系，提出如此深刻的忠告建议，这与他的学术履历和职业生涯密不可分。他是理论实践并重、书斋田野兼顾、学者顾问合一的多学科的横向人才和怪杰。几十年来，他从事教学、科研、心理分析和技术咨询。成为闻名遐迩的人类学家、文化学家、心理分析专家、政府和企业界的高级顾问，他的足迹遍布世界，他对原始民族和现代民族、东西文化都有实地的考察和深刻的体验。他辛勤笔耕，对文化分析的普及和跨文化的交际，做出了突出的贡献，对促进各国人民的相互了解和友谊、交流和合作，做了扎扎实实的基础工作。

1988 年 10 月

第二版序

一、一代宗师

经过 20 世纪初的酝酿、两次世界大战期间的发酵，第二次世界大战以后，传播学在美国提速。

20 世纪以后，人类学摆脱了博物学、殖民主义和社会达尔文主义的羁绊，经历了文化相对论和功能主义的"科学"发展之后，成为传播学的基石之一。

爱德华·霍尔（1914—2009）横跨人类学、心理学、传播学，成为跨文化传播（交际）学的奠基人。不过，他紧守的重镇始终是人类学。

霍尔创建了宏大的理论体系，提出深刻的忠告，这与他的学术履历和职业生涯密不可分。

20 世纪 30 年代的大萧条使他走出书斋，深入到美国西南部几个印第安人部落去做田野调查，去推行政府的援助项目，以缓和民族矛盾。他深入研究新墨西哥州的西裔美国人、拉丁美洲人、纳瓦霍人、霍比人、特鲁克人、地中海西部的阿拉伯人和伊朗人。

20 世纪 40 年代战争期间，他应召服役，并到西南太平洋地区去研究土著民族。50 年代，他又应召到美国国务院下属的外事学院培训援外人员。

霍尔在哥伦比亚大学受业于拉尔夫·林顿门下。此后的几十年间，他先后在丹佛大学、科罗拉多大学、佛蒙特大学、哈佛商学院、伊利诺伊理工大学、西北大学等大学执教，传授人类学和心理学，曾在华盛顿精神病学校进行研究，逐渐走出了不同于多数人类学家和精神病学家的路子，开辟了一个全新的领域，提出崭新的文化理论。他挖掘文化的生物学根基，解剖了文化的十大讯息系统，以此绘制了类似化学元素周期表的文化教学示意图；借鉴并超越了精神分析和人类学的分层理论，按照知觉程度创建了显形、隐形和技术性的文化三分法；借鉴语言学的音位、词汇和句法三分法，用元素、集合和模式的概念来描绘文化的内部结构。

霍尔一生敏于创新、勤于笔耕、著述甚丰，代表作有《无声的语言》（ *The Silent Language* ）、《隐藏的一维》（ *The Hidden Dimension* ）、《超越文化》（ *Beyond Culture* ）、《生活之舞蹈》（ *The Dance of Life: The Other Dimension of Time* ）、《空间关系学手册》（ *Handbook for Proxemics Research* ）、《建筑

的第四维》（*The Fourth Dimension in Architecture: The Impact of Building on Behavior*）、《隐蔽的差异：如何与德国人打交道》（*Hidden Differences: How to Communicate with the Germans*）、《隐蔽的差异：如何与日本人做生意》（*Hidden Differences: Doing Business with the Japanese*）、《理解文化差异：德国人、法国人和美国人》（*Understanding Cultural Differences*: *Germans, French and Americans*）、《日常生活里的人类学：霍尔自传》（*An Anthropology of Everyday Life: An Autobiography*）、《三十年代的美国西部》（*West of the Thirties*）等。

1957 年，他以《无声的语言》精心研究"超乎知觉"的非语言文化，包括"时间语言"和"空间语言"，开辟了跨文化研究的全新领域。1966 年，他以《隐藏的一维》深入研究人的领地欲和空间行为。1976 年，他以《超越文化》锻造挣脱文化枷锁的几把钥匙，提出延伸论、延伸迁移论、一致论、语境论、情景论、行为链、认同论、一元时间与多元时间、高语境与低语境等崭新的概念。1974，他的《空间关系学研究手册》展开论述他在以上三部书中提出的空间关系学。1983 年，他的《生活之舞蹈》进一步研究空间行为，讲人体节律和同步运动。20 世纪 90 年代以后，他将一生积累的理论和实践用于跨文化的国别研究，推出《隐蔽的差异：如何与德国人打交道》《隐蔽的差异：如何与日本人做生意》《理解文化差异：德国人、法国人和美国人》。此外，他于 1992 年和 1994 年分别出版总结一生研究心得的《日常生活的人类学：霍尔自传》和《三十年代的美国西部》。

二、几十年的踟蹰和坎坷

1983 年，我在母校四川外语学院组建"比较文化研究室"，引进跨文化交际（intercultural communication），写了两篇文章。一篇题名《介绍一门新兴学科——跨文化的交际》（《外国语文》1983 年第 2 期），一篇题名《比较文化之我见》（《读书》，1983 年第 8 期）。稍后，我省掉"跨文化的交际"中的"的"字，将其命名为"跨文化交际"。一般地说，我的同仁多半称之为"跨文化交际研究"，少有自吹"跨文化交际学"。为什么？大概是因为底气不足吧。在"介绍"一文里，我指认这门学科的三大基石，写下这样一段话："人类学、社会学和交际学是'跨文化的交际'的三大基石。'跨文化的交际'是人类学、社会学和交际学的中间学科和应用学科。"众所周知，中间学科不容易成熟，应用学科不容易被人看重。

与此同时，新闻界引进这门学科，将其定名为跨文化传播。于是，西方这门学科在中国进入两个不同的领域，被赋予了两个不同的名字。一个领域是语言学、外语教学和翻译界，一个领域是新闻传播学和大众媒体。

这两个领域都遭遇了一二十年的坎坷。外语界采用的学科定名为"跨文化交际研究"，酝酿十余年才成立了全国统一的"中国跨文化交际学会"（1995）。传播学的"正名"也是在20世纪90年代末，而"跨文化传播"又是传播学的一个短板。这两个领域的研究都不太顺利，直至今天，传播学"无学"、跨文化交际"无学"的喟叹仍然甚嚣尘上。

爱德华·霍尔被誉为跨文化传播之父，奇怪的是，他似乎与美国主流的传播学经验学派毫不搭界，对舆论、宣传、媒体功能、传播效果、受众分析那一套不感兴趣；主流学派对他的延伸论、延伸迁移论、层次分析、系统分析、时间语言、空间语言、行为链、同步性、高语境、低语境、文化教学那一套也不领情。他的研究路径和传播学主流学派的路径似乎是两条平行流动、永不交汇的河流。

霍尔从来不自封为"跨文化传播之父"，他始终在人类学系任教，从未涉足传播学系或英文系，没有直接参与构建后继者发展的"跨文化传播研究"或"跨文化交际研究"（intercultural communication studies）。

霍尔研究不同文化间个人层次上的交流，感兴趣的是"日常生活里的人类学"。1966年的《超越文化》索引里，固然有"communication"一词，却不见"intercultural communication"，只有"intercultural encounters"和

"intercultural experience"。1957 年《无声的语言》第四章题名"Culture is communication"，可见"communication"重要，但它却不承载传播学里常见的"编码—发送—解码"意义，更不涉及"5W"那样的传播模式。而且，在《无声的语言》的索引里，"intercultural communication"根本就不见踪影；数十年间，他的众多著述里都少见"intercultural communication"。由此可见，"跨文化传播（交际）"这一学科的名字是后继者热衷的用语，他本人用得不多。

跨文化传播（交际）这门应用学科究竟有多大意义？在 1983 年为引进这门学科的《介绍一门新兴学科：跨文化的交际》一文里，我非常看重其重大意义和发展前景，在文章的结尾写下了一大段话："我们的军事家，若能学一点比较文化，就似如虎添翼，定能更好地知己知彼、运筹帷幄、决胜于千里之外。我们的外交家，若有比较文化的修养，定能更好地纵横捭阖、广交朋友，为我国'四化'创造一个最良好的国际环境。我们的外贸职员，如果不了解自己的文化和外国的文化，怎么能做好生意，扩大外贸？我们的一切涉外人员，如果不学习比较文化，怎么能广交朋友、发展同各国人民的友谊？我们的一切直接和间接与兄弟民族打交道的同志，如果不学比较文化，怎么能促进全国各族人民的大团结？"

二十年过去了，这门学科在中国内地一分为二，走上了两条不搭界的平行道路。一条是外语界的"跨文化交际"，一条是新闻传播界的"跨文化传播"。1999 年，我以中国跨文化交际研究会副会长和东道主的身份，承办"中国跨文化交际研究会第三届国际讨论会"，有意识地邀请这两支学术队伍，做一些嫁接的工作，可惜效果不彰。

虽然这门学科对和谐世界的构建至关重要，表面上也很热闹，可是如何衡量它在政界、外交界、企业界、学界、军界和普通人中产生的影响，仍难达成共识。

1980 年留美期间，我读到《无声的语言》（1957）、《隐藏的一维》(1966)、《超越文化》(1976)，有意将可读性比较强的《无声的语言》和《超越文化》译介到国内。1987 年，机会来了，我应邀为北京的三联书店翻译《无声的语言》。紧接着的 1988 年，我又应邀为重庆出版社翻译《超越文化》。

《超越文化》顺利出版，连同《文化树》和《文艺复兴盛期》构成重庆出版社的"外国文化研究丛书"。我接受丛书编辑的建议，用三种不同的方式署名，《文化树》署名何道宽译，《超越文化》署笔名韩海深，《文艺复兴盛期》署名洪洞仁校。在 1988 年 10 月写就的《超越文化》后记里，我写了这样一句话："我们翻译的《无声的语言》已由 ×× 出版，有兴趣的读者可以一读。"那时，该店编辑来信称，《无声的语言》即将发排，所以我满以为《无声的语言》会立即问世，谁知他们竟然爽约。

二十年后，承蒙北京大学出版社厚爱，这两本难产和半难产的书终于可以由我署名奉献给读者了，不亦快哉！

三、旬月踟蹰

这次重译《无声的语言》和《超越文化》遭遇到的最大困难，是在几个关键词的翻译和修订上。兹分述如次。

首先是"communication"。作者的背景是语言学、人类学、心理学、大学教授、政府和企业顾问，他写这两本书的宗旨是构建文化学的基础、促进文化间的交流，对新闻传播界的舆论、宣传、媒体影响、受众角色那些东西不感兴趣。所以，将其译为"传播"很不恰当。译为"交际"似乎贴切，但"交际"语言学色彩太浓，又不适合这两本书的宗旨和调子。"通讯"的译名可以考虑，而且，二十年前我就把他的一个重要命题翻译为"文化即是通讯"(culture is communication)，因为作者借用通讯工程师的"讯息"概念和化学元素周期表的图示，以十大基本讯息系统(primary message systems）为纵横两轴，绘制了详尽无遗的"文化教学示意图"（《无声》附录二）。但纵观学科分野，"讯息"的自然科学色彩太浓，似乎不太适合霍尔的社会科学背景。经过几个月的踟蹰，我决定舍弃"传播"，以"交流、交际、通讯"的排序给"communication"选择三个译名，但动物的行为则译为"互动"或"交流"。

根据文化的知觉程度，霍尔扬弃"意识—无意识"的两层次分析法，提出三层次分析法，创制了三个术语——formal, informal, technical——用以描绘三种知觉程度的文化。经过几个月的推敲，经历了三个阶段，最后选用"显形、隐形和技术性"来给这三个术语定名。其他两种被抛弃的译名是"形式的、非形式的和技术性的"和"形式化的、非形式化的和技术性的"。至于这一选择是否能成为"盖棺之论"，那就有待学界的长期考验了。

霍尔的三层次分析法定名以后，其他学者分析文化层次的术语的翻译就相对容易了。人类学家拉尔夫·林顿的"overt-covert culture"译为显性－隐性文化；人类学家克劳德·克拉克洪的"implicit-explicit culture"译为隐含－明晰文化；心理学家哈里·沙利文的"in-awareness and out-of-awareness"译为知觉的层次和"超乎知觉"的层次。

其他的重要修订有："高环境"（high context）改为"高语境"，"低环境"改为"低语境"（low context）。

"context"译文的选择依次是语境、上下文、环境、脉络，选择的标准是因地制宜，但尽量译为语境，如体内语境（internal context）、体外语境（external context）。

"contextualize"译文的选择依次是语境化、提供交际环境。

"contexting"译文的选择依次是语境机制、语境化、提供交际环境、上下文环境（脉络），如情景性语境机制（situational contexting）、环境性语境机制（environmental contexting）、先天语境机制（innate contexting）、内化语境机制（internal contexting）、听觉语境机制（auditory contexting）。

"contextual"译为语境导向的，如语境导向的思维（contextual thinking）和语境导向的研究（contextual research）。

"consistency"视情况译为文化的一致性或一致性。

"syncing"译为同步运动、同步性，"synchrony"译为同步状态。

"个体生态学"（ethology）改为"动物行为学"。

"行动链"（action chain）改为"行为链"。

"情景框架"（situational framework）改为"情景构架"。

"信息超荷"（information overload）改为"信息超载"。

四、谁继"绝学"？

这里所谓"绝学"有双重含义。一是前无古人的独创，二是濒临失传的危险。霍尔是公认的"跨文化传播（交际）之父"。他嫁接人类学和精神医学，兼顾田野调查和临床医学、学术研究和文化教学，担任政府顾问，培训外交人员。

他攻读学士、硕士、博士和博士后都在人类学，教学的重镇也在人类学。他继承和发扬了20世纪美国两代人类学家"文化相对论"的优良传统，绝对尊重印第安人和其他少数民族，与种族主义、殖民主义、我族中心主义、社会达尔文主义彻底决裂。他沟通东西方，尖锐批评西方文化和美国文化之不足。

20世纪50年代，霍尔在美国国务院下属的外事学院培训外交人员和援外人员。在此，他与"身势语之父"伯德惠斯特尔密切合作，为他后来创建的"空间关系学"打下基础；又与著名语言学家特雷格亲密合作，创建崭新的文化理论，绘制了空前绝后的"文化教学示意图"。

许多学者追随他，构建了渐成气候的"跨文化传播（交际）学"，他偶尔也参加这样的学术会。然而，这门学科的重镇毕竟是在新闻传播界和外语界，而他的重镇是在人类学，他最大的兴趣是研究"日常生活里的人类学""无意识文化""空间关系学""时间语言""延伸迁移"等多数人不太感兴趣、也不太擅长的学问。他走的是与众不同的路子，创建的是前无古人、亦罕有今人的学问。

遗憾的是，他没有能培养大批博士生的基地，所以他的学问缺乏大批直接的继承人。

这使我想起 19 世纪后半叶法国社会学两巨头埃米尔·涂尔干（Emile Durkheim, 1858—1917）和加布里埃尔·塔尔德（Gabriel Tarde, 1843—1904）截然不同的学术命运：涂尔干后继有人，塔尔德却被遮蔽，以至于后人不得不"复活"他。涂尔干身前身后有世代嫡传的弟子担任吹鼓手；塔尔德没有嫡传的学界精英继承、弘扬和鼓吹他的学术成就。

爱德华·霍尔在 2009 年去世了。他是否会遭遇加布里埃尔·塔尔德同样被遮蔽的命运？谁来继承他的"绝学"？

2010 年 5 月 20 日

论美国文化的显著特征 [①]

> 我不想让自己的住宅壁垒高墙，也不想将自家的窗扉堵上，
> 我要让清风吹进户牖，使万国文化自由飘荡。然而，我绝不会轻
> 飘飘的，让自己的文化根基被其动摇。
>
> ——圣雄甘地

一、导论

倘若把世界上所有的民族文化排列在一个连续体上，中美文化无疑处在接近两端的位置，表现出迥然有别的特性。中国人觉得美国文化独特而陌生，美国人觉得中国文化神秘而诱人。所以我们有必要对美国文化进行深入的研究，不但要进行浅层的描写，而且要作出深层的分析和解释。穷根究底，这就是本文的主旨。

美国文化是一种非常独特的民族文化。就世界文化大的分区、大的类型而言，美国文化属于西方文化的大范畴。所以对中国文化而言，它非常

---

① 原刊登于《深圳大学学报》，1994 年第 2 期。这里的文本删去了参考文献。

独特。与其他西方文化相比，美国文化还有许多迥然不同的特点。它不但有别于与其亲缘关系很近的英国文化，而且有别于它的近邻加拿大和其他欧美国家的文化。换言之，它是西方文化中非常独特的一种民族文化。

众所周知，美国文化是欧洲文化的继承和发展。这一判断不可动摇，也容易理解。不过本文并不讨论美国文化与其他欧美文化的共性。本文着重讨论的是它那种非常独特的韵味。凡是它与其他欧美文化相近的文化成分、文化特质、国民性格，都在有意排除之列，不拟纳入本文的研讨范围。

笔者研究文化学，接触的文献可谓不少。然而其中许多著作，总有令人抱憾之处。它们对美国文化特点的概括或太繁杂，或太简略，或太随意。本文力求避免上列不足。全文贯穿两条主线：纵向以"美国社会—文化史"为经线，借以追溯美国文化嬗变的历史轨迹和原因；横向以比较文化为纬纱，以此突出它有别于其他欧美文化和东方文化的特征。

二、2个"H" + 4个"I"

美国是一个由移民组成的国家，不同文化背景的移民融合而成美利坚民族，形成了整合程度较高的一种杂交文化。与此同时，许多移民又保存了自己母国的民族文化，所以美国文化又不是整齐划一的一种均质（homogenous）文化，而是一种非均质文化（heterogeneous）。这是美国文化的第一个显著特征。

美国文化以个体为本位，个人主义（individualism）发展到登峰造极之境。这是美国文化的第二个显著特征。

美国文化富于创新精神（innovativeness），因此美国不仅在资本主义世界后来居上，而且它在发明创造、科学技术上长期雄踞世界第一，此为美国文化的第三个显著特征。

美国文化是一种充满矛盾（incongrous）的文化，这是它的第四个显著特征。

三、独特的移民国家

澳洲和美洲的所有国家和一些大洋洲岛国都是由移民组成的国家。在这众多的移民国家中，为什么美国成为一个非常独特的国家呢？

美国是世界上最大的移民国家。它地大物博，人口众多。它得天独厚，拥有极其丰富的自然资源，所以它不但能够连续数百年吸引数以千万计的移民，而且能够承受其压力，养活众多的人口。它的移民在种族、民族、文化构成上最为复杂。当今的美国俨然是地球上最大的人种博物馆，是世界文化的万国博览会。它的自然资源和文化资源无与伦比，这是它作为移民国家的第一个突出特点。

第二个突出特点是，它与"母国"文化的联系最少。粗略地说，美国是一个"新教"国家，这是由人多势众的首批移民的新教文化决定的。1620年，英国一批清教徒（基督教新教中的一个教派）乘"五月花"号海船来北美洲定居。他们在母国遭到英国国教的迫害，因而对母国甚少依恋，而且许多人有意识地切断与故土的联系。他们为寻求自由而来，把"新世界"当作"希望之乡"，试图创造一种崭新的文化。

继荷兰、英国之后，美国是完成资产阶级革命的第三个国家，但它是第一个最彻底完成资产阶级革命的国家，所以它和封建主义的旧文化联系最少。而且，在美洲众多的移民国家中，它与母国的联系最少。此外，它实行政教分离最早，受罗马教廷的影响最少。与此相反，其他的美洲国家与母国的联系却比较多。比如，紧邻它的加拿大移民长期忠于"母国"，他们没有发动激烈的革命，所以加拿大至今仍然是英联邦的成员。又比如，美国南面的拉丁美洲国家绝大多数信奉罗马天主教，它们的政教分离不如美国彻底，所以它们长期接受罗马天主教廷的影响和控制而倾向于保守。

美国作为移民国家的第三个突出特点是，它既有杂交文化的优势，又有绚丽多彩的多元文化的优势。多种民族文化整合为一种别具韵味的美利坚民族文化，而不是散沙一盘的混合物。这种全新的杂交文化继承了各种亲本文化的优点，又突变出了超越亲本文化的一些优势；这些优势表现为蓬勃的生机和创新的精神。另一方面美国文化又是一种非均质的文化。虽然它有整合程度较高的一面，但是它没有走向排除多样性、提倡整齐划一、坚持大一统的极端。

以上所列并未穷尽美国文化的独特之处。"边疆"生活、"美国梦"、个体本位等特征也是这个移民国家有别于其他欧美国家的特征。这些特征将在下文中论述。

在这部分余下的篇幅里，有必要围绕以下两个问题展开论述：①杂交文化是如何形成的？②杂交文化到多元文化的转移——文化价值观念是如何嬗变的？

（一）杂交文化的形成

19世纪30年代，法国政治家托克维尔（Alexis de Tocqueville, 1805—1859）游历美国、深入考察，给世人留下了经典巨著《美国的民主》。他发现美国与欧洲国家迥然殊异。这是一个生机勃勃、富有创新精神的国家，令人钦羡、惊叹。这个国家已经成为一个大熔炉，文化背景不同的移民已经形成一种整合程度很高的白种盎格鲁－撒克逊（WASP）文化。

美利坚民族形成和认同的向心力和黏合剂，盖源于"希望之乡"的"美国梦"。这种"美国梦"又源于极其优越的自然条件和文化运转机制。在美国建国后的100年间，按人口平均计算，它是世界上无可争辩的地大物博的国家。似乎取之不竭的自然资源、清教徒的工作伦理使许多穷苦移民转眼之间过上小康生活，许多穷光蛋很快成为富翁。1862年的《宅地法》几乎使每个人无偿地占有160英亩土地。当时的美国，封建余毒少、社会流动性大、门第观念弱，这一文化优势天下无双。许多家境贫寒的人成为世所公认的大政治家、大外交家、大科学家，建国之父富兰克林、世人崇敬的林肯总统就是最典型的例子。总之，"美国梦"成为美利坚文化的向心力和黏合剂。

成功的独立战争把各自为政、互不相干的 13 个殖民地团结起来。美国建国前的大陆会议成为后来的国会的雏形，《独立宣言》成为孕育美利坚民族的脐带。

1787 年的联邦宪法拥有超越地方立法的权威，成为团结美国人的第二条纽带。1861 年内战爆发时，它成为林肯总统的有力武器，成为克服危机、制止分裂、维护统一的"圣经"。

政教分离的原则创造了宗教宽容和文化宽容的气氛，使美国有别于其他欧美国家。和谐宽松的气氛又产生很大的向心力。美国宪法第一条修正案庄严宣告政教分离，于是它成为西方最早实行政教分离的国家。长期以来在其他欧美国家尖锐对立的新教、天主教和犹太教，大体上能够在此相安无事、和平共处。犹太人在这里的境遇最好，他们的解放在此最早实现，执行得也最彻底。如今的美国堪称世界上最完备的宗教博物馆。数以十计的宗教、不计其数的宗教派别彼此宽容，认同于美利坚民族的旗帜之下。

杂交文化具有超常的活力，释放出超常的能量，它似大海容纳百川，汲取了许多民族的智慧和才干。它又似原子反应堆，裂变和聚变出难以想象的巨大能量。内战（1861—1865）之后的勃兴使它在 30 年之内赶超英法。"新政"（1939—1940）之后的复兴使它成为无与伦比的超级大国。20 世纪 50 年代的美国，以世界 6％的人口创造了 60％以上的世界产值。

（二）文化观念的演变——从熔炉到拼盘

20 世纪 60 年代，美国人的文化价值观念发生了一个重大转变。在此之前，美国选择熔炉文化，把它作为美国文化的理想目标。为何做出这一选择呢？最显而易见的原因是建国的需要。如果成千上万种族、民族、文化格格不入的移民散沙一盘、各自为政、拒不融合，一个崭新的美利坚民族何以形成、何以自立？另一个原因是，人类在文化观念上的价值选择，有一个固有的嬗变规律、一个大体走向。一般地说，这一过程总是由不宽容到宽容，从排斥到共存，从自我中心到尊重他人，从一元文化走向多元文化。这不仅是美国文化史的必然走向，也是人类文化史的大致走向。

20世纪60年代之后，美国人的文化选择从熔炉转向拼盘。一个由许多民族组成的移民国家，为了国家的统一和长治久安，必须选择一种主流文化。然而当它走向成熟之后，它又必须认识和珍视非主流文化的价值、否则这个国家也不能安定团结。如果把可能的文化选择排列成一个连续体，那么每个民族的文化选择要根据当时当地的大气候来决定，这个选择的定位点有时要倾向这一极，有时又要倾向那一极，这个连续体的两极就是一元文化和多元文化。

美国文化观念的转变为什么偏偏在60年代发生呢？粗线条地说，主要原因有以下几点。

1. 60年代，全世界动荡不安，美国的民权运动风起云涌

许多美国人从美妙的"美国梦"中醒过来，猛然意识到：美国再也不是西方净土和乐园，并非每个穷光蛋都能成为富翁，并非每个少数民族都能融入主流文化。相反，有的少数民族拒绝纳入主流文化，也不可能"熔"入主流文化。他们"熔"不了，"化"不掉，也不应该"熔"、不应该"化"。他们有权保存并发扬自己的民族文化，每个少数民族理应受到尊重。

2. 孕育数十年之久的文化学走向成熟

理论廓清迷雾，多元文化的价值观念开始生根。种族主义、社会达尔文主义、民族沙文主义、我族中心主义得到了进一步清算。

3. 全球意识增强

进入富裕社会的美国人纷纷出国旅游，他们欣赏色彩缤纷的外国文化，并且把这种文化投向国内。

4. 应运而生的比较文化和跨文化交际学提高了人们的文化觉悟

　　这种觉悟表现为：尊重、了解、学习他人文化，并且把立足点放在了解自己文化之上。

　　5.少数民族的寻根意识崛起，他们的文化大放异彩

　　最突出的例子是享誉全球的黑人小说家亚历克斯·哈利的家谱小说《根》。寻根意识是文化觉悟的历史必然，也是对"美国梦"和"熔炉"观念的强烈反弹。"美国梦"的幻想破灭，强大的"熔炉"失去灵验，新移民和少数民族成功的机会减少，认同主流文化的冲动失去势头。少数民族转向或回归自己的民族文化，强烈要求表现自己的文化。对少数民族文化的研究纷纷出台，民族博物馆纷纷建立，民族文化节处处兴办，关于少数民族的研究专著不断问世。与此同时，代表主流文化的美国人也认识到要重视并发展少数民族文化。寻根意识和多元文化的价值选择正好吻合，相互推动、相得益彰。

　　20世纪80年代，美国人的文化观念发生了第二个转变，其主要标志是美国学走向成熟。几乎每一种少数民族文化都骄傲地进入了美国学的殿堂。美国学的研究范围迅速拓宽，急剧膨胀，不再囿于文化史、思想史、文化人类学、精英文化、国民性格、"熔炉"概念。不同学科的学者不再老死不相往来，不再严守自己领地，也不再为争夺地盘而争吵不休。他们通力合作达成以下共识：首先，美国学不再囿于一种主流文化，而是以丰富多彩的多元文化为研究对象，一切少数民族文化、亚文化都聚集在美国学这把大伞之下；其次，美国学的研究范围逐渐明晰起来，渐渐形成50来种分支；再次，美国学的研究方法应该是多种学科的研究方法。

　　理论界的共识使一般美国人的文化觉悟进一步提高。如果说60年代的美国人开始接受"文化拼盘"的价值观念，那么80年代的美国人开始接受一种更积极、更健康的文化观念。他们对多元文化更加热衷，对丰富多彩的文化遗产更加自豪。这种豪情洋溢在眉宇之间，奔泻在书刊之中，展示在民族博物馆里，表现在各种少数民族主办的文化节中。

四、独特的个体本位文化

在个体与群体的关系上，美国人选择了与中国人截然相反的观念。中国人以群体（家庭、"单位"、国家）为本，美国人以个体为本。他们为何做出这样的选择？为何比欧洲人走得更远，把个人主义发展到了登峰造极之境呢？

旁观者清。他们对我们传统文化的保守性看得明白，我们对他们个人主义的弊端也十分敏感。然而这一弊端并非本文主旨，我们只能略提一笔，存而不论。

在个体本位的文化选择中，美国与其他欧美国家相比既有共性，又有个性。我们可以说一说它继承欧洲文化的一面，然后再探讨它独特的一面。

美国人继承欧洲人个体本位的传统，表现在以下几个方面。

1. 希腊文化的重商主义

重商主义是个体本位的温床，重农文化是群体本位的沃土。美国正是一个重商主义的国家。

2. 希腊城邦的民主传统

希腊城邦小国寡民，商业发达，压榨奴隶，经济足以养活许多崇尚雄辩、积极参政的自由民。他们有机会民主参政，强烈要求个人的民主权利。美国人继承了这个平等参与民主的传统。

3. 希腊艺术突出个人的色彩熏陶了欧洲人的个体本位思想，美国人继承了这一艺术传统。

4. 文艺复兴带来的觉醒和解放

欧洲文艺复兴是人类历史上第一次重大的人文主义运动，象征着人的觉醒和解放，它把人从封建桎梏和教会约束下解放出来，美国人继承了这个个体本位的传统。

5. 16 世纪的宗教改革是人的进一步解放

罗马天主教认为，教徒必须借助等级森严的教阶制度和烦琐的宗教仪式才能与上帝交流。新教造了这个反，因而它又名"抗议宗"。这个教派主张"因信称义""因信得救"，认为教徒在上帝面前人人平等，可以不依赖教士的中介。换言之，人们可以摆脱罗马教廷的控制，个人只需为自己负责。美国是一个典型的新教国家，它继承了这个人人平等的思想。

6. 18 世纪启蒙运动的作用

18 世纪的启蒙运动举起了资产阶级革命的旗帜——自由、平等、博爱，这些思想成为美国独立宣言和宪法尤其是宪法中"人权法案"的思想武器。

然而，除了对欧洲文化的继承之处，美国的个体本位文化又有与其他欧美国家迥然不同的特点。

第一，美国人发展了新教传统中最激进的个体本位思想。移居美国的新教徒中，几乎所有的教派都曾在母国受到其他教派的迫害。路德教派和加尔文教派受到天主教的迫害，门诺教派又受到路德教派的迫害，清教徒又受到英国国教的迫害。所以他们才来到"希望之乡"寻求自由，而且更加珍视个人自由。"不自由，毋宁死"成了美国独立战争的口号。

第二，政教分离的立法保证了宗教生活的个人自由。美国宪法第一条修正案庄严宣告政教分离，这就避免了宗教冲突和宗教迫害，产生了两个相反相成的积极结果：一是创造了宽容和谐的文化气氛，增强了民族凝聚力，形成了崭新的杂交文化；二是保障了个人信仰自由，个人可以信教、传教，而且可以改宗、创教。如今的美国，几乎汇集了世界上的一切宗教和教派，俨然成为最完备的宗教博物馆。数以十计的宗教和数以百计的教派在其他国家也许会严重冲突，互相杀戮，但是他们在这里大体上相安无事。有些教派是绝对的和平主义者，他们曾经因为拒服兵役而不惜坐牢，并且迫使政府不得不尊重他们的信仰自由。

第三，"边疆生活"鼓励个体本位的价值观念。美国建国之初几乎是一块无人居住的蛮荒"宝地"。拓荒者常常孤零零一个人面对上帝和自然，他们不得不依靠自己。艰苦生活养成他们自力更生、勤奋工作、积极进取的工作伦理，也养成他们个人权利神圣不可侵犯的价值观念。

第四，美国政治生活容忍个体本位。美国人似乎是典型的无政府主义者。他们公然宣称自己怀疑政府、否定政府、视政府为强加于个人头上的异物。为了许多个人信仰自由或其他区区小事，他们公然与政府对抗，迫使政府让步。

这种政治态度是如何形成的呢？

1. 建国之前的无政府状态助长了个人主义的政治态度

从北美殖民地到建立联邦的过程是先有个人（孤零零的拓荒者），次有乡社，再有市镇，陆续才开始建州，最后好不容易才同意建立合众国。建立联邦并非出于内心的渴求，而是不得已而为之的最后一种选择。对许多初期移民来说，理想的目标是"天高无皇帝"的个人自由。他们到美洲的目的就是要逃避政府的迫害、不受政府的约束。他们认为，强大的联邦政府肯定会对个人构成威胁。为了反抗英王的压迫，他们好不容易才同意组建"大陆会议"（其功能仅限于协调各殖民地的对英作战）。打响独立战争第一枪的也不是"大陆会议"组建的"大陆军"，而是自发的民兵。独立战争胜利之后，又围绕着是否建立联邦的问题而争吵不休。为了削弱联邦政府这个庞然大物的权力，他们将政府肢解为立法、行政、司法三个部门，确立了三权分立、相互制衡的原则。他们的信条是：权力即是腐败，绝对的权力就是绝对的腐败。

2. "人权法案"强化了个人权利和地方权力，进一步削弱了联邦政府的权威

1787年的宪法经过半年的争吵才由立法会议草签。宪法墨迹未干，美国人已经感到政府对个人权利的威胁。他们立即着手修改宪法，以便保障

个人权利和地方权力不受侵犯。结果就产生了十条宪法修正案，也就是所谓的"人权法案"。

3. 地方争权的政治体制是个体本位的放大

宪法草签后，经过三年才得到 13 个殖民地地方政府的批准。直至今日，许多联邦法案也都必须经过各州的批准后才能生效。美国人没有地方服从"中央"的观念。地方并不视"中央"为神圣的、最高的、绝对的、终极的权威。地方对"中央"的关系并不是绝对服从、请求分权的关系。相反，地方必须争权，以保障自己天赋的神圣权力不受侵犯，因为"中央"的权威和权力是由地方政府赋予的，地方的权力并非是"中央"恩赐的。地方政府争权的权利庄严地进入了"人权法案"第十条。

4. 梭罗的思想强化了美国人的无政府主义

梭罗是美国 19 世纪最负盛名的思想家和文学家之一。他的文章《论非暴力不合作主义》对后世影响极盛，其中的三点思想成为美国人的共识：①"最好的政府是管事最少的政府"；②"最好的政府是不管事的政府"；③公民有权利蔑视政府，不服从政府。

美国人的个体本位思想还反映在经济生活、国际关系领域中。我们将在"充满矛盾的文化"里述及。

五、富于创新精神的文化

美国文化的创新精神表现得淋漓尽致，其现象不胜枚举，其事实难以历数。而且现象的罗列并非本文主旨，我们只能择其要者略提几点，然后就转入阐释的主题。

美国的独立战争并非人类历史上首次资产阶级革命，但它却是第一次最典型最彻底的资产阶级革命。它独特的宪法和政治体制对后世的资产阶级革命产生了巨大的影响。革命是历史前进的火车头，革命就是解放生产力。彻底的革命使美国后来居上，使它很快超过产业革命先着一鞭的英国和法国。

美国在创造发明上长期雄踞世界第一，直至今日，它是第一专利大国、第一诺贝尔奖大国、第一教育大国、第一科技大国。科学是第一生产力，所以它的综合国力长期雄踞世界第一。

美国文化的创造活力从何而来？

1. 在天人关系上，美国人主张人应胜天、人定胜天

他们认为自然是人的奴仆，供人利用、榨取和驾驭。人在自然面前几乎无所不能，因为人的背后有万能的上帝。人在与天的相竞相搏中，几乎总是胜利者。这一信仰驱使美国人不断创新、迭有新招。20世纪60年代生态学崛起之后，美国人的环境意识增强，他们的天人关系略有调整，然而他们的观念与东方人的天人相生、天人和合还相去甚远。

2. 在时间取向上，美国人总是向前看，而不是向后看

更确切地说，他们既不愿意向后看，也不可能向后看。不愿意这样做是因为他们在故土遭受迫害、穷困潦倒，对母国甚少依恋。他们有意识切断与母国的联系，梦想在这里创造一种崭新的生活，实现最美好的天国理想和乌托邦理想。他们不可能向后看是因为这个年轻的国家没有辉煌灿烂的悠久历史，不可能吃祖宗老本。他们只能义无反顾地拼命向前。与此同时，由于不会背上沉重的历史包袱，他们又能轻装上阵，没有框框和羁绊。他们绝不会因为改一个炉子、搬一块石头而引起震撼、造成冲突。他们从不满足于现有的一切成就。

3. 美国人的哲学传统是经验主义、功利主义、实用主义、工具主义、实证主义

他们崇尚实践和应用，拙于形而上和思辨哲学。一般地说，哲学要服务于建设和发展的需要，所以他们的哲学和英法德的哲学大异其趣、大异其旨，其道理就在这里。19世纪的美国成为世界上最大的试验基地和试验

工场。政治、经济、宗教、科学、生产、社会组织等各个方面的试验千奇百怪、五花八门。高远的理想、怪诞的美梦、强烈的功利追求和实用主义的哲学一旦结合，就产生了强大的创造活力。

4. 求异的思维模式成为发明创造的催化剂

个体本位的价值观念是追求人人不同、个个相异，反映在思维取向上就是求异思维，标新立异。如今在美国，任何一门学科都学派林立、思想纷纭、理论繁多、花样常新，绝不可能出现独领风骚、一家独霸的局面。这就有利于学术的发展和繁荣。

5. 教育原则上鼓励独立思考，尊重个性

不崇尚师承关系，不鼓励盲目服从。鼓励青胜于蓝，容忍学生推翻老师学说（这恐怕是世界上最"奇怪"、最激动人心的现象！）。不主张硬灌，不喜欢死背。强调动手动脑，反对死抠理论。讲究因材施教，欢迎学生提问。偏重通才教育，反对分科过细。容忍各种体制，提倡各地特色。重视实用学科，鼓励社会实践。所有这些教育原则、体制和方法为创造发明者准备了最好的温床，为科技向生产力的转化提供了最好的契机。

家庭教育也尊重儿童的个性和独创。家长不强求孩子服从，不反对孩子争辩，孩子的独创性得以及时开发。

6. 杂交文化的超常活力和多元文化的宽容精神相辅相成，给发明创造提供了营养丰富的培养基。美国几乎汇聚了世界上一切文化，受惠于人类的一切智慧。它岂止是有三个臭皮匠，又岂止是有三个诸葛亮。各种文化的交流和碰撞产生了许多新的思想、新的学说、新的学派、多种思想受到宽容和尊重，创造活力就苗壮成长、经久不衰。

六、充满矛盾的文化

这里所谓的矛盾包括美国文化中的差别、悖论、对立和冲突。

万事万物充满矛盾，世界各国都有矛盾。为何要把矛盾作为美国文化的重要特征来看待和分析呢？

首先，个体本位的价值观念使美国成为一个万事"分裂"的国家，他们在任何一个问题上都各持己见，鼓励争辩，容忍争辩，不存在什么集中和统一，对他们来说，万众一心是难以想象的、不应该的，意见分歧是正常的、健康的。在这一点上，他们自我感觉良好。

其次，美国文化资源极为丰富。几乎世界上的一切种族、民族、宗教、价值、思想和学术在此比肩而立、争奇斗艳，并能大体相安无事，共存共荣，在这一点上，美国人也非常自豪。

再次，在文化模式的选择上，他们反对单打一，主张多元化。他们讲究差别、宽容差别、尊重差别。在这一点上，他们也自认为胜人一筹。

当局者迷，美国人看不到上述豪情所掩盖的弊端，而旁人却能洞若观火。美国社会的弊端、文化的悖论难以逐一细评，只能择其要者略陈于下。

1. 三权分立的政治体制损害了政府的效率，削弱了国家的实力

相互争吵、相互掣肘、议而不决、互相拆台是立法、行政和司法三个部门运转机制中难以避免的事实。

2. 地方争权的政治格局同样损害了国家意志的实现

多中心就是无中心。联邦政府的许多宪法修正案不能得到地方政府的批准，要四分之三以上的州批准才能生效。1787年联邦宪法就是一个典型的例子。

3. 无政府主义思潮损害社会的运转机制

许多美国人骨子里是无政府主义者。早期移民的理想就是"天高无皇帝"的无政府社会。

"边疆生活"的无政府状态加重了这种思潮。直至今日，许多美国人仍然笃信梭罗的教条。总而言之，他们怀疑政府、限制政府权力，反对政府侵犯个人权利。为此他们可以游行示威、拒服兵役、焚烧国旗。

与此同时，他们又表现出强烈的爱国主义。游人最深刻的印象之一就是处处可见的美国国旗：房顶上、门前旗杆上、客厅里、办公桌上、衣服上、帽子上、商店里、展览厅中处处可见，令人目不暇接。言谈之间、集会之中、唱国歌时，他们都表现出爱国的豪情。

他们把国家和政府这两个概念分开，这就是一种悖论。

4. "人权法案"中埋下了一些引起社会不安定的祸根

为了保障个人和地方政府的权利，1787 年的联邦宪法墨迹未干，美国人就着手修宪，结果产生了十条修正案，即"人权法案"。其中第 2 条保障公民个人有携带枪械的权利。如今的美国枪械成灾，持枪犯罪与日俱增，不能不说与上述"民主""自由"的法案有些因果关系。此一时彼一时，形势变了，禁枪却难。过去边疆地区的无政府状态迫使公民携带枪械自卫：对付蛮荒、对付盗匪。可是文化的惰性使积习难改，极端的个人主义反对一切对个人权利的侵犯。

"人权法案"的第 4 条至第 8 条保障被告的权利。对封建社会的严刑峻法而言，这无疑是一种进步。但是如果走向"宽大无边"的极端，则难以伸张正义、平息民愤、维护法律和秩序、保障社会的安定和繁荣。今日的美国，量刑偏轻，容易保释，几乎无死刑，许多十恶不赦的罪犯有恃无恐，这似乎是对"人权法案"的嘲弄。

5. 过分宽容的宗教政策使邪门歪道难以禁绝

"人权法案"第 1 条保障宗教自由。对中世纪的宗教迫害而言，这无疑是伟大的进步。在这里，任何人可以自由建立教堂、组织教会、创办教派；创立新的宗教，而且不必履行严格的手续，也不必明确承担法律上的义务。于是坏人乘虚而入，有的教主贪财、淫乱、迷信、犯法，政府似乎也束手无策。1987 年，人民圣殿教教主迫使数百信徒集体自杀的惨剧人们记忆犹新。1993 年 2 月 28 日，德州韦科镇一个武装教派又与政府对抗，死伤警员 20 余人。这个大卫教派，仅仅是美国 600 多个极端主义教派之一。他们以"人权法案"第 1 条为武器，声称绝对自由。美国政府对他们奈何不得，后果堪虞。

6. 过分宽容的出版政策使"黄货"横流

"人权法案"的第 1 条保障出版自由，这本来是一种进步。然而，极端的自由无疑又是对"黄货"的纵容。如今的美国，地道的裸体性画册数以十计，露骨的黄色文字期刊数以百计，而且以堂而皇之的合法身份出现。合法"黄货"成为社会机体的最大腐蚀剂，非法的黄色书刊之危害更加可想而知。如今的通俗小说中，几乎本本有黄色的调料。"黄货"泛滥成灾、难以遏制，令正直的美国人忧心如焚，这似乎成了美国生死存亡的一个问题。

7. 经济政策中的自由放任与政府干预的矛盾

美国文化最重要的价值观念之一是自由竞争。美国人不信赖政府，反对政府干预经济。非到万不得已，他们绝不接受政府的干预。1890 年接受反托拉斯法案只是为了摆脱萧条，20 世纪 30 年代接受罗斯福总统的"新政"是由于经济崩溃而别无选择。"新政"拯救了美国，按理说，美国人从此应该接受政府干预。可是不，美国人深信自由竞争，生性自由不羁，至今仍然强烈反对政府干预。他们深信，"新政"那样的政府干预只是权宜之计，因为"最好的政府是不管事的政府"。如今的克林顿政府，在自由放任与政府干预之间陷入了两难困境，欲振兴经济而又回天乏术。

8. 国际政治中积极参与和孤立主义的矛盾

美国人民的孤立主义根深蒂固、不可动摇。但是美国政府却常常以"领袖"自居，而且往往扮演警察的角色。可是它的手脚常常被信守孤立主义的美国人民拴住。第一次世界大战后，为了创立一个类似后来的"世界政府"联合国那样的组织，欧美一些国家筹建了"国际联盟"。当时的美国总统威尔逊是这项工程的总设计师、助产婆和超级明星。国联诞生了，欧洲国家参加了，美国却不能参加，因为美国国会拒绝批准。威尔逊饮恨终身。第二次世界大战爆发之后，罗斯福迟迟不敢对德、日、意宣战，也是由于身上套着"孤立主义"的绳索。据说罗斯福在珍珠港偷袭战前夕已经得到偷袭警报，然而他故意扣住情报不发，不让珍珠港美军备战；他故意用驻港美军全军覆没的代价来唤起同胞的同仇敌忾。传说未必正确，然而美国人迟迟不允许总统宣战却是事实。20世纪60年代的反越战运动又是孤立主义的顽强表现。在1992年的联合国环境与发展大会上，美国代表拒绝签署《生物多样性公约》也是被孤立主义捆住了手脚。

9. 福利主义与慈善事业的矛盾

解决救济问题既需要福利也需要慈善。这本来是一个常识。可是信奉个人主义、怀疑政府职能的美国人却反对用政府福利的形式，而主张用民间慈善事业的形式来解决救济问题。他们反对欧洲国家那样由政府大包大揽的福利主义。为什么呢？因为他们认为，成功与否是个人的责任，救济与否是个人的志愿。他们主张用个人服务、教会服务、邻里互助来解决穷人的救助问题。

10. 勤奋工作与物质主义

美国移民靠勤俭起家，勤奋工作是美国的清教传统。然而，随着20世纪50年代富裕社会的到来，追求物质享受的风气愈演愈烈。在工作拼命、玩乐尽兴这对矛盾中，勤奋的工作伦理似乎正在受到侵蚀。工作时间逐渐缩短，而工作效率并未相应增长。

11. "机会均等"与贫富不均

20世纪之前，美国移民（黑奴和一些少数民族当然除外）似乎有无限广阔的发展空间。勤劳可以致富、人人可以发财的"美国梦"具有相当大的吸引力。20世纪的新移民和一些少数民族再也享受不到昔日那种幸运的机会。为什么？一是由于美国的资源毕竟有限，"边疆"早已关闭；二是由于资本主义的体制不可避免的弊端：穷则愈穷，富则愈富。今日的美国俨然是一分为二的国家：一个富人的美国和一个穷人的美国。

12. 杂交文化与多元文化的矛盾

美国这样一个多民族的国家，既需要杂交而成的主流文化，又需要各个民族的多元文化。没有对主流文化的认同，国家将会分裂。没有多元文化觉悟，少数民族又得不到尊重。要在这两种文化观念和文化政策中找出"黄金分割"确非易事。在少数民族人口激剧增长的今天和未来的几十年中，这个问题是对美国人民的尖锐挑战。

13. 资源浪费与环境意识

美国是世界第一大财富生产国，也是第一大资源消耗国。资源浪费极为严重。这是因为美国人选择了个体本位和物质主义的生活方式。一人一住宅、一人一汽车的现象司空见惯。不过，20 世纪 60 年代之后，美国人的环境意识迅速提高。节约能源、回收资源、保护环境已经成为多数人的自觉行动。美国人的天人观正在发生饶有兴趣的转变。他们向东方文化学习，看到天人合一、天人和谐的积极意义。然而美国人是否能够根本改变浪费资源的生活方式却很值得怀疑。

14. 万事"分裂"，绝无"统一"

这恐怕是美国文化中的最大悖论、最大祸根、最严重危机，也是对美国人民最严峻的挑战。极端个人主义、无政府主义、三权分立、地方争权、党派政治、种族问题使美国成为一个经济、政治、舆论诸方面严重"分裂"的国家。即使在困境和绝望之中，这个国家也不能统一意志、统一思想、统一舆论、统一政策、统一行动、统一指挥。它不能以一个声音说话，它的人民也不可能万众一心。长此以往，国力必然衰竭。林肯总统说得好："一幢裂开的房子是站立不住的。"（国家分裂，焉能立于世间？）美国人对自己体制的弊端应该有所觉悟。

冒险、冲撞、相识：美中关系史的百年故事 ^①

一、百年关系，彼此难知

《初闯中国：美国人对华贸易、条约、鸦片和救赎的故事》（*America's First Adventure in China: Trade, Treaties, Opium, and Salvation*）讲美国建国后第一个一百年间美国人在中国的冒险故事，含四个子题：贸易、国际关系、围绕鸦片贩运的道德问题和传教活动，但重点不放在外交关系、贸易关系、宗教关系，而是文化关系。

故事的起讫点分别是：1784 年和 1867 年。

1784 年，美国建国后 8 年，其第一艘商船"中国皇后号"驶往未知的中国，带着商务和外交的双重使命。船上的押运员山茂召（Samuel Shaw）后来被华盛顿总统任命为美国驻广州领事；船长约翰·格林（John Green）携带盖有国会印鉴的公函，并将其呈交广州地方当局。

世界上最年轻的国家和最古老的国家在广州相遇了，却互不相识。

中国官员和平民禁不住反复盘问：你们是谁？你们是英国人吗？美国

① 刊登于《中国图书评论》，2015 年第 11 期。原为《初闯中国：美国人对华贸易、条约、鸦片和救赎的故事》（花城出版社，2015）的译者序。

在哪里？

在中国"一口通商"体制下，即使常驻广州的外商和领事，也只知澳门、香港和广州城外珠江河边几平方千米的外国商馆而已。

美国国会的公函亦显示对中国的无知："我们美利坚合众国国会知会阁下，'中国皇后号'的船长约翰·格林乃我国公民，他驾驶的船乃我国公民的财产，我们希望看到，约翰·格林从事合法的商务活动时，我们祈愿，他及其货船货物平安抵达，阁下予以垂顾，以合乎贵国礼仪的方式接待，允许他以通常的缴费通关、航行和造访港口、关口和领地，以便完成交易，允许他以恰当的方式通商。我们为此而深表谢忱。"

到 1843 年，泰勒总统对中国也不甚了了。彼时，英国靠鸦片战争抢夺果实，泰勒总统派顾盛（Caleb Cushing）出使中国，迫使中国签订《南京条约》，分一杯羹。为拉近与中国的距离，泰勒总统致信中国皇帝，但庄重的公函却像小学生的读书报告："我希望皇帝强健。中国是一个伟大的帝国，幅员辽阔，人口众多。你有千百万臣民。美国的 26 个州和贵国一样大，但我们的人口较少。旭日东升时，照耀中国的山山水水；夕阳下沉时，照耀着同样大小的美国的山山水水。"

即使不那么恃强凌弱的顾盛，也在《望厦条约》里塞进了"治外法权"，留下了侵犯中国主权的恶劣先例。

再到 1861 年时，林肯总统任命蒲安臣（Anson Burlingame）为美国第 13 任驻华公使，他对中国仍然不甚了解。蒲安臣是西方列强驻中国使节里罕有的平等待我的正直人士，所以他深受清政府信赖。1867 年，清政府任命他为特命全权大使，代表中国出使西方列强，争取中国权益。1868 年，他还代表中国与美国国务卿西沃德签订了《蒲安臣条约》（《中美天津条约续增条约》），两国之间建立正式的友好关系，美国给予中国最惠国待遇，这是中国近代史上第一个对等条约。

蒲安臣主张国际关系里的合作原则，在"丛林法则"为王的西方世界里，他四处碰壁，饮恨法国和俄国。

1882 年，美国国会通过《排华法案》，使《蒲安臣条约》沦为一纸空文。

二、美国商人，形形色色

《初闯中国》介绍的美国冒险人物数以十计，许多人罕有耳闻，择其要者有：珀金斯家族和福布斯家族的托马斯·珀金斯、福布斯兄弟、库欣、内森·邓恩；外交官蒲安臣、顾盛、山茂召；传教士卫三畏、裨治文、雅裨理、伯驾、查尔斯·金、罗孝全、郭施拉（普鲁士人）。

波士顿豪门托马斯·珀金斯靠海地奴隶贸易、美洲西北部海岸的皮货贸易和对华贸易这个三角体制发迹，后来又倚重广州一地的鸦片贸易大发横财。在他的指导下，珀金斯兄弟公司建成相当完美的贸易体制，其要件有五：①广邀合伙人，风险共担；②总部指挥，务求精明而高效；③跨越时空，广布业务；④规模效应，做大做强；⑤从小培养家族精英。

本书介绍的对华贸易商多半是托马斯·珀金斯大家族的晚辈，他们是约翰·珀金斯·库欣、罗伯特·本尼特·福布斯、约翰·默里·福布斯、保罗·福布斯和托马斯·福布斯。

另一个较成功的商人是内森·邓恩。他谴责鸦片走私，热爱中国，尊重中国的贸易体制，深受皇帝和官员喜爱和信赖。由于广结善缘，他突破了清政府广州"一口通商"的闭关锁国体制。10 余年间（1818—1832），虽然囿于广州，他却能靠巨额财富和广博人脉搜集海量的中国文物和实物。他的巨额财富依靠的是他独树一帜的伦敦—广州—费城的三角贸易体制。

1832 年，邓恩回到费城创办中国博物馆。其展览是"迷你中国"、百科全书。有史家称，他的馆藏之丰富令人咋舌：英国东印度公司的中国藏品只及他收藏的十分之一，荷兰东印度公司的中国收藏也难望其项背，成了小巫。1838 年至 1846 年，他的"万唐文物"（Ten Thousand Chinese Things）展在费城和伦敦公开展出，长期轰动。

一个商人，何以能创建举世无双的"中国博物馆"？

原因在于：①他不见利忘义，与中国官方和民间关系良好；②他痛恨鸦片、拒售鸦片、谴责鸦片贸易，深得中国官员信赖、皇帝垂青；③他学会了尊重中国人的"才干"和"才智"，对三教九流的人全都善待；④因此，官员和富商都愿意冒险犯禁，尽力帮助他收藏文物，包括收购和馈赠。

三、外交奇人顾盛和蒲安臣

我们接着讲两个外交官的故事。顾盛和上文的商人库欣（John Perkins Cushing）是表亲，家姓相同，均为 Cushing，但汉名迥异。顾盛本人是职业政客，父亲约翰·N. 库欣也是名商。以这样的背景，他当然要争取美国的外交利益和商业利益。

1842 年，清政府被迫与英国签订《南京条约》，美国人急了，不但想分一杯羹，而且想得寸进尺。国务卿丹尼尔·韦伯斯特（Daniel Webster）和总统约翰·泰勒（John Tyler）商定，授命顾盛率团访问中国。目的是：会晤中国官员、北上觐见皇帝，签订一个类似英国通过战争达成的《南京条约》。

清廷不许使团北上，派恭亲王南下澳门与顾盛谈判，经过几轮激烈的讨价还价，中美在澳门望厦村签订了《望厦条约》。这个条约使美国商人欢天喜地，使传教士大喜过望，也超过了总统、国务院和国会的预期。美国人最大的惊喜是，他们居然获得了治外法权，其他列强自然也随之获利。这是中国丧权辱国的又一严重标志。

蒲安臣是中美关系史的奇人。由于正直的人品、迷人的魅力、公义的主张、合作的政策，他不仅成为驻北京外国使节里的明星，而且获得清政府超常的礼遇和信赖。中国政府做出史无前例的决策，任命他为中国特命全权大使，出使西方列强，为中国争取权益。他不辱使命，但死在出使俄国任上。

蒲安臣强推国际法，主张国际关系里的合作政策。倘若西方接受并坚持这一主张，蒲安臣就会使世界为之一变。然而，时势造人亦毁人。历史趋势，不可逆转。几年之后，曾经短时间接受蒲安臣理想的英国人和德国人变脸，背弃他们允诺的合作政策。美国国内的种族、经济、政治力量也向右转，压倒并摧毁了他的梦想。反华逆流兴起，《排华法案》出笼。第一个一百年的中美关系磕磕碰碰，非常不顺。

四、传教模式，三种有别

美国早期来华的著名传教士有十来个人，我们择要介绍六个人：卫三畏、裨治文、雅裨理、伯驾、郭施拉和罗孝全。

西方传教士在中国传教有三种模式：文化研究模式，医疗宣教模式和硬闯恫吓模式。文化研究模式的代表有马礼逊、卫三畏、裨治文和雅裨理，医疗宣教模式的代表是伯驾，强闯恫吓模式的代表有郭施拉和罗孝全。

最精彩的是传奇式的卫三畏。卫三畏（Samuel Wells Williams, 1812—1884）是美国传教士、汉学家、语言学家、外交家、美国汉学之父，是美中关系史上的重要人物，在中国传教凡43年；从名字"卫三畏"足见其对孔子和儒学的尊重。他编辑《中国丛报》《英华分韵撮要》《汉英拼音字典》等，著有《中国总论》《中国历史》《中国地志》《我们同中华帝国的关系》等。《中国总论》是美国汉学的奠基作，该书与《汉英拼音字典》曾经是外国人研究中国的必备书。

他主动承担起一个责任：向美国人"传教"，介绍中国之富饶、复杂、瑕疵——最重要的是中华文明总体的价值。他要向美国人解释中国人行事之道。他曾经认为，中国人封闭的思想是阻碍上帝意志前进的最大障碍；到了 19 世纪 40 年代，他却觉得，美国人封闭的心灵是最大的障碍。他要用上帝的权威来轰击美国人无知的城墙。他意识到，他必须向美国人传授有关中国的真相。

他积 40 余年的精力，撰写了 1600 余万字的《中国总论》（*The Middle Kingdom*）。临终前两年，终于完成了第二版。这是他的"上帝的攻城槌"。他说："无论结果如何，我都能诚恳地说，我尽力了，那是为了中国的福利，为了推进她振兴的伟大事业。"

《中国总论》是美国汉学的开山之作、世界顶尖的汉学著作，使美国的汉学后来居上。《中国总论》又是中国的百科全书，全书分 26 章，涵盖自然和人文各个方面，细说地理、人口、法律、教育、科举、文字、文学、工艺、科学、建筑、服装、历史、宗教、商务、外交……写了两次鸦片战争、太平天国，分析了中国的政治局势。

卫三畏宣传中国、教育美国人民，除了卷帙浩繁的《中国总论》外，他还在东部几个州巡回讲演，客观介绍中国，破除美国人的偏见。

为了拯救"耆英号"帆船上受迫害中国船员，他挺身而出，为其打官司，及时把他们送回中国。

为了挽救容闳争取、组织并成功实施的"中国学童留美教育计划"，他联名美国各界著名人士（如格兰特总统、马克·吐温）向李鸿章和曾国藩写请愿信。

一百多年后，中国人还珍惜他的《中国总论》，出版了全译本（上海古籍出版社，2014）。

裨治文是美国新教第一位来华传教士，他遵循英国传教士马礼逊开创的文化研究模式，勤于研究和著述，编有《东西方考察与月报》《中国丛报》，著有《中国读本》《广州介绍》《儿童圣经读本》《致儿童书》《美国志略》等。

雅裨理与裨治文一道来华，著有《1830—1833 年居留中国和邻近国家日记》。1842 年，他北上厦门鼓浪屿传教，发展的教徒不多，对自强运动的影响却不算小。他结识闽浙总督徐继畬，互相影响。

医疗宣教的模式以伯驾为代表。他是首位来华的医疗宣教士，1835 年在广州创办博济医院，二十年间医治了五万多名病人，包括林则徐；1838 年在广州成立中国博济医局。和卫三畏一样，他也曾转任美国驻华公使。

强闯恫吓传教模式的代表有郭施拉和罗孝全。

郭施拉是普鲁士传教士，主张武力迫使清政府开放，在鸦片战争期间多次担任英国通译，先后担任定海、宁波、镇江、舟山等地"民政长官"；用多种文字著作，有关中国近代主要著作有：《中国史略》《道光皇帝传》《开放的中国：中华帝国概述》等。

罗孝全一心一意事奉上帝，却有人格缺陷，情绪震荡，在传教士里的人际关系紧张。在广州主持礼拜堂期间，有幸与后来的天王洪秀全有三个月的师生情谊。他长期在广州、香港、上海、天京等地传教，与洪秀全爱恨交织。太平天国末期，奉诏进天京，生活一年有余，但和洪秀全不睦。洪秀全试图让他就范，要他宣传拜上帝教，罗孝全则力图矫正洪秀全，宣传正宗的基督教。

五、中方人物，各自风流

《初闯中国》有许多中方人物登场，要者有：自强运动领袖和外交官恭亲王和文祥、钦差大臣林则徐、闽浙总督徐继畬、天王洪秀全、晚清世界首富伍秉鉴。

恭亲王是咸丰、同治、光绪三朝重臣、洋务运动领袖，国人了解，不赘。

文祥为洋务派领袖之一，1861 年任总理衙门大臣，1867 年与恭亲王共同策划对美国人蒲安臣委以重任，让其全权代表中国与西方列强谈判签约。

林则徐的禁烟壮举妇孺皆知，但支持他禁烟的美国人却鲜为人知，需要介绍。传教士伯驾为他治疗疝气，裨治文为他翻译致英王的信函，查尔斯·金向他进言献策。

徐继畬为中国首批放眼看世界的人物之一，其《瀛寰志略》与魏源的《海国图志》齐名。《瀛寰志略》是在传教士雅裨理的启发下成书的。徐继畬敬佩美国总统华盛顿，颂扬其丰功伟绩，这篇颂词镌刻在华府华盛顿广场的华盛顿纪念碑上，摘抄如次："其治国崇让善俗，不尚武功，亦迥与诸国异。余尝见其画像，气貌雄毅绝伦。呜呼！可不谓人杰矣哉……泰西古今人物，能不以华盛顿为称首哉！"

读者对洪秀全的功业败绩颇为谙熟，对拜上帝教与基督教的渊源却相当陌生。本书披露了几个传教士对他的影响。洪秀全在广州贡院门口应考时，接过美国人史蒂文散发的宣教册《劝世良言》，该书作者是中国第一个基督徒梁阿发。稍后，第四次科考不中的洪秀全浏览《劝世良言》，萌生创教冲动。他卧病在床，突发异梦：见异象，拜上帝，生异动，奉上帝之命除妖孽、鞭孔子。

于是，洪秀全就从花都乡下进广州城，到罗孝全的礼拜堂受训三个月，拜师学艺，欲求受洗当牧师，未果，悻悻离去。那是在 1847 年。

五年后，罗孝全获悉，昔日的学生洪秀全成了太平天国的天王。天王亦获悉其下落，召唤其进京，以共襄盛举。罗孝全欣欣然前往辅佐。将天王的召唤信全文照录如次：

> 分别许久，时切忆念。际此春风和煦，远人益深怀想。尊兄远涉万里重洋，敷扬救主真道，全心事主，竭胜钦佩。敬启者，弟虽愚劣，但承天父不弃，天恩浩荡，今已奋有两湖及江南广袤之地。前曾数次奉函，迄未获复。弟虽诸多公务缠身，未暇日夕宣教，但已将十诫布

之于军民人等，教其朝夕诵祷，惟领悟福音者为数尚未甚多。现特派人前来问安，请尊兄不弃，多带兄弟前来，传布福音，施行洗礼，使获真道。嗣后弟之事业成功之时，当使真道布于全国，使人人归于上主，敬拜独一真神，次乃弟真心祷望者。余不尽言，即颂大安。愚弟洪秀全拜上。

2014 年 11 月 22 日

泣血的历史：19 世纪美国排华史揭秘 [①]

  《驱逐：被遗忘的美国排华战争》译完了，心情久久不能平静。这是一部血泪史，震撼人心，又是一部抗争史，令人振奋。原书全名"Driven Out: The Forgotten War Against Chinese Americans"，副标题既可以直译为"被遗忘的排华战争"，又可以意译为"美国十九世纪排华史"，但考虑到作品的内容和作者的取向，我们最后决定选用更加震撼人心的直译。如此，书名遂译为《驱逐：被遗忘的美国排华战争》。

  这是一部巨著。作者用三四十年的学术积累，经过七八年的现场踏勘和资料钩沉，又花五六年的访谈和笔耕，终于拂去尘埃、揭开真相，被人有意掩盖的一段丑陋历史终于大白于天下了。

一、奇怪的缺席

  1974 年开始教学生涯时，琼·菲尔泽发现了一个奇怪的现象：在她执教的加州州立大学洪堡分校，白人、印第安人、黑人相处融洽，华裔学生

---

① 刊登于《中国图书评论》，2016 年第 11 期。原为《驱逐：被遗忘的美国排华战争》（花城出版社，2016）的译者序。

却不见踪影。一打听，方知90年前，洪堡县的华人移民被暴力驱逐，留下了辛酸的记忆；过了一百年，华人家长仍然不愿意送孩子上这所大学。

受道义驱动，菲尔泽决心挖掘一段被遗忘的历史。经过长期的钩沉和笔耕，这部美国排华史专著终于在2007年问世。这是被尘封的历史，出自文学家笔下，却朴实无华。作者态度严谨，作品史料翔实、叙事生动、举重若轻、令人震撼，故能好评如潮、褒奖如潮。

二、梦断金山

1848年2月2日，战败的墨西哥被迫签署条约，割让近一半的国土给美国，含新墨西哥、亚利桑那、加利福尼亚、内华达、犹他和科罗拉多。那天，墨西哥人浑然不觉，就在9天前，在加利福尼亚的内华达山脚下，在一条小溪的锯木厂里，有人发现了天然的纯金块。一年之内，世界各地的淘金人涌入加利福尼亚，墨西哥人当然来了，其他拉美人来了，欧洲人来了，远在亚洲的华人也来了。

然而，僧多粥少，难免抢夺，而且，这些移民中，罕有心善的"僧人"，不乏冒险的赌徒。其中的白种人自视优越、天生高人一等。即使在淘金潮的初期，为了霸占财富，利欲熏心的种族主义者也狠心地驱逐墨西哥人、拉美人、印第安人和华人。十年之后，金矿基本耗尽，淘金的和筑路的华工失业，进入林场、农场和牧场。和白人比较，华工的优势明显，他们勤劳刻苦、优质高效，在有限的市场和激烈的竞争中胜出，招人忌恨。二三十年后，即19世纪70年代和80年代，严重的经济危机来袭，排华暴行恶浪滔天。华人成为白人矿工梦断金山的替罪羊，成为种族主义者、失业老兵、欧洲移民的共同打击对象。对华人的围攻、偷袭、驱赶、杀戮一浪接一浪。

三、血泪之旅

抢夺了加利福尼亚以后，美国政府用种族灭绝政策对付印第安人，用战争的暴力征剿他们，用高压和欺骗的手法和他们签订条约，把他们赶进难以生存的"保留地"。如此，原住民的加利福尼亚竟成了"无主地"，大片的土地被授予大公司，小块的土地被馈赠予自由白人。印第安人被押上了"血泪之旅"。旧金山的《每日晚报》干脆断言，归根结底，如何对待印第安人是介于"驱逐和灭绝"之间的选择。

1849 年之前，在西班牙和墨西哥治下，加利福尼亚有 15 万至 30 万印第安人；到 1860 年，幸存的印第安人只有 32 000 人，大批人死于灭绝战、土地剥夺、营养不良和白人传播的疾病。

剿灭印第安人以后，驱逐华人就如法炮制了。从 1850 年代开始，华人就被围攻和杀戮，不少人被押上了"血泪之旅"。

四、被遗忘的排华暴行

"从 19 世纪 50 年代的 1850 年到 1906 年，爆发了近 200 次驱赶华人的事件，其唯一目的是驱逐旅美的所有华人。"

19 世纪下半叶，排华运动在加州全境爆发，波及的地区有俄勒冈、华盛顿、科罗拉多、犹他、亚利桑那、佐治亚等州。

1849 年至 1902 年间，洛杉矶至少发生了 302 件私刑案，200 多被害者是亚裔。

1852 年，在埃尔多拉多县的山区和小溪边，华人被逐出采矿点，营地被烧。

1853 年，在沙斯塔县淘金的华人多达 3000 人。由于白人矿工和民团的围攻、驱赶和纵火，到 50 年代末，留下的华人只有 160 人。

19 世纪 50 年代末，最后一轮对华人矿工的围攻爆发了。在沙斯塔县，白人矿工集会决定，7 月 1 日前"去除"所有的华人。

19 世纪 60 年代，金矿枯竭，无金可淘，华人矿工分散进入伐木场、农场和牧场，许多白人劳工暂时不想进入这些辛苦的行业，华人享受相对短暂的和平。

19 世纪 70 年代，对华人的摧残变本加厉。

1871 年 10 月，洛杉矶爆发大屠杀，华人惨遭杀害。当地报纸披露："10 月 17 日晚，15 具死不瞑目的尸身挂在月光中，与此同时，我们的街上尸首横陈，七八具亡者被肢解、撕烂、压碎，全都是中国佬。""10 月 24 日晚，又有 17 个华人被私刑处死，另有两人被乱刀捅死。"洛杉矶大屠杀大概是洛杉矶有史以来最严重的私刑案。

1876 年 4 月，安提俄克镇的种族主义组织"白人会"围攻华人，火烧唐人街，赶走全部华人。

1880 年 12 月 31 日，暴民在科罗拉多州丹佛城的唐人街游行示威，袭击华人，一个华人被害，脑浆迸出。

甫一建州，加利福尼亚政府就执行排华政策。1850 年，加州议会立法征收"外国矿工税"，打击所有的外国矿工；1862 年，它又征收针对华人的"警务税"，凡是年满 18 岁的华人，每月必须缴税 2.50 美元。

1877 年 3 月 14 日晚，比尤特县奇科镇的莱姆农场爆发大屠杀，种族主义组织"白人会"和"劳动者同盟"纠集 6 个歹徒，偷袭 6 个华人农工的营地，纵火烧棚屋，近距离射杀 4 人，2 人幸免于难。

1875 年美国国会通过《佩奇法》，禁止华人妇女移民美国（华商妻子除外），旨在清除华人社群。

1882 年，经过三四十年的排华鼓噪，美国国会通过《排华法案》，使中美两国互为最惠国的《蒲安臣条约》沦为一纸空文，个别国会议员甚至叫嚣单方面废除中美互惠的《蒲安臣条约》。

19 世纪 80 年代，排华的恶浪横扫整个美国西部。

1885 年，暴力驱逐和杀戮华人的骚乱席卷西部各州，加州的尤利卡镇和特拉基镇、华盛顿准州的塔科马镇、怀俄明州的石泉城尤为疯狂。

2 月 6 日，在洪堡县尤利卡镇，数千暴民围攻、焚烧唐人街，赶走华人，搭起绞刑架，威胁不从者将被处死。300 多华人被清洗。

9 月 2 日，怀俄明州石泉城民团焚毁两个华人社区，因病不能离家的华人葬身火海，400 个华人矿工被赶走，7 人被射杀，死亡人数迅速攀升，50 人死于非命。

11 月 3 日，华盛顿准州塔科马镇镇长韦斯巴赫亲自挂帅，500 个武装暴民挨家挨户驱逐华人，一把火把唐人街化为灰烬。事后，有暴民致信州长吹嘘："塔科马将没有中国佬，没有猪尾巴，没有弯月眼，没有任何蒙古人的东西。"

五、两种排华模式

几十年的排华运动中形成了两种略有差异的排华模式：尤利卡镇和塔科马镇的排华模式用赤裸裸的暴力；特拉基镇的排华模式用冰与火的两手。这两种排华模式始终贯穿在第一章到第七章排华活动的历史记叙中。

第四章"尤利卡镇的排华范式"，专讲假"和平"、真暴力的一手。在洪堡县各镇的排华运动中，尤利卡镇是震中，向周边各镇辐射，影响全国。把华人驱逐干净后，洪堡县骄傲地宣告："我们这里没有中国佬。"

第五章"特拉基镇的排华方式：冰与火的两手"介绍另一种模式：血腥的清洗与冷冻式的排挤。所谓"冷冻式排挤"是用饥饿的办法把华人逼走。特拉基排华运动的首领是报馆老板、律师、州长候选人查尔斯·麦格拉申（Charles McGlashan）。他设计了一套严密的窒息性的经济杯葛。他公开羞辱雇用华人的白人老板，在全国各地的报纸上曝光其名单，逼迫他们炒掉受人欢迎的华工，使华人失去生存机会，被迫"出走"。

许多地方的排华运动在这两种方式间徘徊：一是尤里卡镇那种迅雷不及掩耳的屠杀；二是特拉基镇那种"冷冻式排挤"，用羞辱和饥饿的手段把华人挤出去。

六、白描的黑色记录

本书前六章总体上扫描半个世纪的排华暴行，第七章撷取最猖獗的 19 世纪 80 年代予以介绍。在这十年间，排华的城镇达 200 余座，排华的事件数以百计，被驱逐的华人数以千计，每次事件中被屠杀的华人少则数人，多则数十人。排华运动的暴行罄竹难书，但在有限的篇幅里，作者最大限度地揭示了真相。

第七章题名"19 世纪 80 年代的黑色记录"，38 页，21 000 字，沉甸甸、字字血、声声泪，作者的感情却藏而不露，使读者更加震惊。

琼·菲尔泽态度严肃、严谨、冷静、客观。为了突出沉重而严肃的主题，她采用了异乎寻常的三种手法：

1. 用黑纸白字排印，仿照悼念亡灵的黑纱和白花。

2. 用编年体，分六节，只白描、记录、罗列，不铺陈，不修饰。第一节为"导语：我为何选择实录"，其余 5 节依次是："1880—1881""1882—1883""1884—1885""1886""1887—1890"。

3. 每节都按 6 个专题编排：围攻与清洗，凶杀与残害，就业歧视与工作时遭遇的暴力，排华游行与集会，政府立法与司法判决，华人的抗争与坚持。

作者承认，"本章的分类记述尚不完全。有一些清洗从来就不曾记录下来，有一些围攻我未能绝对准确地查证清楚，抵制运动湮没在历史中，大屠杀在集体记忆中被抹掉了。很可能，为实现'白人纯洁性'而发动的暴力运动泛滥成灾，远远超出我们所知道的范围。"

如此"浅层"的记叙或许会招致批评，为此，作者做了这样的解释：

"要呈现排华狂潮和暴行的全景实在不可能，任何语言都不足以捕捉住那一幕幕暴行。"

"在搜寻一种形式来描绘这一场场'演出'时，我拜读了非裔美国人反私刑运动的领袖威尔斯（Ida B. Wells）的著作，又请教了华盛顿越战纪念碑的设计师林璎（Maya Ying Lin）。两个女士都有力而简明地列出遇难者的名字。"

七、矛盾的美国文化

纽约港的"自由女神"像、美国的《独立宣言》、美国宪法第一修正案都张扬美国的自由、民主、人权、平等和博爱。

美国号称是多民族的熔炉，为何又是种族灭绝最猖獗、军事扩张最大举、驱逐华人移民最疯狂的国土？

美国各级议会和政府制定很多迫害印第安人、排斥非白人的法律、法规和条令，这些法规多如牛毛、荒唐可笑。仅举一部分为例：

1875 年国会的《佩奇法》禁止一切华人妇女入境（华商妻子除外）；1862 年加州的"警务税"只针对华人；1850 年加州的"外国矿工税"主要打击华人矿工；1882 年国会的《排华法案》背叛了中美互为最惠国的《蒲安臣条约》；1892 年国会的《吉尔里法》（俗称"狗牌法"）要求华人佩戴侮辱人的身份证，意在挤走旅美华人。此外，加州各地制定多种多样千奇百怪的"条令"，矛头指向华人：《人行道条令》《立方空气条令》《辫子条令》《洗衣店条令》《墓地条令》。

八、外交博弈，弱者难抗

1868 年，中美签订《蒲安臣条约》(即《中美天津条约续增条款》)，互为最惠国。条约规定，两国国民有自由迁徙、经商、居住和"观光"的权利；两国人民均可入对方官学；两国侨民不得因宗教信仰的不同而受到歧视。1882 年，美国国会通过《排华法案》，否决了华人的上述权利。1892 年国会通过《吉尔里法》，羞辱、排挤华人。

1877 年 12 月，罗克林镇的 400 华人被清洗，中国领事提出抗议。

1879 年，加州的第二部宪法塞进了排挤华人就业、不保护华人移民的条款，中国领事立即交涉抗议。

1885 年，特拉基驱逐所有华人，中国政府和中国领事馆感到震惊，提出抗议。

1885 年，尤里卡镇赶走全体华人，25 岁的华商永兴状告尤里卡镇，代表 52 个华人打官司索赔。是为"永兴诉尤里卡案"。中国政府、中国领事馆和中华总会馆予以支持。

1885 年，石泉城惨案发生，中国政府派出以公使郑藻如为首的调查团奔赴怀俄明州的石泉城现场，展开调查、严正交涉，成功迫使美国政府赔偿。

在这场外交博弈中，我们看到，在弱肉强食的世界上，哪有公理可言。中国政府和中国外交官进行了艰苦卓绝的斗争，可收效甚微，往往不得不妥协、让步。

以"狗牌法"为例，中国政府、中国领事馆和中华总会馆据理批驳后，却不得不一再退让，直至被迫接受；美国的国内法压倒甚至推翻了它应该遵守的国际条约。

起初，中华总会馆向全美华人发布通告，用华工易懂的语言发出命令：不接受《吉尔里法》：《吉尔里法》不公正，华人都不得服从。它贬低华人。如果服从，华人将被贬低到不能再低的地步。该法残酷不仁。只要看看它，就知道它对我华人多么不仁。它想使我们华人低贱可鄙。我们不想华人服从它。我们不相信，华人会服从它。美国制定这条恶法，违背了中美两国的条约……我们华人要团结一心抗拒这条恶法。"

中国政府感到震惊。5月底，中国照会美国国务院，如果美国政府根据《吉尔里法》采取任何行动强迫华人佩戴身份证，美国的一切对华关系包括外交和商务关系就会断绝。一切在华的美国人将被迫离境，贸易就会终止。

最后，美国国会做出妥协，通过了缓和"狗牌法"刚性的"麦克雷里修正案"；为了维护中美两国的贸易，中国政府默许了这个修正案。

1894年1月20日，中华总会馆改变立场，发布通告，以一句认输的话结尾："我们劝告所有的劳工遵守这一法律。"

1882年5月，美国国会通过《排华法案》，1892年制定的《吉尔里法》又把《排华法案》延长10年。1895年，美国国会拨款5万美元执行新的《排华法案》。第二次世界大战期间的1943年，实用主义的美国需要盟国，才废除了敌视华人的《排华法案》。2012年，美国国会才正式为《排华法案》向华人致歉，表示遗憾。

菲尔泽考证，为了反击美国政府的排华政策，中国政府叫停进行了十余年的"中国学童留美教育计划"。不过，这只是该计划终止的解释之一，另一种解释是：清政府内的保守势力担心学童失去中华文化根基，认为该计划失败，必须终止。

在这段艰苦卓绝的外交斗争中，有五个中国外交官值得一说：两个美国人、三个华人。

蒲安臣极富传奇色彩。他是美国律师、政治家、外交家、美国驻华公使，1861年被林肯总统任命为美国第13任驻华公使。他主张各国平等相待、合作，深得中国政府信任。中国政府打破惯例，任命他为特命全权大使，代表中国出使美、英、法、普、俄诸国，参与签署条约，是为世界外交史上罕有之特例。1870 年，蒲安臣死于出使俄国任上。

弗雷德里克·毕（Frederick Bee, 1825—1892），他疾恶如仇、张扬正义，人称毕少校，汉名傅列秘。他是美国律师、企业家，却担任中国外交官，为期十年；1878 年至 1887 年出任中国驻旧金山领事，为旅美华人争民权、打官司，是为数不多主持公道的美国律师之一。他维护美中互为最惠国的《蒲安臣条约》，反对 1882 年的《排华法案》。19 世纪 80 年代，他奔走西部各地，几次代表华人打官司，就奇科、丹佛、石泉城、尤利卡、特拉基、沙斯塔等地驱逐华人的凶杀、纵火等案件提出索赔，要求惩处民团和地方官，创造了独特的违犯国际协定的索赔。

郑藻如（1824—1894），清廷内阁中书，协助曾国藩、李鸿章办理洋务、外交。任驻美大使期间，保护华工及维护华侨利益。1882 年，向美国总统抗议《排华法案》，要求否决这一议案，最终迫使美国政府做出三点让步：①华工返国所需证明可由中国领事馆签发，以便华工仍可回美；②准许往返古巴的华工经美国过境；③中国在纽约设立领事馆。1885 年 9 月，美国怀俄明州的石泉城矿区发生凶杀华人的惨案，郑率队奔赴现场调查，正式照会美国政府，要求偿命、惩凶、赔款，结果美政府不得不照数赔偿。

陈兰彬（1816—1895），晚清大臣、学者、首任驻美公使，历任兵部、礼部侍郎及会试阅卷大臣等职。1880 年 12 月 31 日，丹佛城大批暴民横扫唐人街，袭击华人，残害一人。陈兰彬照会美国政府要求赔偿。1885 年 9 月，怀俄明州的石泉城爆发惨案，他随郑藻如奔赴现场调查，要求美国政府保护华人、进行赔偿，终能如愿。

崔国因（1831—1909），晚清外交官，出使美国、西班牙、秘鲁，1889 年至 1893 年任中国驻美公使和全权大使，著有《出使美日秘三国日记》。就《吉尔里法》向美方抗议，认为宣告该法否定华人劳工的人身保护权，宣告其"不符合中国、美国和上帝治下的世界各地最根本的原则之一。"他说，《吉尔里法》赋予税务官无限的权力，违背了中美两国的条约。他痛斥美国人出尔反尔、虚与委蛇，迫害华人，却要求中国保护美国商人和传教士："1892 年的《吉尔里法》是对两个友好国家之间一切公义、平等、理性和公平原则的破坏。"

在 19 世纪的中美外交博弈中，在保护华人华侨的权益中，中国政府、中国使领馆据理斗争，却不得不一再妥协退让，直至被迫接受不公平的现实。美国不断用国内法《排华法案》和《吉尔里法》抗拒中美互为最惠国的《蒲安臣条约》。至今，它仍然经常用国内法压倒甚至推翻它应该遵守的国际条约，搞单边主义。平等互惠的国际新秩序、公平正义谈何容易，各国人民尚需努力。

2015 年 9 月 1 日

施拉姆传播学的洪荒之作 [①]

一、版本

本书是根据威尔伯·施拉姆（Wilbur Lang Schramm）1973 年旧作 *Men, messages, and media: A look at human communication* 的修订本 *Men, Women, Messages, and Media: Understanding Human Communication* 译出。新版增加了一位作者：威廉·波特（William E. Porter）。

施拉姆这本书在华人世界已有两个中译本。由于原英文书名很长，如果直译，似不太符合汉语习惯，故以前的两个中译本都取其意而作了适当简化，香港中文大学余也鲁教授的译名是《传学概论：传媒、信息与人》，内地的译本进一步简化为《传播学概论》（陈亮、周立方、李启译，新华出版社，1984）。龚文庠教授在北大英文版（2007）的"导读"中主张维护汉译本的"书名权"。我们这个新译本也主张沿用国内 20 多年来习惯的称名：《传播学概论》。

---

① 原为《传播学概论》（中国人民大学出版社，2010）的译者序。这里的序文有删节。

二、Communication 的考论与翻译

"Communication"是一个形态不分明、界定不清晰的观念，很少有什么观念像它这样受陈词滥调的困扰。与其对应的拉丁语词 communicare 的意义是告知、分享、使之共同。communicare 在 14、15 世纪进入英语，与英语的丰厚（munificent）、共享（community）等词有联系。起初，communication 丝毫没有心灵所指的意思：一般地说，communication 和具体的可触摸之物有关。在经典的修辞理论中，communication 是一个表示风格的术语。

Communication 在英语里有三个意思：给予或告知（giving or imparting）；迁移或传输（transfer or transmission）；交换（exchange）。

到了 20 世纪 20 年代，communication 才获得"传播"的意义。在此之前，其意义主要是"交流"。彼时，以无线电广播为代表的"大众媒介"促进了"大众传播"的发展。

点对点的交流（含一人对一人的面对面交流）也可以称为互动、交际、传播、人际交流、人际互动、人际交际、人际传播。

点对面、一人对多人的交流多半是单向的"交流"，实际上是单向的"撒播"（dissemination）、"散播"（dispersion）、"迁移"（transfer）或"传输"（transmission）。

Communication 有很多意思，视其所指领域而定。已如上述，用于人际交往时，它有三种意思："给予或告知""迁移或传输"和"交换"。

仅以其中的第三种意思"交换"而论，它就有交流、交际、交往、沟通、交易等意思，甚至有关系（relations）和性交（intercourse）的意思。

Communication 还可用于物与物、动物与动物、机器与机器之间的信息流动。电路与电路之间有信息流动，机器与机器之间有信息流动，此可谓"通讯"；动物与动物、动物与人之间有信息流动，此可谓"交流"。

Communication 的翻译，实在是难。迄今为止，与其"对应"的译文有十余种：交通（比如交通银行、中西交通史）、交流（比如国际交流）、交际（比如跨文化交际、非语言交际）、交往（比如交往理论）、交换（比如形象交换）、流布（比如对外传播）、通信（比如互通音信）、通讯（比如通讯理论）、沟通（比如互相沟通）、传播（比如传播学）、传通、传理⋯⋯

在本书的翻译中，我大体上使用两条分界线。一条是时间分界线，一条是复合术语的分界线。时间分界线是 20 世纪 20 年代，此前的 communication 尽量翻译为"交流"，亦考虑翻译为"传播"，但断不会翻译为"传播学"。20 世纪 20 年代以后 communication 的翻译则视情况而定，最多的译文是传播、交际、交流。然而在复合的术语中，communication 多半都翻译成"传播"，例子有"传播理论""传播学""大众传播""信息传播""传播界""传播工具""传播技术""传播研究""传播行为""传播渠道""传播对象""传播媒介"。

同理，离开这本书的语境，经常可见的复合术语还有很多："传播学会""数字传播""图像传播""跨文化传播""跨学科传播""跨区域传播"等。

三、"传播学"考

传播理论兴起于 20 世纪 20 年代，出现了五种互相交叠的视野：交流是公共舆论的管理；交流是语义之雾的消除；交流是从自我城堡中徒劳的突围；交流是他者特性的揭示；交流是行动的协调。

20 世纪 30 年代，大众传播和人际交流的分野奠定基础；传播学研究和通信技术研究分道扬镳。在这十年里，以拉扎斯菲尔德（Paul Lazarsfeld）为代表的经验主义传播研究走向成熟，后来就成为美国传播学的主流。这个学派的研究常常和商业活动有关，其重点是大众媒介的内容、受众和效果。

20世纪40年代，施拉姆与社会学家拉扎斯菲尔德、政治学家哈罗德·拉斯韦尔、心理学家库尔特·勒温和卡尔·霍夫兰等共同开拓传播学研究的新领域。施拉姆将新闻学、社会学、心理学、政治学熔为一炉，创建了传播学。

他创造了"四个第一"：首批以"传播"（communication）命名的教学单位和研究单位；编写首批以"传播学"命名的教科书；率先授予"传播学"博士学位；首位获得"传播学教授"头衔。他是当之无愧的"传播学之父"。

自此，以他和上述"四大先驱"为代表的美国经验主义传播学派就成为传播学的主流，深刻影响世界各国的传播研究。

几乎同时产生的另外两个传播学派是：批判学派和媒介环境学派。三个学派的分野、博弈和旨趣请见下文。

四、三大学派

粗线条地说，传播学可以分为三大学派：经验学派、批判学派和媒介环境学派。经验学派注重实证研究，长期雄踞北美的传播学界，以施拉姆和四位先驱为代表。批判学派的代表有德国法兰克福学派、英国文化研究学派、传播政治经济学派和法国结构主义学派，以新马克思主义者和其他左翼学者为骨干。媒介环境学发轫于20世纪初的相对论思想，经过三代学人的开拓走向成熟，以麦克卢汉、伊尼斯、波斯曼、莱文森等人为代表。

美国经验学派在第二次世界大战期间诞生。由威尔伯·施拉姆钦定的美国传播学具有明显的热战背景和冷战背景，其首要关怀是宣传、说服、舆论、民意测验、媒介内容、受众分析和短期效果，其哲学基础是实用主义和行为主义，其方法论是实证研究和量化研究，其研究对象是宣传、广告和媒介效果，其服务对象是现存的政治体制和商业体制。

美国是实用主义的故乡，诞生于斯的传播学自然就要沿袭实用主义的治学传统，所以美国主流的传播学派顽固地坚守经验主义、实证主义和量化研究的路子。传播学的先驱之一的拉扎斯菲尔德将其命名为行政研究，他那被人广泛征引的《论行政的和批判的传播研究》（*Remarks on Administrative and Critical Communications Research*）的文章就是这个经验学派的宣言书。

美国传播学的思想源头是 19 世纪中叶兴起的、由查尔斯·皮尔斯和威廉·詹姆斯开创的实用主义；传播学思想的滥觞之地是芝加哥社会学派，该学派的几代代表人物有杜威、查尔斯·库利、乔治·赫伯特·米德、阿尔比昂·斯莫尔、罗伯特·帕克、赫伯特·布鲁默、欧文·戈夫曼等，他们的研究重点各有不同，但都从不同角度对传播和媒介研究做出了贡献。与此相似，稍后兴起的哈佛社会学派以及施拉姆奠基的伊利诺伊传播学派、拉扎斯菲尔德领衔的哥伦比亚传播学派也始终沿袭实用主义、行为主义和功能主义的路子。

第二次世界大战以后一波又一波引进美国的马克思主义的和非马克思主义的批判理论，对既存的美国体制产生强大的冲击。法兰克福学派是西方马克思主义的突出代表，对美国传播学产生影响的代表人物有霍克海默、阿多诺、马尔库塞、席勒、本雅明等。

这些学者高扬的意识形态批判旗帜，因不服水土，只能在高校和文人的圈子里掀起波澜。况且马克思主义本质上和"美国主义"格格不入，所以马克思主义的批判理论难以在美国产生持久的影响。

真正摆脱服务现存体制、解放传播学的却是以麦克卢汉为代表的北美传播学的媒介环境学派（media ecology theory）。

20 世纪 50 年代初，哈罗德·伊尼斯以两部篇幅不大的巨著《帝国与传播》和《传播的偏向》阐述富有原创性的"传播偏向论"，同时批判英帝国和当代资本主义在空间上的极度扩张，警惕美国文化对加拿大文化的负面影响，唤醒政府和民众抵制美国的文化霸权。他的背景是经济学，受芝加哥社会学派的影响。

1951年，麦克卢汉用《机器新娘》对美国文化的种种弊端和广告的"洗脑"本质进行辛辣的鞭笞。20世纪60年代，推出极富原创性的《谷登堡星汉》和《理解媒介》，以唐·吉诃德的勇武单挑美国的主流传播学，把传播学从施拉姆的钦定体制和书斋里解放出来。他的背景是文学，受英国新批评理论的影响。

1970年，尼尔·波斯曼接受麦克卢汉的建议在纽约大学创建媒介环境学的博士点，高扬人文主义和道德关怀的旗帜，深刻反思当代美国社会的弊端，严厉批判技术垄断，揭示电视文化和通俗文化的负面影响，把美国传播学的批判意识提高到自觉的高度。他的媒介批评三部曲《娱乐至死》《童年的消逝》和《技术垄断》把美国传播学的评判研究推向了一个新的高峰。他的背景是教育学和语义学，受麦克卢汉影响。

媒介环境学以人、技术和文化的三角关系为研究重点，以泛环境论著称，主要旨趣在传媒对人和社会心理的长效影响。这个学派的崛起有力地矫正了经验学派独霸、批判学派式微的局面，为传播学研究开辟了一方新的天地。

从哲学高度俯瞰这三个学派，其基本轮廓是：经验学派埋头实用问题和短期效应，重器而不重道；批判学派固守意识形态批判，重道而不重器；媒介环境学着重媒介的长效影响，偏重宏观的分析、描绘和批评，缺少微观的务实和个案研究。

五、译本批评

余也鲁的《传播学概论》署名时选用"译述"，有两个原因。①他的译本并非百分之百的原文照译，经过作者施拉姆的同意，他有所增删，增加了相当数量的中国例子，并因此而做一些相应的删节。②我猜想余先生比较讲究中文的地道、顺畅，刻意摆脱欧式句法的束缚。这固然好，但稍一过头就可能太"活"（free）；用翻译批评家的话说，就可能出现一些过于"归化"的现象。

龚文庠教授对陈亮等三人《传播学概论》译本的评价是："译者态度严谨，译文应属高水准，但也有不少可以商榷之处。"这一评价还是比较公允的，但如果读者仔细对照北京大学出版社影印的英文原版研究，你或许会觉得，有必要对龚教授的批评做一点修正。首先，尽管三位译者比较认真，但由于历史条件和知识积累的局限，类似龚教授指出其他的问题还不在少数，有些似乎比他指出的问题更加严重，比如把千年万年前的传播现象、行为、过程翻译成"传播学"，就很不妥当；须知，传播学还不到一百岁。其次，如果把余本和陈本略一翻检，就可以看到，余本中文地道、老练，而陈本的句式相当"欧化"，文字欠火候，很多长句的理解和表达都有问题。

现在奉献给学界和读者的这个译本如何？恳请批评指正。一切翻译作品都是遗憾之作。随着时间的流逝，总是能够发现一些问题。承蒙几家出版社不弃，我自己的若干译作近年将有新的译本面世。请允许我借此机会向他们表示感谢，顺便表明自己的心迹：①尽力奉献力所能及的最佳译本，为学术繁荣尽绵薄之力；②为作者、学界、读者、出版社和自己负责；③为社科翻译摸索一些经验；④为后人留下一些可以长期流传的国外经典和名著。

独立寒秋的传播学批判研究 ①

经过媒介环境学派三代学者的努力，这个以人、技术和文化的三角关系为研究重点、以泛环境论著称的学派日益壮大、走向成熟。1998 年，媒介环境学会的成立是这个学派成熟和身份自觉的里程碑，它继后的迅速发展使之能够问鼎北美传播学的核心，这就有力地矫正了行政学派独霸、批判学派式微的局面，为传播学研究开辟了一方新的天地。

一、批判研究与批判学派

批判研究是美国社会科学的悠久传统，批判学派却是欧洲的舶来品，批判研究和批判理论构成本书的两大主题。汉诺·哈特（Hanno Hardt）这本《传播学批判研究：美国的传播、历史和理论》全面而细腻地梳理了美国传播学批判研究的历史和理论，内容翔实、涵盖面广，包括本土生长的批判思想、引进的马克思主义批判思想和非马克思主义批判思想，下限为20 世纪 90 年代初。其最大贡献是追溯美国本土的非马克思主义批判思想，

---

① 原为《传播学批判研究》（北京大学出版社，2008）的译者序，有删节。

同时又逐一点评了第二次世界大战以后输入美国的形形色色的批判理论。

哈特这本书区分美国本土的批判传统和外来的批判理论。本土的评判传统包括实用主义、自由主义－多元主义、社会批评和媒介批评的评判传统。引进的批判理论包括法兰克福学派、英国文化研究学派和法国结构主义等学派。女性主义则是欧美共同的批判思潮。

二、术语辩证

通观全书，读者几乎见不到"传播学"一词的影子，这是因为作者喜欢用"传播研究""传播与媒介研究""传播研究领域""传播与媒介研究领域"这样的短语；这样冗长的表述读起来不痛快，会给读者造成拖沓的感觉，译者亦有这样的感觉，但无可奈何，大多数情况下我们的翻译只能忠实于原文。译者猜想，哈特教授之所以选择这样的表述，可能有几个原因：①思想深处未必肯定传播学是一门成熟的学科；②本书重点不是研究传播学的学理，而是该领域批判思想的历史；③他写作的风格比较迟滞，不像一般美国学者的那种行云流水的文风。然而，为了减轻中译本读者的负担，我们偶尔不得不用简洁的"传播学"三个字取而代之。不过必须说明的是，这种表面形式上的"背叛"精神上其实是忠实于原文的。

在"序言与谢辞"里，作者对冗赘术语的选择做了两点说明和辩证，这也许是他对行文拖沓的自我辩解吧：

现在对本书术语做一点说明。本书几个"传播研究"的术语一直是互换的关系。这几个术语是：communication research, communication studies, (mass) communication research, communication and media studies (or research)。相比而言，这几个术语胜过以下一些术语：communications, mass communication(s) 或 mass media……我挑

选这些术语既有历史的原因……也有我个人好恶的原因，我不喜欢"mass"communication，因为这个用法关注的是宣传和舆论，它不强调主体在传播过程中的积极参与。

本书最重要的三个术语是"实用主义""批判理论"和"文化研究"，由于它们专指而排他的属性，作者用大写字母予以表现，分别为Pragmatism，Critical Theory 和 Cultural Studies。"实用主义"专指 19 世纪兴起于美国的、以查尔斯·皮尔斯和威廉·詹姆斯为代表的独特的哲学流派；"批判理论"专指以法兰克福学派为代表的西方马克思主义理论；"文化研究"专指以英国伯明翰学派为代表的西方马克思主义理论。作者的表述是：

实用主义（Pragmatism）、批判理论（Critical Theory）、文化研究（Cultural Studies）这几个术语首字母用大写，意在说明其哲学意义或理论意义。批判理论指的是法兰克福学派，文化研究指的是伯明翰文化研究中心的成果。

三、群星扫描

本书介绍的实用主义大师有查尔斯·皮尔斯和威廉·詹姆斯，他们是 19 世纪实用主义哲学的创始人；也有后继的约翰·杜威和乔治·赫伯特·米德，他们是 20 世纪上半叶名重一时的大家。他们身上滥觞的传播思想有：个人在社会里的作用、社区作为共享经验的重要性以及民主生活方式的可能性。他们都进行社会批评，但实用主义和自由主义－多元主义都赞赏工具价值和功利价值，其根基是相信美国现有的社会体制永存，是引以自豪的"美国主义"，所以美国的实用主义、自由主义－多元主义和功能主义是不太激进的批判理论，更不是彻底的批判理论。

除杜威和米德之外，芝加哥社会学派的代表人物还有查尔斯·库利、阿尔比昂·斯莫尔、罗伯特·帕克、赫伯特·布鲁默、欧文·戈夫曼等。他们的共同点是强烈的社会关怀，主张比较激进的社会改良，批判经济不公和社会不公。该学派在传播思想领域的突出成就有符号互动论。关于芝加哥学派的批判传统，学界新秀胡翼青的《再度发言：论社会学芝加哥学派传播思想》就专辟一节进行论述，读者可以参考，此地不赘。

紧接着芝加哥社会学派兴起的社会学的能主义和传播学行政学派也继承了社会批评的传统。哈佛大学的塔尔科特·帕森斯和哥伦比亚大学的罗伯特·默顿、查尔斯·赖特和阿尔文·戈尔德纳是功能主义社会学派的主将，保罗·拉扎斯菲尔德是传播学行政学派的主帅。

稍后，威尔伯·施拉姆创建传播学，并确定拉扎斯菲尔德、勒温、拉斯韦尔与霍夫兰为"美国传播研究之父"。和这四位先驱一样，施拉姆也坚定地偏向定量研究，旗帜鲜明地为现存体制和商业利益服务。施拉姆不断出版教材，借以界定传播研究的领域。拉扎斯菲尔德以管理型的学者面目出现，长期统筹哥伦比亚大学的传播学研究。他和批判学派的代表人物西奥多·阿多诺有过密切的合作，却不欢而散，因为他把自己的批评限定在现存体制之内。所以他说："本国大多数批评家都有一个突出的特点，他们多数人想要让自己的批评限定在当前广播业的框架里。"他和批判学派学者们有一些接触，但他不进行认真的交流和争论，始终和他们保持着一段安全的距离。他的批判研究在理论上和实践中都囿于社会科学传统的资产阶级语境，既没有建立在马克思主义的社会批评上，也没有建立在美国传统的社会批评上。

伯纳德·贝雷尔森肯定了 20 世纪 50 年代和 60 年代传播学研究那一段"杰出的历史"，他分析从中产生的历史路径（戴维·里士曼、哈罗德·伊尼斯）、新闻学视角（施拉姆、拉尔夫·凯西、雷蒙德·尼克松）、数学视角（克劳德·香农、沃伦·韦弗）、社会心理学视角（查尔斯·奥斯古德、G.米勒）和精神治疗视角（J.卢施、G.贝特森）。汉诺·哈特认为，贝雷尔森漏掉其他领域比如人类学、语言学和文学对传播学做出的贡献。哈特着重补充介绍的学者有肯尼斯·伯克、修·邓肯和C.赖特·米尔斯。

哈特教授详细介绍了法兰克福学派的批评家，包括第二次世界大战以后离开美国的流亡学者、移居美国的学者和该学派的第三代传人哈贝马斯。他们是：霍克海默、阿多诺、马尔库塞、洛温塔尔、赫伯特·席勒、路易·阿尔都塞和沃尔特·本雅明。书中篇幅不少，容不赘述。

在哈特笔下，英国文化学派的重量级人物爱德华·汤普森、雷蒙德·威廉斯、斯图尔特·霍尔、理查德·霍加特、约翰·费斯克都浓墨重彩地一个接一个登台亮相。这个学派的输入推动了美国传播理论的突破，使美国传播学界的批判意识再一次提高。

本书还介绍了美国本土涌现出来的左派批评家诺姆·乔姆斯基和爱德华·赛义德，但他们究竟在多大程度上影响了传播研究，并不是很清楚，尚待研究。

进入作者视野的女性主义批评家有卡罗琳·拉马詹诺格鲁、南希·弗雷泽、拉娜·拉考、帕梅拉·克里登、布伦达·德温、莱斯莉·史蒂夫斯、安·卡普兰、凯瑟琳·麦金农等。

哈特最推崇的具有文化批评意识的北美传播学家依次是詹姆斯·凯利、哈罗德·伊尼斯和马歇尔·麦克卢汉。他说："美国传播研究里的文化研究路径扎根于美国实用主义和进步主义的史学家之中；它还通过哈罗德·伊尼斯和马歇尔·麦克卢汉的技术决定论找到了自己的路子；它还参考了克利福德·吉尔兹的人类学思想，吉尔兹思想的重点是作为符号系统的文化；近年，文化研究还参考了理查德·罗蒂的新实用主义。美国文化研究的杰出代表是詹姆斯·凯利。"

　　凯利探讨了美国文化研究和美国实用主义这两种传统的影响，他感受到人们对文化研究形式的强烈抗拒，痛切地体会到美国人对于实用主义的热爱和对马克思主义的恐惧；因为文化研究反映了新马克思主义对权力和意识形态的批判，所以他们不会由衷地欢迎英国人的文化研究。

　　凯利区分传播的传输功能和仪式功能，把仪式功能作为文化研究的突破口，这使他有别于以前的传播学家。

　　哈特对伊尼斯有所忽略，其实早在20世纪50年代初，伊尼斯就用《帝国与传播》和《传播的偏向》这两部专著旗帜鲜明地批判英帝国和西方在空间上的极度扩张，批判西方学科分割的大学教育体制。

　　哈特用大段篇幅介绍麦克卢汉："麦克卢汉声名的崛起必须被看作传播研究史的重要一幕，因为它以生动的形象使人想起，人文学科是获取社会知识的一种方法。麦克卢汉用他对传播的（非政治性）审美向度的欣赏与自我推销的方略，提出一种难以抗拒的通俗哲学。他受到公众的钦佩，同时又受到学界的批评。他几乎单枪匹马地研究媒介，并界定媒介在现代社会里的功能。他的格言警语颇具吸引力，他对日益缩小的世界的表述（比如'地球村'）颇具慧眼，这些洞见不仅反映了使人反思的理论表述，而且揭示了传播研究权势者的孤立状态。他们紧缩在自己的社会科学文化里，不能够或不愿意研究麦克卢汉对媒介本身潜在影响的论断，他们不研究日常经验里发现的传播的结构；其实在日常经验里，信息是要影响人的心灵的。在围绕技术的时代挑战的辩论里，麦克卢汉关于传播和技术的乐观主义观点浮现出来。"不过，他对麦克卢汉在文化批评上的贡献似乎估计不足。其实，早在20世纪50年代初，麦克卢汉的《机器新娘》一书极其深刻地批判了美国文化、广告和通俗文化。

四、结语

本书作者以惋惜的调子对美国传播学的不足做了两条这样的结论：

"总体上看，美国传播学走的路子是美国社会科学的路子，在媒介与社会问题上，它拒不接受批判的马克思主义方法论。"

"美国传播学的困境在于，它未能理解并克服自身思想史的局限，不仅未能解决已然站稳脚跟的学科的理论问题和方法论问题，而且未能认识到激进思想的潜力。"

汉诺·哈特这本书问世于 1992 年。在此后的 20 年里，美国传播学界的批判思想如何发展，这是一个尚待研究的课题；经验学派、批判学派和媒介环境学派如何博弈，也是一个尚待研究的课题。不过，由于继承了美国文化基因里的实用主义和崇美主义，服务于既存体制的经验学派恐怕还会继续维持其霸权，它在美国传播学界的主流地位是难以撼动的。

第三部

人文社科研究

儿童文学的璀璨明珠:《希腊小奴隶》后记 [①]

小朋友,你读完《希腊小奴隶》,有什么感想、体会和收获呢?读一本好的小说,可以增长知识、开阔眼界、陶冶性情、锤炼意志。读《希腊小奴隶》,我们可以学到什么呢?

公元 79 年 8 月 24 日下午一时许,意大利西海岸中部的维苏威火山猛烈爆发,一举湮灭了庞贝等三座城市,把它们从地图上抹掉,使它们沉睡了 1781 年。直到公元 1860 年,人们才开始解开庞贝之谜,使这座古城重见天日。

公元一世纪,正是罗马帝国的鼎盛时期,当时的罗马从共和时期进入皇帝专制时期已有一百多年,罗马帝国成为横跨欧亚非三洲的庞大帝国,版图包括地中海沿岸及欧洲整个地区,文明古国埃及、希腊、迦太基、腓尼基、叙利亚以及后进地区如不列颠(今英国)和高卢(今法国)都成为罗马帝国的行省。

这个庞大的帝国对外侵略扩张、掠夺外族,对内实行独裁政治、残酷压榨奴隶,激起了外族的反抗和奴隶的起义。早在公元前一二世纪罗马共

---

① 原为《希腊小奴隶》(重庆出版社,1983)译者后记。

和时期，就爆发过三次奴隶大起义，其中的斯巴达克起义（公元前 73 年—前 71 年）影响最大。这些起义历时之长、义军之众、规模之大，为人类古代社会中奴隶起义之冠。

《希腊小奴隶》从一个侧面，生动形象地反映了当时尖锐激烈的阶级斗争。马库斯之挥霍荒淫、冷酷无情，克里昂之两副嘴脸，克里昂兄弟之贪婪吝啬——各种各样、形形色色的奴隶主都受到无情的揭露和鞭笞。划桨奴隶被蛆虫般地囚禁在黑暗的底仓之中，求生不得，求死不能；水手被活活扔下海，淹死喂鱼；采石场奴隶饥饿劳累、夭折短命；老弱病残的奴隶被送往角斗场，死于狮虎之口；角斗士被驱赶进角斗场，或互相厮杀，或与猛兽搏斗，以供观众取乐，奴隶制之残暴令人发指。奴隶们牛马不如的悲惨遭遇使人义愤填膺。

这部小说通过主人公命运的浮沉升降，用强烈的对比再现了奴隶的悲惨生活，控诉了奴隶制的残暴罪行。主人公严于解剖自己，勇于评判亲人：揭露了父亲的伪善，叔父的吝啬；批判了自己的过去，批判了自己当"王子""少爷"时的骄横任性，承认自己不该对小伙伴格老肯无故欺凌，愧悔不该对奴隶毫无怜悯之心。小说歌颂了主人公和希腊小奴隶患难相助、生死与共的真挚友情。

作品还从另一个侧面暴露了奴隶制毫无人性、惨无人道的本质。"野猪"和凯普塔，一个是马库斯的奴隶总管，一个是海盗船上的奴隶工头。他们本人都是奴隶，但是他们对手下的奴隶都恣意摧残、任意凌辱。他们的嗜血成性，并非天生造就。野蛮的奴隶制把人变成恶魔和禽兽，使他们失去人性、养成兽性。奴隶主在奴隶中豢养打手和鹰犬，迫使他们去残害同类；奴隶主还实行罪恶的连坐法，一奴"犯法"，众奴遭殃，迫使奴隶们互相防范、互不信任。奴隶主妄图用这些分化瓦解的狡猾伎俩，来巩固自己的残酷统治。

作者笔下的赫斯堤太太仁慈善良。这固然有其可信的一面，因为她本人曾经沦为奴隶，所以她仍然保持了同情奴隶的善良天性。她毅然释奴、慷慨送宝，又难免使人觉得有点夸张过分，使人觉得她的形象过于美化。打手马库斯是罪恶和残暴的化身。小奴隶斐狄俄斯和德谟斯是真善美的代表，他们和奴隶主之间的矛盾剧烈、不可调和、你死我活时，作者借助于自然灾变来解决矛盾。以上两点是西方作者的局限性，我们要注意批判但又不能苛求于作者。因为作者还是塑造了两个小奴隶美好的形象，我们可以从他们身上学习很多积极的东西。

斐狄俄斯严于责己，勇于认错；积极向上，大胆求索；富于同情，不畏强暴；机智勇敢，冷静沉着；见多识广，多才多艺。他和德谟斯互相信赖、忠贞不渝、休戚与共、生死相依。所有这些品质和修养，都是值得我们学习、借鉴的。

我们从书中还可以或多或少了解一些公元一世纪地中海的文明，了解一些国家的文化语言、花草树木、鸟兽虫鱼、风土人情、衣食住行。

地中海各国人民创造了灿烂的古代文明，埃及的农业、天文、几何、建筑，希腊的哲学、逻辑、天文、物理、神话、文学、建筑、艺术，雅典的民主，斯巴达的尚武，腓尼基的航海和拼音字母，罗马的市政建设——对人类文明都做出了杰出的贡献，对后世都有深远的影响。我们在小说中可以看到，希腊神话、科学、文艺、运动、建筑等对罗马文明产生了巨大的影响。

由于文化等方面的差异，古代各国人民缺乏相互了解，彼此常有隔阂。我们在小说中看到雅典人和斯巴达人的世仇，看到希腊人对罗马人的蔑视等。但小主人公从自己的亲身经历中深刻地体会到，许多罗马人对希腊人是诚挚、友爱的。这种对各民族人民友谊的赞扬，也是本书有积极意义的一个方面。

基督教纪元初期在今巴勒斯坦的犹太人中产生后，迅速传到罗马统治下的各国人民中。因为早期基督教反映了奴隶和贫民对奴隶主的不满，所以遭到迫害。书中写到基督徒被送往角斗场喂猛兽，就是这个道理。但是基督教主张忍受，阻碍了人民的反抗斗争，是一种精神鸦片，所以小说中的基督徒在角斗场上跪地祈祷，束手待毙。我们现在不禁止人们信教，但是我们要指出宗教的麻痹作用。

斐狄俄斯经历了浮沉升降。坎坷的命运和血淋淋的事实、酸甜苦辣的遭遇和各种人物的嘴脸、真挚的友情和生死与共的朋友使他认识到一个朴素的真理：人间吉凶祸福与神明的意志全然无关。我们的小读者应该比他更高明，我们应该知道一个历史唯物主义的真理：奴隶反抗奴隶主的阶级斗争是推动奴隶社会向前发展并最终埋葬奴隶社会的根本动力。

相信我们的小读者一定会明白这个马克思主义的基本原理。

相信我们的小读者能从中学到不少积极的、有益的东西，并得到美的享受。

1982 年 10 月

游戏、文化和文化史：
《游戏的人》给当代学者的启示 ①

作为赫伊津哈《游戏的人》的译者，本文因具有文化史的宏阔视野，所论不限于该译著的介绍与学术评价，阐析扎实，论述精当，超越了一般的译者著述。随着当下闲暇时间的增多与生活方式的变化，"游戏"这一文化行为也在发生变化，因此，赫著的译介及类似本文的研究具有重要的意义，它不仅介绍和打开了艺术思维的另一面，而且可能会引发对"游戏"这一文化行为思考的深化，富有相当的启示意义和学术意义。

——《南方文坛颁奖词》

一、缘分

我的同事张晓红博士和花城出版社希望由我来翻译荷兰学者约翰·赫

---

① 原刊登于《南方文坛》，2007 年第 6 期。获《南方文坛》优秀论文奖（2007），深圳大学学术创新奖（2010）。

伊津哈的《游戏的人》。我欣然从命；虽然手里其他书稿已经忙得够呛，我还是求之不得。为什么呢？因为我和赫伊津哈及《游戏的人》，间接相知已经 20 来年。20 年来，我翻译并研究马歇尔·麦克卢汉及其学派的代表作，屡次读到赫伊津哈其人。比如，麦克卢汉推崇《游戏的人》："游戏和娱乐的观念在当代获得了大量新的意义，新意义的源头不仅有约翰·赫伊津哈《游戏的人》之类的经典著作，还有量子力学。赫伊津哈把游戏理论与一切制度的发展联系起来。"历史学家、文化学家、语文学家、传播学家、休闲学家可以从不同的角度对《游戏的人》进行诠释。翻译该书的过程，是一个多角度审视文化史、理解游戏在人类演化和文化发展过程中地位和作用的过程，我感觉进入了一个新的天地，正如我十几年前翻译麦克卢汉的感觉一样：消化这本书还需要一个过程。但我愿意把自己的初步体会和读者做一点交流。在翻译该书的过程中，我回头再读麦克卢汉《理解媒介》"游戏"那一章，发现两本书交相辉映，相得益彰，确有异曲同工之妙，详见下文。

二、兴趣

《游戏的人》国内已经有两个译本 [①]。作第三个译本无疑要承受巨大的压力。我为什么要知难而上呢？因为我不但想要推出一个比较好的译本，而且很想借此进一步了解荷兰这个文化大国。这个国家地理面积狭小，对人类思想文化和学术进步却做出了很大的贡献。它拥有数以十计的世界级文化巨人，中国人比较熟悉的博学鸿儒就有：人文学者伊拉斯谟、哲学家斯宾诺莎、历史学家威廉·房龙、数学家克里斯蒂安·惠更斯、国际法先

[①] 两个译本为：〔荷〕约翰·赫伊津哈：《游戏的人》，多人译，中国美术学院出版社，1996；〔荷〕约翰·赫伊津哈：《人，游戏者》，成穷译，贵州人民出版社，1998。

驱雨果·格劳秀斯、大画家伦勃朗和梵高等等；现今活跃在国际学术界的比较文学大家杜威·佛克马，中国学人也相当熟悉了。

历史何以成就这样一个文化大国呢？这是我有兴趣长期探索的一个问题。限于我目前的研究，主要有以下两个原因：

1. 1568 年，荷兰爆发了人类历史上第一场资产阶级革命，1581 年荷兰共和国诞生，生产力得到解放。工商业、交通运输、金融业、证券业、印刷业的迅猛发展，加上学术自由的政策，荷兰取代法国而成为西欧的学术中心之一。几百年来，由于它社会发展和学术繁荣齐头并进，这个远方的小国吸引了越来越多的中国学者。

2. 学术中心转向荷兰。16 世纪末，由于专制皇权和宗教思想的压迫，法国的大学者们流亡到学术自由的荷兰。从此直到 19 世纪，荷兰成为欧洲最重要的学术圣地之一。法国启蒙运动的主将和"百科全书"派的许多著作，都是"出口转内销"，先在荷兰印刷出版，然后才偷运回法国的。经济的发达促进了学术的繁荣。本书相关的论述有："印刷品源源不断地走私到法国。法国对出版自由的压制，成全了处在边缘的自由国家的出版自由。在 19 世纪的法国，对出版审查的逃避，表现在《百科全书》撰写和出版的过程中，反映在伏尔泰和卢梭的著作中。""印刷工人从法国移居到邻国瑞士与荷兰，把书印好后又走私运回法国……荷兰的印刷业取得长足的进展……荷兰首都阿姆斯特丹的地位上升。""法国的国家干预，使纸张供不应求。与此同时，荷兰通过引进却大大促进了造纸工业。法国的难民推出了批判的文学和哲学，培尔和笛卡儿即在其中。""从 1587 年斯卡利杰移居荷兰莱顿那一天起，法兰西共和国的学术霸权就让位给荷兰人了。""法国一方面限制书的出版，一方面鼓励纸张的生产……给邻国提供生产书籍的物美价廉的原材料，这些书又从邻国走私回法国。""莱顿大学成为学术和学习的中心，吸引了许多著名的学者和科学家。"自此，莱顿大学成为世界著名大学，它已经并将继续吸引许多中国学者。

三、其人其书

约翰·赫伊津哈（Johan Huizinga, 1872—1945）是荷兰历史学家、文化学家。他攻读印欧语－日耳曼语语言学，1897年获博士学位；先后在荷兰和德国的莱顿大学、格罗宁根大学、莱比锡大学等著名大学执教，曾任莱顿大学校长；二战期间对法西斯占领者持严厉批判态度，1945年荷兰解放前夕被迫害致死。

他擅长印欧语文学、欧洲文化史、比较语言学和比较文化，代表作有《中世纪的衰落》《游戏的人》《伊拉斯谟传》《明天即将来临》《文明复活的必要条件》《愤怒的世界》《17世纪的荷兰文化》《文化史的任务》《历史的魅力》《痛苦的世界》等。他在世时已经成为欧洲文化史尤其是荷兰文化史的权威。他的著作经久不衰，《中世纪的衰落》和《游戏的人》均曾在国内出版，而且《游戏的人》已经有三个译本问世。他在中国学界的影响力还在上升。

1903年，赫伊津哈就开始研究游戏。1933年，在莱顿大学担任校长的年度演说中，他又回答游戏的母题。1938年，《游戏的人》面世，这似乎是第一部从文化学、文化史学视野多角度、多层次研究游戏的专著，分为12章，阐述游戏的性质、意义、定义、观念和功能，阐述游戏与诸多社会文化现象的关系，主要是游戏和神话、仪式、法律、战争、诗歌、知识、神话、哲学、各种艺术门类的关系。除此之外，作者特别关注的是游戏精神在近代西方的衰落。他为此而忧心忡忡，他对战争阴云表示严重的关切，对法西斯破坏国际法游戏规则极端愤慨，他希望人类社会和文化能够在游戏中继续成长，而且希望人能够学会更好地利用休闲。他把法西斯和政客叫作国际政治的破坏者和"搅局者"，控诉他们对文明的破坏。

在本书结尾前，他发出了这样的警世名言："于是经过曲折的道路，我们得出了这样一个结论：在游戏成分或缺的情况下，真正的文明是不可能存在的；这是因为文明的预设条件是对自我的限制和控制，文明不能够将自己的倾向和终极的最高目标混为一谈，而是要意识到，文明是圈定在自愿接受的特定范围之内的。在一定的意义上，文明总是要遵守特定游戏规则的，真正的文明总是需要公平的游戏。公平游戏就是游戏条件中表达出来的坚定信念。所以游戏中的欺诈者和搅局人粉碎的是文明本身。"

这是一本研究文化史的严肃之作，说它是研究休闲学的著作固然不对，但它倡导游戏和严肃并重、不排除嬉戏运动、闲情逸致，还是有道理的。作者说："亚里士多德认为：休闲比工作更为可取，实际上它正是一切工作的目的……希腊的自由人不需要为谋生而工作，他们有闲暇在有教育意义的高尚消遣中去追求生活的目的……他们的问题是如何利用闲暇。"

因此，爱挑剔的乔治·史丹纳（George Steiner）指出："休闲问题成人们关注的焦点，这个突出的变化远远超过了赫伊津哈的预期。我们陷入了一个新的两难困境：如何分配多余的时间和资源，以便用创造性的、有利于社会的方式去利用闲暇……玩游戏的时候，人处在创造力的巅峰，他完全摆脱了互相仇视的羁绊，他从粗俗的需求中彻底解放出来。"与此同时，史丹纳又不惜用阿谀之词肯定该书的权威，他说："赫伊津哈得出了这样一个权威的结论：文明'决不脱离游戏，它不像脱离母亲子宫的婴儿：文明来自于社会的母体，它在游戏中诞生，并且以游戏的面目出现'。"

史丹纳在序文里从两个层面对赫伊津哈提出批判，实际上，他提出了三种批评。第一种批评是，赫伊津哈混淆高雅和委琐，对当代文明抱悲观的态度。史丹纳借用荷兰历史学家彼得·海尔（Pieter Geyl）的文章《赫伊津哈责难他的时代》的观点并且指出："赫伊津哈骨子里是官僚式的知识分子和精英，浸透了资产阶级高雅文化的理想和闲情逸致。他自始至终以挑剔和怀旧的观点来看待文明……他把整个文明当作游戏的观念固然给人启示，却是一种虚构。在一定程度上可以说，这个观念把最高尚的价值即艺术、法律、哲学和文学放置到最委琐的审美层次上。"

　　第二种批评是，赫伊津哈的许多论述缺乏佐证："赫伊津哈提出的许多佐证都经不起仔细推敲。许多词源的考据是业余水平。"由于译者不擅欧洲语言，所以我们不敢完全否定史丹纳的指控，说他是毫无根据的。但我们可以提出异议说：赫伊津哈或许有牵强附会之处，但以他印欧语文学家的背景和严谨的治学态度来判断，他的词源考据不会是"业余水平"的。

　　第三种批评是，赫伊津哈没有吸收最新研究成果，尤其是心理学的成果："赫伊津哈对心理学和心理分析却采取孤傲的、不屑一顾的态度，这使他无法利用心理学的实验成果……他对社会演化的观察太笼统，他使用'原始'这个范畴太简单。"

　　对于这种批评，赫伊津哈在自序里做了令人信服的答辩。原来他是有意识地使用历史学和文化学的方法，尽可能少用甚至避免使用其他的方法："我所谓游戏不能够理解为生物现象，只能够理解为文化现象。我们研究游戏的方法是历史的方法，不是科学的方法。读者将会发现，我几乎没有使用任何心理学的方法来解释游戏，无论这样的解释是多么重要；我使用了人类学的术语和解释，不过用得相当谨慎，即使不得不引用民族志的材料，我也是尽量少用。"

　　他进一步说明为什么不能从生物学、生理学、心理学的层次去研究游戏："我们立即得出一个重要的结论：即使在最简单的动物层次上，游戏也不只是纯粹的生理现象和心理反射。它超越了单纯的生理活动和心理活动的范畴。它有一个意义隽永的功能，也就是说它具有特定的意义。在游戏时，有一种东西在起作用，它超越了生活的眼前需要，它给行为注入了特定的意义。一切的游戏都具有特定的意义。倘若我们把构成游戏本质的积极原理叫作'本能'，我们并没有做出任何解释；倘若我们称之为'心灵'（mind）或'意志'（will），我们的解释又太过头。无论我们怎么看待游戏吧，游戏都具有特定的意义，这个事实隐含着游戏本身的非物质属性。"

　　赫伊津哈把游戏的重要地位提到前所未有的高度。他在自序里说："本书旨在把游戏的概念整合进文化的观念之中。"他认为："文明是在游戏之中成长的，是在游戏之中展开的，文明就是游戏。"

在国内外的多次讲演中，他"抠字眼"，多次纠正东道主用词不当，以杜绝对他讲题的误解："我的讲题是'文化固有的游戏成分'（The Play Element of Culture），每一次讲演的时候，东道主都想把我的题目改成'文化里的游戏成分'（The Play Element in Culture），他们把里面的 of 改成 in。每一次我都提出抗辩，并坚持用 of。"

一字之差，差之毫厘，失之千里！他用 of 的目的是要说明：游戏是文化本质的、固有的、不可或缺的、绝非偶然的成分，游戏就是文明，文明就是游戏。如果改用 in，游戏的地位就大大降低了：游戏可能是非本质的、非固有的、可以或缺的、偶然的文化因子。游戏在文化里的重要地位，我们将在"中译者序"的"定义和本质"与"功能和地位"里做进一步的讨论。

四、定义和本质

不同的学科从不同的角度看游戏。大体上说，生物学家和生理学家容易把游戏看成生物和人的本能，人类学家倾向把游戏看成是幼儿学习求生本领的过程，社会学家往往把游戏看成是幼儿社会化的必备条件，历史学家容易把游戏看成是文化发展的动因之一。稍细一点说，生理学和心理学的定义往往有以下一些倾向：①游戏是过剩生命力的释放，②游戏是为了满足"模仿的本能"，③游戏仅仅是为了身心放松的"需求"，④游戏是幼龄动物为准备对付生活而进行的训练，⑤游戏是为个体学习自我克制所必需的演习，⑥游戏是身心的宣泄，是为了"满足愿望"，⑦游戏是一种虚拟的动作，旨在维持个人价值的某种情感。

赫伊津哈批判"本能说"："很久以前，席勒就提出了固有的'游戏本能说'……把阿尔塔米拉的洞穴画归结为胡乱的涂鸦，似乎十分荒谬——如果将其归结为'游戏本能'，那就更荒谬了。看来，史丹纳在序文中指责赫伊津哈主张'本能说'，是缺乏依据的。我们不知道他的批评根据何在："然而就是这样一本书提出'游戏本能'说时，却不加界定。"

全书多次给游戏下的定义大同小异，但全都能够清楚说明游戏的本质、功能、地位和规则。

史丹纳序引用的定义是最重要、最全面的定义："游戏是在特定的时间和空间中展开的活动，游戏呈现明显的秩序，遵循广泛接受的规则，没有时势的必需和物质的功利。游戏的情绪是欢天喜地、热情高涨的，随情景而定，或神圣，或喜庆。兴奋和紧张的情绪伴随着手舞足蹈的动作，欢声笑语、心旷神怡随之而起。"

赫伊津哈非常强调游戏的特征："让我们再一次列举游戏固有的特征。游戏活动在特定的时空范围内进行，有明显的秩序，遵循自愿接受的规则，远离生活必需的范围或物质的功利。游戏的心情或喜不自禁、或热情奔放，游戏的气氛或神圣、或欢庆，视天时、地理而定。高扬的紧张情绪是游戏行为的伴侣，欢声笑语和心旷神怡随之而起。"

另一个定义是："我们觉得，用以下语汇来界定游戏的意义似乎是相当不错的：游戏是一种志愿的活动或消遣，在特定的时空里进行，遵循自愿接受但绝对具有约束力的规则，游戏自有其目的，伴有紧张、欢乐的情感，游戏的人具有明确'不同于''平常生活'的自我意识。如果用这样一个定义，游戏这个概念似乎能够包容动物、儿童和成人中一切所谓的'游戏'：力量与技能的较量、创新性游戏、猜谜游戏、舞蹈游戏、各种展览和表演都可以囊括进去。我们可以断言，'游戏'这个范畴是生活里最重要的范畴。"

这个定义是经过反复论证得出的。

"从一开始，人类社会宏大的原型活动就充满了游戏。以语言为例……

每一个抽象的表达背后都隐藏着最大胆的暗喻，每一个暗喻都是词语的游戏……再以神话为例……原始社会举行神圣的典礼、牺牲、献祭和神秘仪式，全都是为了确保世界的安宁，这是真正纯粹精神意义上的游戏……在文明生活中，伟大的本能力量滥觞于神话和仪式：法律和秩序、商业和利润、工艺和艺术、诗歌、智慧和科学全都滥觞于神话和仪式——这一切都扎根在原始游戏的土壤中。"

在接下来的几页里，赫伊津哈依次对游戏概念包含的关键词进行讨论。他说：

"既然我们的主题是游戏与文化的关系，所以我们不必深入研究游戏的各种形式，而是把自己限定在游戏的社会体现形式之内……我们谈论游戏时，不得不说具体的比赛和竞技、表演和展览、舞蹈和音乐、盛装游行、化妆舞会、锦标赛等等。我们列举的特征有些是游戏的普遍特征，有些仅仅是社会游戏的特征……首先要说的是，一切游戏都是自愿的活动。服从命令的游戏不再是游戏：这样的游戏不过是强制而为的模仿……在这里，我们看到游戏的第一个主要特征：游戏是自愿的，实际上游戏本身就是自愿的。第二个特征和第一个特征关系密切，游戏并非'平常的'或'真实的'生活，它步出了'真实的'生活，进入一个暂时的活动领域，带有它自己的倾向……人的游戏的一切高级形式肯定是属于节日和仪式的领域——这是神圣的领域……在场地和时段两方面，游戏都和'平常的'生活截然不同。由此可以看到游戏的第三个特征：其隔离性与局限性……游戏有一个起点，到了某一时刻，它就'戛然止步'，它走向自己的终结……比时间局限更加令人注目的是游戏在空间范围内的局限……正如游戏和仪式在形式上没有明显的区别一样，'神圣的场地'和游戏的场地也没有明确的显著的区别。角斗场、牌桌、魔术圈、神庙、舞台、屏幕、网球场、法庭等等，无论在形态上还是功能上都是游戏场地，是禁止外人涉足的、孤立的、或用藩篱圈定的、神圣化的场地，遵守特定规则的场地……在游戏场地内，一种绝对而独特的秩序居主导地位。在这里，我们看到另一个非常积极的游戏特征：游戏创造秩序，游戏就是秩序……我们用来描绘游戏成分的词语，大都属于审美的范畴；我们描绘审美效应的词语有：紧张、均衡、平衡、反差、变易、化解、冲突的解决等等。游戏使我们入迷；游戏'使人神往''使人神魂颠倒'。游戏具有最崇高的属性，我们能够从事物感受到的属性：节律与和谐……游戏的竞赛性越是强烈，投入游戏的热情就越是高涨。在赌博和竞技运动中，热情就达到巅峰。游戏本身处在善恶判断的范围之外，然而紧张的成分给游戏注入一种伦理价值，因为它是对游戏者技能的考验。游戏是对人的勇气、韧性、才智的考验，最后一种但并非最不重要的考验是对游戏人精神力量即'公平竞赛精神'的考验。尽管他有强烈的欲望去获胜，但他必需一个遵守游戏的规则……违反规则和不理睬规则的人是'搅局'的人。搅局者并非误入游戏场地去作弊的人；因为作弊的人还要假装玩游戏的样子，表面上看，他还承认那个使人着魔的圈子。奇怪的是，社会对欺骗者的宽容大大超过了对搅局者的宽容。这是因为搅局者把游戏世界砸得粉碎……"

以此为基础，赫伊津哈依次考察了神话、仪式、部落争斗、夸富宴、赌博、恶语相向的舌战、法律诉讼、棋类游戏、牌类游戏、古代奥林匹克运动、赛诗、对歌、猜谜、论战、音乐、战争、近代的各种艺术思潮、现代奥林匹克运动等各种社会现象里的游戏精神、游戏成分和游戏表现。

由此可见，赫伊津哈游戏定义里的几个关键词语是：自愿，规则，特定的时空范围，不同于平常生活的自我意识，涵盖动物、成人和儿童的范围，表现为竞赛、碰运气的赌博、舌战等形式。

赫伊津哈的游戏概念和定义有泛化的倾向。史丹纳就此做了概括："从最广阔的视野和活力来看，游戏几乎在文明行为和社会结构的一切方面'起作用'。游戏唯一的对立面就是'非游戏'这个否定范畴。"

五、功能和地位

游戏太重要了，游戏就是文化、就是文明——赫伊津哈做出这样的论断，史丹纳也肯定了这个论断："赫伊津哈发现了一个至关重要的真理：'真正的、纯粹的游戏是文明的柱础之一'。"

赫伊津哈说："我们不能不做出这样的论断：初始阶段的文明是游戏的文明。文明不像婴儿出自于母体，它在文明之中诞生，它就是游戏，且决不会离开游戏。"

游戏是人类和动物共有的天性，因为动物也要游戏。游戏的历史比文化悠久，游戏并非人类天赋，但文化是人类独有的财富。

赫伊津哈强调游戏的文化功能，提出游戏研究的文化学方法，指出生物学和心理学研究方法的不足："我们把游戏当作文化的一种功能来研究，而不是当作动物和儿童身上的一种现象来研究，我们从生物学和心理学停滞不前的地方着手。我们看到，游戏是一种重要的文化现象，但早在文化之前，游戏就已经存在了……游戏无处不在，游戏是有别于'平常'生活的、特色鲜明的一种行为。"

赫伊津哈区别工匠人（Homo Faber）、智慧人（Homo Sapiens）和游戏人（Homo Ludens），借以说明人类的三种功能。为什么要做这样的区分呢？这是因为制造工具的能力并非仅见于人类，一些动物已经会制造简单的工具；因为理智仅见于人类，而游戏却是人类和动物共有的天性。他说："还有第三种功能是人和动物都有的；和理智与制造工具一样，游戏也是重要的功能。"

史丹纳似乎也呼应并肯定赫伊津哈的观点："在赫伊津哈的笔下，游戏成为人的感知能力的决定性特征。游戏人与工匠人比肩而立……也许，游戏人和智慧人（Homo Sapiens）处在同一个层次。"

赫伊津哈的主张和中国哲学天人合一的观点有相通之处。他肯定古代神话和仪式的功能是天人和谐、国泰民安。作者首先以中国为例："根据古代中国的民间传说，音乐舞蹈的功能是让世界在正确的轨道上运行，让造化向着有益于人的方向前进。一年的风调雨顺、国泰民安依赖于节庆活动中恰如其分的神圣竞技。如果没有这些庆典，庄稼就不会成熟。"

接着他沿用伟大的德国人类学家利奥·弗罗贝尼乌斯的论述来展示这个天人和谐的思想："在远古时代，人首先吸收的观念是动植物的兴衰荣枯、然后才构想出时空的观念，然后才形成岁时节令和日月盈亏的思想。于是，人用神圣戏剧的形式表演存在的伟大进程和秩序，通过表演的手段，在表演的过程中，人以新的形式再现或'再创造'现实世界，创造再现出来的世界，于是在卫护宇宙秩序中，他就尽了一己之力。"

他认为，在远古时代，诗、歌、舞、乐、神话、仪式、竞赛、争斗等等往往是水乳交融的。仅引三段为证：

"按照古人的幻想，世界和万物是众神创造的，是从一个巨人的肢体化生出来的，且这个巨人浩瀚如世界。我们熟悉《梨俱吠陀》和《新埃达》的创生观念。"（可惜作者对中国的盘古创世神话不是很熟悉。）

"我曾经围绕一些中世纪的诗人、空想家和神学家的寓言式人物的理想价值，做了比较详细的探讨……（诗意）的形象实在是太丰富了……哲学神学思想深刻的含意，绝对和这些形象捆绑在一起，是密不可分的。"

"我们发现，游戏是诗歌固有的成分，每一种形式的诗歌和游戏的结构实在是密不可分、水乳交融。同理，游戏和音乐也密不可分，而且是更高层次上的水乳交融。"

麦克卢汉关于游戏功能、规则、意义的描绘和赫伊津哈有异曲同工之妙。兹摘录《理解媒介》几段话为佐证。

游戏有助于天人和谐："游戏是我们心灵生活的戏剧模式，给各种具体的紧张情绪提供发泄的机会。它们是集体的通俗艺术形式，具有严格的程式。古代社会和无文字社会自然把游戏看作是活生生的宇宙戏剧模式。希腊的奥林匹克运动会就是直接扮演这种竞赛的游戏，或者说直接扮演太阳神争斗的游戏。竞技者绕圆形跑道奔跑时，头上扎着黄带，模仿太阳神驾车一日一周所经过的圆形黄道带。由于游戏和娱乐是宇宙性争斗的戏剧演出形式，观众的角色显然是带有宗教色彩的。参与这些仪式使宇宙保持在正确的轨道上。"[①]

游戏对健康生活意义重大："一个人或一个社会如果没有游戏，就等于堕入了无意识的、行尸走肉般的昏迷状态。艺术和游戏使我们与常规惯例中的物质压力拉开距离，使我们去做这样的观察和询问。作为大众艺术形式的游戏，给一切人提供了充分参与社会生活的直接手段""有些落后社会或部落猝然转换为工业化、专门化、机械化的形态之后，往往难以设计出运动和游戏之类的矫正剂，以便创造出与这一转化抗衡的力量。这些社会陷入迂腐的泥潭。没有艺术的人，没有游戏这种大众艺术的人，往往像毫无意识的自动机器。"[②]

游戏有一套自愿接受和遵守的规则："游戏是一架机器。参加游戏的人要一致同意，愿意当一阵子傀儡时，这架机器才能运转……竞赛结果的不确定性，给我们在游戏规则和游戏程序中的死板严格性，提供了合理的借口。"[③]

六、游戏的演化

赫伊津哈把游戏的起源追溯到动物世界，肯定了游戏的生物学根源："在种系发生上，鸟类远离人类，却与人类共有如此之多的游戏特征，这实

---

① 马歇尔·麦克卢汉：《理解媒介》，何道宽译，商务印书馆，2000年，第293页。

② 马歇尔·麦克卢汉：《理解媒介》，何道宽译，商务印书馆，2000年，第295页。

③ 同上。

在是令人惊叹。鸟鹬以舞姿竞技，乌鸦以飞行比赛，园丁鸟装饰鸟巢，燕雀吟唱优美的旋律。由此可见，作为娱乐的竞争和展示并不是起源于文化，而是走在文化之前的。"

然而，他有别于生物学家和心理学家。《游戏的人》全书突出的主题是：游戏首先是文化现象和社会现象，而不是生物学家、心理学家和行为学家主张的那种刺激－反应现象。

他指出游戏与文化的关系："文化以游戏的形式出现，文化从发轫之日起就是在游戏中展开的……通过游戏的形式，社会表达它对生活与世界的解释。这样说并不意味着游戏转变成了文化，而是说文化在滥觞期就具有游戏的性质，文化在游戏的形态和情绪中展开。在游戏和文化的孪生体中，游戏是第一位的。游戏客观上是可以指认，可以具体界定的，与此相反，文化仅仅是我们靠历史判断给具体的事物附加的术语。

他欣赏并引用康德的游戏概念："幻想的游戏"（the play of imma-gination）、"思想的游戏"（the play of ideas）和"宇宙观念的全部的辩证游戏"（the whole dialectical play of cosmological ideas）。

他把游戏比喻为推进文明的酵母："游戏因素在整个文化进程中都极其活跃，而且它还产生了许多基本的社会生活形式。上文已经显示，这一点不难证明。游戏性质的竞赛精神，作为一种社会冲动，比文化的历史还要悠久，而且渗透到一切生活领域，就像真正的酵母一样。仪式在神圣的游戏中成长；诗歌在游戏中诞生，以游戏为营养；音乐舞蹈则是纯粹的游戏。智慧和哲学表现在宗教竞争的语词和形式之中。战争的规则、高尚生活的习俗，全都建立在游戏模式之上。因此，我们不能不做出这样的论断：初始阶段的文明是游戏的文明。文明不像婴儿出自于母体，它在文明之中诞生，它就是游戏，且决不会离开游戏。"

他这样解析法律里的游戏成分："法律和游戏活跃的联系，尤其是在古代文化中活跃的联系，可以从三个观点来考察。诉讼可以被认为是一种靠运气的游戏、一种竞赛、一种舌战。"

他揭开神话、诗歌和游戏的三重关系："我们首先尝试来揭开神话、诗歌和游戏的三重关系。无论神话流传到现在已经变成什么形式，神话始终是诗歌。神话借助意象和幻想，它诉说万物起源的故事，它们是古人设想的原始时代发生的事情。神话的意义可能是极其深奥、极其神圣的。它能够成功表达的关系，可能是智能的方式绝不可能描述清楚的。在文明那个神话－诗歌阶段，神话的神圣性和神秘性是十分自然的，古人接受神话是绝对虔诚的，虽然如此，有一个问题依然存在：神话是否一直是完全严肃的。我想我们满有把握地说，诗歌有多么严肃，神话就有多么严肃。像一切不受逻辑判断和有意识判断束缚的东西一样，神话和诗歌都在游戏的领域里活动。这并不是说，这是一个比较低下的领域，因为游戏色彩浓重的神话可能会翱翔到洞见的高度，也就是理性达不到的高度。"

他指出诗歌和游戏的契合："诗歌与游戏的契合不仅是外在的契合；在创造性幻想的结构中，两者的契合也是显而易见的。在诗性用语的转向、母题的展开、情绪的表达里，总是有一种游戏元素在发挥作用。在神话或抒情诗里，在戏剧或史诗里，在远古传说或现代小说里，作者有意无意的目的都是要造成一种紧张的情绪，使读者着迷，使之欲罢不能。潜隐在一切创造性写作之下的，是一种人的境遇或情绪，是足以把紧张情绪传递给他人的意境。好在这样的情景并不多，这正是两者契合的关键所在。宽泛地说，这样的情景或者产生于冲突，或者产生于爱情，或者是两者兼而有之。"

他指出诗歌和谜语的关系："我们可以断言，谜语起初是神圣的游戏。""作为一种竞争形式，古代诗歌和古代谜语难以在表面上加以区别。谜语产生智慧，诗歌产生美感。两者都受一套游戏规则的支配，这一套规则限定了思想和象征的范围；两者都有一个预设：圈子里的人要懂得所用的语言。两者的有效性仅仅有赖于各自符合规则的程度。"

　　他用游戏概念解释希腊悲剧和戏剧的起源："悲剧和喜剧都发端于游戏，这个道理是显而易见的。雅典戏剧产生于酒神节上的狂欢庆典。稍后，希腊喜剧才成为有意识的文学活动，即使发展到那个阶段，到了阿里斯托芬那个时代，希腊喜剧依然保留许多酒神节狂欢的痕迹。在幕间休息的表演中，合唱队分为两排，交替进退，面向观众，随意挑选出一些观众嘲笑奚落。演出的服装状如男性阳具，合唱队戴着动物面具，这些东西都是远古遗存的特性。"

　　他指出严肃性和游戏性的此消彼长，文明越发达，严肃性越是增加，游戏性越是减少："文明发展的趋势是越来越复杂多样，越来越层层叠压，生产技术和社会生活的技术在组织上越来越精致。在这个过程中，古老的文化土壤在重重叠叠的重压下越来越难以呼吸，思想和知识体系、教义、规章制度、道德和常规习俗都失去了和游戏的联系。于是我们说，文明变严肃了；它只给游戏指派一个次要的位置。英雄时代一去而不复返，竞赛的阶段似乎就犹如过眼烟云、明日黄花了。"

　　赫伊津哈悲叹游戏成分的衰减。我们要善于同情地理解他发出哀鸣的历史背景：①机械化使人成为"残缺不全"的人，人异化成了非人性的技术－资本大机器上的螺丝钉；②休闲时代尚未到来；③战争阴云密布，第二次世界大战即将来临。他说："18世纪以来，文化里的游戏成分一直在衰减，18世纪是游戏姹紫嫣红的时代。今日之文明再不玩游戏，即使在表面上玩游戏的地方，那也是虚假的游戏，我几乎想说，文明正在玩虚假的游戏。"

　　他对即将来临的大战忧心忡忡："国际法体制不再受到承认，不再被当作文化和文明生活的基础来遵守。一旦一个或一个以上的国家事实上否定了国际法的约束性质，无论是实际上否定还是理论上否定，并且宣称自己的利益和权力是其政治行为的唯一标准，那么，不仅古老游戏精神的最后遗存会荡然无存，而且任何文明的主张也会消失殆尽。到那时，社会就会堕落到野蛮的底层，原始的暴力又将死灰复燃了……由此得出的推论是：一旦游戏精神丧失，文明就会难以为继。"

他又警告说："作为一种文化功能的争战，总是要预设一些限制性规则，而且在一定程度上承认争战的游戏性质。只有战争双方把战争局限在一定的范围，只有双方承认彼此是平等的对手，而且彼此享有平等的权利时，我们才能够说，战争是一种文化功能。换言之，战争的游戏概念有赖于它的游戏性质。一旦战争超越了平等对手的范围，一旦不承认对手是人，因而剥夺了对方的人权时，一旦对手被当作野蛮人、魔鬼、异教徒、异端和'无法无天的野兽'时候，战争的性质就截然不同了。"

七、战争里的游戏成分

赫伊津哈最惊世骇俗的论断莫过于争斗里的游戏成分，他甚至引经据典地论证"游戏就是战斗，战斗就是游戏"。

他说："我们必须小心翼翼地回到古人的思想里去探路……从这个角度来看问题，'游戏'一词用来描绘战斗就不能说是有意识的比喻。游戏就是战斗，战斗就是游戏。在能够说明游戏和战斗同一性的古文化里，最明显的是《旧约圣经》提供的例子。在《撒母耳记下》第 2 章第 14 节里，押尼珥对约押说：'让少年人起来，在我们面前戏耍吧……双方各 12 人上场，彼此揪头，用刀刺肋。一同扑到，所以那地叫作基遍，也就是好汉之地。'………游戏可能致命，但仍然是游戏，所以我们可以理直气壮地说，游戏和竞赛在概念上是不分家的。"

另一个例子是希腊战争中的游戏："在许多希腊花瓶上，我们看见两军对垒的战争带上了游戏的性质，因为陪伴他们作战的有吹笛子的人。在奥林匹克运动会上，决斗的人搏斗到你死我活。"

其他一些例子是中世纪战争中的"骑士风度"："把战争幻想成为荣誉

和美德的高尚游戏的观念，在推动文明发展中始终扮演了重要的角色。这是因为，骑士风度的观念产生于这样的观念，最终出现的国际法也出自这样的观念。在这两个因素中，骑士风度是中世纪伟大的推动力之一，而且虽然骑士风度的理想在现实生活中经常遭受到误解，它还是成了国际法的基础；而国际法是人类社会不可或缺的保障之一。"

总之，他列举了大量的例子，证明战争中的游戏成分，包括"单挑"、"叫骂"、尊重对手、礼让三分、讲究仁道、反对不义的例子，尤其是中国古代的例子，具有很强的说服力。详见下一节。

八、中国游戏考

赫伊津哈推崇中国古代的游戏精神："游戏的性质在中国比在希腊表现得更加淋漓尽致。这是因为，在古代中国，几乎每一种活动都呈现出仪式性竞赛的形式：涉水、登山、伐木、采花都表现出游戏的成分。有这样一种典型的传说，一位英雄的王侯以神奇的威力和惊人的壮举征服他的对手，证明他技艺超群、无与伦比。一般地说，比武的结局总是以对手的死亡告终。"

中国古代没有一个统一的单词表示"游戏"的概念。赫伊津哈挑选四个汉语单词进行讨论：玩、争、赛、让。

他说："我们常常纳入游戏这个范畴之下的许多活动，没有一个统一的汉语单词。最重要的单词是'玩'，其指涉以儿童游戏为主，但延伸到其他语义范围，却含一些特别的意思：忙碌、喜欢、玩弄、欢闹、揶揄、开玩笑、嘲弄……甚至连赏月也叫'玩'……'玩'这个词不用于需要技能的游戏、竞赛、赌博或戏剧表演……凡是和竞赛有关的概念都用'争'，这个词和希腊语的'竞赛'对等。除此之外，'赛'用来指有组织、争奖品的比赛。"

他注意到中国人在游戏、竞赛和战争中的"礼让"精神，实在是难能可贵："在中国，为荣誉而进行的竞争也可以倒过来变成礼貌的竞赛。用'礼让'的精神（字面意思是'让'人），你能够文质彬彬地使对手解除武装，并且使对手也不得不表现出辞让的精神。这种竞相礼让的精神形成了一套仅见于中国的特定程式，不过我们在世界其他地方也能够看到类似的礼节。"

赫伊津哈指出中国古代战争和希腊战争相同的礼仪："中国古代的诸侯们常常是觥筹交错、以酒为礼，一饮而尽，在饮酒的过程中回忆过去的安宁，宣示相互的敬重。他们以各种方式互相恭维、表达敬意、互赠兵器，就像希腊神话中的格劳科斯和狄奥墨得斯一样。"

在中国五千年的文明史中，战争频仍。且不说传说时代的炎黄之战和其他部落战争，姑不论周天子治下的诸侯攻伐，亦不说大一统之前四五百年的战国时代，单就说此后两千年的改朝换代战争、外族入侵的战争、绵延不绝的农民起义，战争的频仍非同寻常。所以中国人深知和平的可贵，懂得战争中的规矩和仁道，所以中国才产生了举世无双的兵法，才产生了"革命的人道主义精神"。

血腥的战争中，以各种手段减轻战争损失的"游戏成分"在中国表现得淋漓尽致。"单挑"、"叫骂"、尊重对手、礼让三分、讲究仁道、反对不义的例子比比皆是。

最杰出的例子是诸葛亮"借东风""空城计""六出祁山""七擒孟获"等战例。他以战争消灭战争的思想不输今人。但他同时又竭尽全力避免妄动干戈，反对穷兵黩武，"从古知兵非好战"！

赫伊津哈论证了中国古代战争的游戏成分："根据古代中国文献记载，两军对垒的战斗常常混杂着吹嘘自己、羞辱对方的叫骂，或体谅他人的义举，或恭维对方的赞辞。与其说是刀兵相见的战争，不如说是道德武器的较量，荣誉受到玷污而引起的冲突……所有这些举动都具有特殊的含义，或者是羞辱，或者是玷污，有些还具有非常独特的含义……在另一种战前对骂的例子里，将军策马直抵敌营大门，不动声色地用马鞭默数敌营栅条。"

他还列举中国古代战争的两个例子：

第一个例子显示荣誉第一、面子第一的思想。他说："至于荣誉本身，令人惊讶的是，中国人的军事传统竟然和西方中世纪的传统几乎是一模一样……秦公和晋公两位贵族安营扎寨。两军对垒，排兵布阵，但不交锋。晚间，秦公派信使赴晋公大营，警告晋军备战：两军之内，不乏勇士，明日之战，决一雌雄。但是晋军方面看到，对方信使目光游移，语气缺乏信心。秦军看来是不战而败了。晋军认为：秦军畏我！即将逃亡！快困秦军于江边！我们要打败秦军！然而，晋军却没有挥师进逼，反而让敌军安全拔营撤退。有人道破了这里的仁义之举：不收拾伤亡者，是为不仁！不等约定而战，逼敌蹈入险境，是为不勇。于是，晋军按兵不动，让敌军从容撤退。"

另一个例子显示了不居功自傲的将军："一位凯旋的将军，以非常得体的谦虚态度，婉言谢绝在战场上为他立纪念碑的建议。'此乃古代相宜之举，昔之君主，德高望重、替天行道，吊民伐罪而昭告天下。今天下无罪人，唯有诸侯忠于天子者，不惜战死耳。立碑纪之，岂有此理？'"

这使人想起宋襄公与楚国泓水之战时礼让三分的仁义之举。楚军渡河前，部下鼓吹乘机进攻，宋襄公说：乘人不备而击，是为不仁。楚军渡河时，部下又劝他抓紧最后的时机，宋襄公却责备部下说，此亦为不仁，因为人家还没有排兵布阵。结果，楚军大胜，宋襄公本人因受伤而大败。

现代人可以批评宋襄公迂腐，说他对敌人的仁慈就是对自己的残忍。但是我们要知道，古代战争有古代战争的规矩，现代战争有现代战争的规矩。虽然那时的周天子已被架空，社会已经礼崩乐坏，周朝的规矩已经不灵，但其影响依然存在，所以宋襄公才会讲究君子之德。虽然现代战争更加残酷，但现代战争也受到人道主义、国际法和红十字精神的约束。

在《理解媒介》中，麦克卢汉也证明了战争中的游戏成分。他转述了部落岛民一场旷日持久的战争："每隔一两周，他们就与宿敌在一个惯用的战场上安排一次形式化的战斗。和'文明'国家灾难性的冲突相比较，这些打闹似乎是一种危险的户外运动，而不是名副其实的战争。每一场战斗都只进行一天，总是在夜幕降临前收兵回营（因为晚上闹鬼，有危险），或者是下雨时就偃旗息鼓（谁也不想把头发和装饰品弄湿）。勇士们有百发百中的本事，因为他们自幼年时起就开始学打仗玩……这场流血冲突无休止地进行下去，找不到进行战争的任何常规的理由，没有领土的得失，没有商品或俘虏的劫掠……他们之所以打仗，是因为他们热心打仗、喜欢打仗，因为对他们而言，打仗是完全的人的一种重要功能，因为他们觉得必须靠打仗来安慰战死同伴的鬼魂。"

九、战争与休闲

战争与休闲显然是处在对立的两极。但是祸兮福倚的辩证思想能够使我们看到矛盾的转化。战争是血腥的，且多半是浩劫；但在特定的条件下，尤其是在古代仪式化的争斗中，战争又带有一丝游戏的成分。赫伊津哈证明：严肃和游戏是相对的，他消解了两者的对立："我们不能认为严肃退化并降低到游戏的水平，也不能认为游戏升华到严肃的层次。比较准确地说应该是：在文明演进过程中，逐渐出现了两种精神生活的分化，我们分别称之为游戏和严肃；起初，这两种精神生活是一个连绵不断的精神媒介，文明就是从中兴起的。"

严肃的神话、仪式、巫术可能是游戏，希腊神话不是有那么多"乱伦"吗！另一方面，游戏又可能是极其严肃的，君不见围棋手极其严肃、不苟言笑的搏杀吗?

赫伊津哈是幸福的。他看透了游戏和休闲在文化史上的重要作用。他又是不幸的，本书出版不久，在学术生命最旺盛的时候，他就被德国占领军软禁而不幸遇难。战争的浩劫给人类前途罩上浓重的阴霾，使他哀叹近代以来游戏精神的失落。

历史证明，战争既是人类的浩劫，也是科学技术的巨大推进力量。战争的影响渗透到社会生活的各个方面。最突出的例子莫过于体育运动和股市里泛化的军事术语。翻一翻报纸的体育板块、听一听广播里的体育节目、看一看电视上的足球比赛，那些血淋淋的术语对受众进行密集的轰炸。但它们显然已经失去震撼惊悚的效果，血淋淋的术语并不能使人恐惧，反而使人兴奋激越。有人说，激烈的体育竞技是战争的替代品，可以让敌对双方的情绪得到宣泄，可以给爆炸性的局势拆掉引信；奥运会期间交战双方的停火，并不罕见。看来，赫伊津哈所论战争与游戏的关系，的确有一定的道理。

刘英凯教授撰文《股市语中军事语泛化的多维分析》，从几个侧面印证了战争对日常用语、专业用语、经济生活的影响。文章从4个方面批评了股市中军事用语过度使用的问题。但他并没有考虑军事语泛化的游戏本质。实际上，他的文章无意之间印证了赫伊津哈的观点：战争包含着游戏成分。也许，读过赫伊津哈《游戏的人》之后，他能够以更加宽容和同情的态度去理解股市和体育运动里军事术语的泛滥吧？

《游戏的人》提出了休闲的问题，但来不及展开。在战争阴云的笼罩下，作者恐怕没有心绪展开讨论，且1933年的世界还没有跨入休闲时代。即使这样，史丹纳的序文也充分肯定了该书的休闲价值："那温文尔雅的人性，那色彩斑斓的学问，那好学深思的精神，都是很值得一读的……他的'文化游戏'理论的价值也魅力如故。休闲问题成人们关注的焦点，这个突出的变化远远超过了赫伊津哈的预期。"

21世纪以来，和平与发展成为世界主旋律，越来越多的人开始考虑如何利用休闲。在相对祥和的气氛中，休闲成为人们关注的话题，提上了重要的日程，越来越多的人享受到文明的果实。正当我写本序的过程中，发生了几件非常有趣的事情。"五一"黄金周出游的人数又创纪录；北京举行第五届"相约北京"艺术节，几十个国家的艺术家聚首北京，普通市民饱尝世界各国的艺术大餐；世界首届休闲博览会在中国杭州举行，为期半年。我又读到几个有趣的数字：人均收入1000美元时，休闲时代正式起步；中国已经成为第五旅游大国，2005年全国入境旅游达到1.2亿人次，旅游创汇293亿美元，比上年增长13.8%；国内旅游达到12.1亿人次，比上年增长10%。今天，我用"休闲"这个关键词搜索所得的结果是：Google有一亿两千余万条，百度有两千余万条。

更加有趣的是，世界休闲理事会决定由中国承办世界首届休闲博览会；2000年7月通过的世界休闲理事会宪章，短小精干，共8条，仅500字，但它把休闲的重要性上升到前所未有的高度，第一条就规定休闲是基本人权；更加耐人寻味的是，这8个条文中竟然有6条规定政府的义务和责任，只有一条是针对教育机构的义务。由此看来，休闲不是富人的专利，而是每个公民的基本人权；政府和社会有责任确保每个公民享受休闲，感到幸福。

《游戏的人》问世已经快70年，赫伊津哈去世已经60余年。值此第三个中译本问世的机会，我想从两个方面争取成为"游戏的人"：一是在学问的庙堂中寻求逍遥，二是在美好的旅游中享受休闲。

2006年5月5日

激荡中世纪的变与不变 [①]

第一版序

一、缘分

《中世纪的秋天：14世纪和15世纪法国与荷兰的生活、思想与艺术》的作者是欧洲著名文化史家荷兰学者约翰·赫伊津哈。在翻译并研究加拿大媒介理论家马歇尔·麦克卢汉的20余年中，我和赫伊津哈间接相知，最近三年，又先后翻译了他的书《游戏的人》(花城出版社，2007)、《伊拉斯谟传》、《中世纪的秋天》(后两种均由广西师范大学出版社推出)，又要着手翻译他的《17世纪的荷兰文明》(花城出版社，2009)，如此，我和他逐渐由间接相知到亲密接触，又通过他和伊拉斯谟了解到荷兰文化，并由此管窥到近代欧洲的北方文化和法国文化。

我对文明史和文化史的兴趣由来已久。1983年翻译出版儿童小说《希腊小奴隶》，1989年翻译出版《文化树：世界文化简史》(译者署名韩海

[①] 原为《中世纪的秋天》(广西师范大学出版社，2008；花城出版社，2017)的译者序。这里的序文有删节。

深），1990 年审校《文艺复兴盛期》（以上三本书均由重庆出版社推出）。20 多年来，我又从研读和翻译其他人类学著作（有些未刊）中学习文化史。但我对文化史的研究尚不深入，因为我深知，如果没有非常广阔的视野，如果不懂通史、考古学、人类学、哲学史、美学史、文学史、艺术史、政治史、经济史和各种断代史，世界文化史的研究就无从谈起。

翻译赫伊津哈的四本书使我有机会在文化史的道路上前进了一步。我由衷地感到高兴。

二、版本

赫伊津哈这本《中世纪的秋天》出了两个荷兰文版、一个德文版、一个法文版（1932）、两个英文版。两个荷兰文分别在 1919 年和 1921 年印行。德文版 1923 年问世。第一个英文版是节本，名为 "The Waning of the Middle Ages"，1924 年出版。第二个英文版是足本，名为 "The Autumn of the Middle Ages"，1996 年出版。

国内出的汉译本有两个。第一个版本《中世纪的衰落》（刘军等译，中国美术学院出版社，1997）依据的是 1924 年的英文版节本。

我们奉献给读者的这个版本名为《中世纪的秋天》，选用的是 1996 年的英文版足本。

两个英文版本相隔 72 年。两个版本的差异详见本书"英译者序"。我们在这里也做进一步的清理和批判。

第二个英译本的译者是芝加哥大学的两位教授：罗德尼·佩顿（Rodney J. Payton）和乌尔里希·马米奇（Ulrich Mammiatzch）。马米奇在译本问世前夕不幸去世。佩顿在"英译者序"里非常绅士而克制地痛斥了第一个英译本。

第一个英译本由赫伊津哈本人"钦定"，译者弗里兹·霍普曼（Fritz

Hopman）又是他的同事和朋友。按理说不应该有大的质量问题。遗憾的是却大有问题。什么问题呢？简单地说就是三个字：节、删、编。这个节本只有原书三分之二的篇幅，此为节；略去原本的一切注释和书末参考文献，此为删；原书十四章拆分为二十三章，此为编。本来，节、删、编不一定出问题。世上有许多经典的节本不也传诸久远吗？但节、删、编的原则和前提是不能损害原著。

不幸的是，霍普曼的译本就损害了原著。在节、删、编的过程中，这个节本肆无忌惮地砍头去尾、重组段落、重构句子，被罗德尼·佩顿及其老师卡尔·韦因特罗布斥之为"非常低劣、严重伤残"。佩顿说："我的已故同事乌尔里希·马米奇和我一致认为，值得尝试推出一个新的译本。我们要拯救被糟蹋和低估了的珍品。"

既然霍普曼的英译本由赫伊津哈"钦定"，那又为何导致如此严重的问题呢？

笔者愿意用同情的立场去理解。我对这个谜的初步解答是：

1. 屈服于外界压力。20世纪20年代初，赫伊津哈作为欧洲文化史权威的地位尚未确立，荷兰国内学界对他并不推崇。他的《中世纪的秋天》遭遇到"墙内开花墙外香"的命运。墙内固然开花，且三年内就出了两版（1919，1921），但批判之声不绝于耳，压力不小。学界的批评主要是两条：①太偏重文学和艺术；②太烦琐。这本书在"墙外"更香，很受德国人推崇。1923年，德国人就给他出了德文版足本，而且其译文既忠实又精确。遗憾的是，为了照顾荷兰国内学界的批评，为了迁就一般读者的胃口，赫伊津哈愿意对《中世纪的秋天》"动手术"。

2. 急于在国外出名。在此期间，赫伊津哈急于推出法文版和英文版，他可能过多考虑了出版商的要求。

3. 急于打开国外特别是美国市场，所以他愿意对荷兰文原版动大手术，似乎伤筋动骨也在所不惜。

4. 赫伊津哈委托同事弗里兹·霍普曼（Fritz Hopman）教授作这个英文节本的原因之一是想给霍普曼提供一点稿费，帮助他克服一些经济困难，而没有深思这样的委托是否合适。从我们检索的资料看，后来的学者批评这个节本是有道理的。

三、题解

书名《中世纪的秋天：14 世纪和 15 世纪法国与荷兰的生活、思想与艺术》值得玩味，应该研究。这里有几个关键词和重要的概念。所谓"中世纪"是一个上限明确、下线模糊的历史时期，起点是 5 世纪的西罗马帝国灭亡（476 年），终点则有争论，有人主张下限为 17 世纪的英国资产阶级革命（1640 年），有人认为应该止于 14、15 世纪人文主义的萌动期，亦有人认为应该止于 15、16 世纪的文艺复兴时期，还有人觉得应该止于 16、17 世纪的宗教改革时期。

"中世纪"一词是 15 世纪后期的人文主义者开始使用的，和"文艺复兴"的概念密切相关。几百年间，人们把中世纪叫作"黑暗时代"，认为它落后、愚昧、停滞，因为瘟疫、战乱、文明冲突似乎使历史的车轮停止、时钟停摆；由于缺乏深入的研究，人们怀疑这段时间的哲学、科学、技术、文艺都停滞不前了。但近百年来的研究证明，中世纪并不那么黑暗，文艺复兴也不那么光明，两者并不能截然分开，并没有一个清清楚楚的分界线，而是一个你中有我、我中有你的漫长的、互相交叠的历史进程。有人说文艺复兴始于 13、14 世纪的但丁、彼特拉克、薄伽丘，也有人认为始于 15、16 世纪的达·芬奇、米开朗基罗、马基雅弗利等人。

文艺复兴是一批 19 世纪学者提出的概念。他们想在中世纪和近代之间明确切割并标示一段迥异于中世纪和近代的时期。最突出的代表是布尔克哈特，他是著名的文化史家，尤以研究意大利文艺复兴见长，他的《文艺复兴时期的意大利文化》和《意大利文艺复兴史》奠定了他名垂青史的大家地位。他是研究欧洲南方文艺复兴的权威。

中世纪的下线虽有分歧，但 14、15 世纪已经进入中世纪末期的看法却大体上被大多数人接受了，因为这是人文主义者致力于恢复异教的古典文化，逐渐使古希腊文化和罗马文化复兴的时期，宗教改革即将开始。

14、15 世纪的欧洲既是中世纪的欧洲，也是人文主义和文艺复兴的欧洲。中世纪逐渐式微，但未退潮，文艺复兴已露端倪，但未兴盛。

历史是一条不能切割的河流，断代史研究是为了操作的方便，但原则是既不能堵死上游的来水，也不能截断下游的去水。所以，赫伊津哈这本书涉及 15 世纪前后的历史事件和人物是非常自然的。其中最重要的人物是伊拉斯谟、但丁和米开朗基罗。

15 世纪末和 16 世纪上半叶，尼德兰的伊拉斯谟（Desiderius Erasmus, 1466—1536）成为欧洲北方的"圣人""明灯"和"巨星"。他是欧洲北方最重要的人文主义者、古典学者，有人说他"对人文主义和文艺复兴的贡献恐怕要超过其他人贡献的总和"。他又是彻底的温和主义者与和平主义者，坚决反对急剧的社会变革。他为宗教改革做好了思想准备，却又反对马丁·路德等人激进的宗教改革。

米开朗基罗是意大利人，对欧洲南方的文艺复兴比较熟悉，但缺乏伊拉斯谟那样的国际视野，所以他对欧洲北方的人文主义不太了解，对北方的成就也估计过低。

赫伊津哈撷取欧洲北方的法国和尼德兰作为欧洲北方中世纪末期的案例，我想有三个原因，一是因为尼德兰是他的故乡；二是因为他敬仰的伊拉斯谟是彻底的国际主义者，足迹遍布北欧、西欧和南欧，但活动中心在法国与尼德兰；三是要突出北方与南方的不同。赫伊津哈不同意米开朗基罗对北方的成就的估价，不能让意大利人专美文艺复兴，也不能同意布尔克哈特对中世纪和文艺复兴那样的断代。

14 世纪和 15 世纪的欧洲，社会风云激荡，瘟疫一场接一场，经济停滞，民生凋敝，王室之间的战争频频发生，征讨土耳其人的十字军迭次失败、难以收场，这是一个邪恶的世界。神秘主义蛊惑，巫术迷信盛行。这是其"黑暗面"。与此同时，宗教改革又蓄势待发，回归古典文化的人文主义犹如春风劲吹，文艺复兴已如日出朝阳。这既是历史停滞不前的时期，又是历史大变动即将来临的时期。

我非常欣赏英文全译本的题名"autumn"。"autumn"显然比英文节本书名里的"waning"好。"waning"的意思是月入下弦、海将退潮、烛将成灰、人将就木。"autumn"的意思是硕果满枝、丰收将藏，人虽渐入迟暮，却精神矍铄，并未老态龙钟，更非行将就木。中世纪末期，人文主义、文艺复兴、宗教改革都已经在躁动。这是宗教文化、骑士文化、世俗文化并行的时代，宗教静修、虔敬运动、色情文艺、渎神行为并行的时代，黑暗和光明并行的时代。中世纪并未死亡，文艺复兴尚未兴盛。所以我们这个中文全译本就题名《中世纪的秋天》。

四、亮点

1. 多彩的生活画卷。《中世纪的秋天》为我们展示了恢宏的社会风云，以及社会的三个等级（教士、王侯贵族和第三等级）。教士地位最高，最令人尊敬，也是文学里流行的讥讽对象。王侯贵族生活奢靡，但有作为的君主和贵族也创造了灿烂的文化。资产阶级虽然已经暴富，在第三等级里和劳工农夫、贩夫走卒却是浑然不分的。那个时期的编年史都出自宫廷御用文人之手，他们是阿谀奉承之徒，不会给资产阶级很高的地位。赫伊津哈认为，研究那时的历史不能依赖官方文献，必须要在非官方文献和文学艺术作品里挖掘。这使他的历史著作与众不同，同胞和同仁起初也不太容易接受他这种非正统的另类研究路子。

2. 璀璨的群星。在《中世纪的秋天》这幅画卷里，我们看到著名的王侯、贵族、骑士、教士、修士、人文主义者、史家、诗人、画家。几代英王、法王、勃艮第公爵、奥尔良公爵都形象生动。著名的骑士如布锡考特都栩栩如生，圣殿骑士团、耶路撒冷骑士团、金羊毛骑士团迟迟不愿退出历史舞台，决斗、比武之风依然盛行。罗伯特·盖冈、伊拉斯谟、巴黎大学校长让·德·热尔松等推动社会前进。史家傅华萨、拉·马歇、菲利普·蒙斯特雷特、德斯库希、莫里内特和托马斯·巴桑留下大量的历史记述。诗人德尚、梅什诺、夏特兰、拉·马歇、克丽斯琴·德·比桑、纪尧姆·马夏留下许多瑰丽的诗篇。

3. 传世的作品。中世纪末期，北欧地区影响最大的传世作品有：灵修著作《效法基督》，箴言著作《箴言集》《愚人颂》，百科全书式的《玫瑰传奇》，新编的《新约圣经》。这些作品在本书中都有介绍和论述。

4. 死亡的幻象。这个时期有一个非常独特的文化形象：强烈的死亡关怀和死亡幻象。由于一般读者对这一点特别陌生，我们在这里引述几段诗文，它们都具有强大的震撼力。

阿维尼翁的塞勒斯坦修道院里有一幅壁画，描绘一位女人的立像，头巾雍容华贵，寿衣披挂在身，蛆虫却吞噬着她的躯体，题款诗起首的几行是："我的面貌曾经盖世无双／死亡却使我容颜尽丧／昔日的肉体艳丽、鲜活、柔嫩／如今的躯壳却化为灰烬／昔日的身体悦目赏心、流光溢彩／绫罗绸缎也随之婆娑飘逸／如今我衣不蔽体、骷髅示人／昔日的裘皮是灰鼠和白鼬／昔日的宫殿是富丽而堂皇／如今我却尘封在死亡的棺木里／昔日的寝宫挂满装饰的壁毯／如今的墓园却布满蜘蛛的罗网。"

在维庸的诗歌《美丽的宫女》里，宫女回忆她昔日难以抗拒的魅力，察看她如今衰朽的身躯："那光可鉴人的额头／金发，弯眉／美丽的大眼／它吸引了最难以捉摸的人／笔直的鼻子，不大不小／小巧的耳朵贴在两鬓／深深的酒窝，线条分明的面孔／还有那朱红的双唇？……如今我额头起皱／头发花白／眉毛脱落，两眼昏花……"

在夏特兰《死亡的脚步》里，濒死的美人把爱人召唤他到病榻前，有气无力地说："朋友，瞧我这面孔，令人心碎／死亡把它糟蹋到什么模样／但千万别忘，这就是她／你心中的最爱／她这身子，曾经属于你／如今却令人讨厌，污秽不堪／即将永远消亡，变成糟糠／去养肥土地、喂饱蛆虫／死亡无情，娇花红颜一扫而光。"

夏特兰的另一首诗《死亡之镜》的末尾表现"善终的艺术"。这是他描绘的垂死场面："没有一部分肢体／不散发腐朽的恶臭／灵魂尚未出窍／心脏急忙进出胸腔／正推挤着胸腔／又触及到脊梁／——面色蜡黄，死灰一样／眼睛深陷颅腔／话说不出来／舌头粘在颚骨上／气若游丝，脉将断流／……关节即将脱位，腱鞘即将断裂。"

维庸的诗歌《三审》却让色情贯穿在可怕的死亡观念中："啊，红颜玉女，你的肌肤柔嫩／滑如凝脂，温润如玉，贵值千金／那些万恶的魔鬼可在等你？／是的，除非你能活着上天堂。"

在巴黎的圣童墓园里，一切和死亡有关的画面都集于一体，其他任何地方罕有与其匹敌者。在这里，你最充分地感受到死亡的恐怖；在所有场面的共同作用下，中世纪人非常渴望的庄严神圣和绚烂色彩都呈现在观者的眼前。墓园纪念的圣贤、被屠杀的无辜儿童，使观者油然而生对殉道者的悲悼，对死难者的悲悯。人们喜欢到墓园里休憩。穷人和富人在这里并排下葬。几年之后，尸骨被挖出来，墓碑被运走。颅骨和肢骨堆成的"美骨龛"环绕在回廊的顶部，回廊三面环绕墓园。这些白骨数以千计，展露在众目睽睽之下，提供人人平等的教益。在回廊的天棚之下，观者也可以看到同样的教益，他们可以在画面和诗歌里阅读和观赏到死亡之舞的告诫。

《中世纪的秋天》还有许多亮点，请读者一一观赏。

2008 年 3 月 3 日

第二版序

这篇小序简要介绍《秋天》第一版在国内的接受情况。

赫伊津哈这本书有两个译本：（1）《中世纪的衰落》（刘军等译，中国美术学院出版社，1997），（2）《中世纪的秋天》（何道宽译，广西师范大学出版社，2008）。《衰落》依据的是节本 *The Waning of the Middle Ages*，饱受诟病，《秋天》依据的是足本 *The Autumn of the Middle Ages*。节本损害了原著，在节、删、编的过程中它肆无忌惮地砍头去尾、段落重组、句子重构，足本的英译者罗德尼·佩顿教授在"英译者序"里非常绅士而克制地痛斥了第一个英译本，斥之为"非常低劣、严重伤残"。佩顿说："我的已故同事乌尔里希·马米奇和我一致认为，值得尝试推出一个新的译本。我们要拯救被糟蹋和低估了的珍品。"两个版本的优劣详见本书"英译者序"。

《秋天》被广泛征引，产生较大影响。承蒙宋晓舟女士惠助，我们在中国知网 CNKI 中检索，结果如下：广西师大版的《秋天》被征引 81 次，其中硕博士论文征引 55 次、核心论文征引 5 次。[①]

兹撷取两篇博士论文，引以为证。它们共同的特点是：立论和征引的依据都是我们的足本《秋天》，而不是节本《衰落》。只摘引两三句，管窥我的译本《秋天》的影响。

1. 刘铭的博士论文《赫伊津哈文明史观研究》（复旦大学，2012）显示，他倚重我翻译的赫伊津哈的四部作品。他写道："就译著的情况而言，《中世纪的秋天》《游戏的人》先后出过两个和三个译本，另有《伊拉斯谟传》《17 世纪的荷兰文明》……这些作品有着相当数量的读者人群，不仅

---

① 此为 2016 年 3 月检索结果，宋晓舟博士（福建理工大学副教授）代为检索，特此致谢。

是专业学术界人士，往往还包括一般意义上对西方文化史、文化哲学感兴趣的读者，这进一步说明了赫氏作为一名当代西方文化史名家和文化哲学家的身份在国内还是被广泛认可的。"

2. 最耐人寻味的是，中央美术学院胡晓岚 2014 年的博士论文《文化史视野中的美术史：赫伊津哈研究》及其衍生的若干文章所倚重的，并不是中国美术学院出版社的那个节本《衰落》，而是我的译本《秋天》。

在文章《它山之石：从赫伊津哈的文化史研究到艺术史方法》（《美术》，2014 年 08 期）的摘要里，胡晓岚写道：赫伊津哈的"代表作《中世纪的秋天》《游戏的人》《17 世纪的荷兰文明》等奠定了他的史学泰斗地位。"这句话所引的三部译作都出自何道宽名下。

2016 年 7 月 10 日

文艺复兴的北方明灯 ①

一、一本非同寻常的书

这是一本厚重的书。作者赫伊津哈是荷兰历史学家，英译者乔治·诺曼·克拉克（George Norman Clark, 1890—1979）是英国历史学家，传主伊拉斯谟是文艺复兴和宗教改革时期著名的人文主义者。

约翰·赫伊津哈是欧洲文化史权威，他的主要代表作已经有中文译本。我与他间接相知 20 来年，在阅读、翻译和研究马歇尔·麦克卢汉的过程中了解到他的《游戏的人》；两年来又直接和他对话，先翻译了他的《游戏的人》（花城出版社，2007），接着又翻译了他的《中世纪的秋天》和《伊拉斯谟传》，由此结识了两位荷兰大师，通过他们了解了荷兰文化，通过他们进一步去学习人类共同的人文主义传统。

乔治·诺曼·克拉克是英国历史学家，以学术成就封爵，著作等身，代表作有《英国简史》《剑桥近代史》《十七世纪史》《近代早期欧洲史》《十七世纪的战争与社会》《都铎王朝后期》《牛顿时代的科学与社会福利》等。

---

① 原为《伊拉斯谟传》（广西师范大学出版社，2008）译者序。这里的文本有删节。

作者赫伊津哈和传主伊拉斯谟相隔 400 年，但他们的心灵是相通的。赫伊津哈之所以要为伊拉斯谟树碑立传，不仅是想要继承和发扬他的学问，而且是想学习他宽容的态度和反战的立场。伊拉斯谟是绝对的和平主义者，赫伊津哈对两次世界大战也持坚定的反对态度，1922 年成书的《伊拉斯谟传》就透露了他的反战立场。

赫伊津哈擅长印欧语文学、欧洲文化史、比较语言学和比较文化，代表作有《中世纪的秋天》《游戏的人》《伊拉斯谟传》《明天即将来临》《文明复活的必要条件》《愤怒的世界》《17 世纪的荷兰文化》《文化史的任务》《历史的魅力》《痛苦的世界》等。

伊拉斯谟是欧洲北方最著名的人文主义者，通晓希腊语和拉丁语，终身用拉丁文写作，翻译和校订了大量古代典籍和《圣经》，创作了大量的人文著作，把人文主义思想传遍欧洲，对当代和后世都产生了重大的影响。他的代表作有《新约圣经》《圣哲罗姆文集》《愚人颂》《格言集》《基督教君主的教育》《基督徒士兵须知》《论自由意志》《箴言集》《对话集》等。

《伊拉斯谟传》是一面镜子，我们借以审视传主的生平和成就，同时又观照 15 世纪末和 16 世纪初的荷兰和欧洲。这一面镜子反映了风起云涌的宗教改革，又折射了传主心静如水的隐士情怀；既透视了伊拉斯谟的历史深度，又折射了赫伊津哈的批判精神。

在中世纪文化的评价、古典学问的追求、印欧语文的掌握、温文尔雅的人性、色彩斑斓的学问、好学深思的精神、乱世之中的平和、抨击暴政和战争的立场上，作者和传主是那么相近相通。

二、伊拉斯谟的学术成就

就笔者所知，还有一位大名鼎鼎的学者为伊拉斯谟立传，这个人叫斯蒂芬·茨威格（Stefan Zweig, 1881—1942），书名为《一个古老的梦——伊拉斯谟传》（辽宁教育出版社，1998）。赫伊津哈和茨威格所做的两种传记都用尽了一切赞美之词，肯定了伊拉斯谟的学术成就和历史地位。这些赞誉既有作者两人的褒扬，也有伊拉斯谟同时代思想领袖的歌颂："唯一的权威""思想之王""世界之光""世界明灯""时代启蒙者""时代的大脑、心脏和良心""现代思想的先驱和铺路人""北欧最伟大的人文主义者""现代精神的先驱"等等。

法国、意大利、荷兰、德国的出版商为了争夺他的著作而不惜互挖墙脚、背信弃义，神学家和大学教授以结识伊拉斯谟为荣，有人甚至吹嘘自己非伊拉斯谟的书不读、非伊拉斯谟的书不教。教皇、君主、红衣主教、大主教、主教无不以得到他的赠书为荣。各阶层的人争相与他通信、争相传阅甚至半途拦截他的书信，以得到他的回信而感到无上光荣；到了他的晚年，出版社每年至少为他出一本书信集，因为这是一个庞大的市场。他的《格言集》《对话集》《愚人颂》《基督徒士兵须知》刊印发行几十版。在那个没有版权意识的时代，多少出版商盗印他的书啊。在那个没有版税、稿费少得可怜的时代，像他那样 40 岁以后能够用稿费养活自己的人，那真是凤毛麟角。

在 15 世纪和 16 世纪之交，伊拉斯谟"对人文主义和文艺复兴的贡献恐怕要超过其他人贡献的总和"。"在所有人文主义者中，全世界家喻户晓的恐怕只剩下伊拉斯谟的名字了。"

他的文字清晰、流畅，他的活泼、风趣、想象和幽默使他的文字富有魅力；他的一切作品对同时代人都具有难以抗拒的诱惑力；直到今天，一旦开卷读他的著作，我们也会沦为他的俘虏。他的全部才能使他成为文艺复兴精神的完美代表。

三、伊拉斯谟的历史地位

尽管伊拉斯谟登场的时候，早期的人文主义已经亮相一百多年，但对他那个时代而言，他的思想还是崭新的。古典文化和基督教精神的融合，是人文主义之父彼特拉克梦寐以求的理想，可古典文化和基督教精神的融合要等到伊拉斯谟来完成。

伊拉斯谟有一段写实的文字颇能说明他的受尊敬和拥戴的程度："然而无论我身居何处，我都受到最值得赞誉者、最受人赞誉者的赞扬。西班牙、意大利、德国也好，英格兰、苏格兰也好，没有一个国家不想召唤我去分享他们的殷勤好客之道。即使我并非受到一切人的喜爱，无论如何，我在最高贵的地方受到人家的喜爱。罗马没有一位红衣主教不把我当作兄弟……主教、大执事和博学多才的人就更不用说了。"

伊拉斯谟在生命行将结束之前说的一句话表明他受欢迎的程度："每天都有许多人对我表示感谢，因为我的书激发了他们的兴趣，无论他们的长处是什么，他们的热情都投向了向善的人性和神圣的文学。那些人从未见过伊拉斯谟，然而由于读了他的书，他们了解并喜欢伊拉斯谟。"

本书作者和伊拉斯谟同时代人对他的评价散见于各章。我们仅以第21章"结语"和"伊拉斯谟书信选"的几条摘要为例，借以管窥。

在"伊拉斯谟书信选"的导语里，赫伊津哈对伊拉斯谟做了这样的总体评价："他操劳过度、病痛缠身，总是疲于奔命地应付数不尽的写作计划。许多信的结尾总是有'匆草''无暇读以上的文字'之类的附笔。终其一生，伊拉斯谟总是顽强地死守中间路线。在宗教问题上，他既反对旧传统的腐败和僵化，又反对新变革里那不妥协的暴力。在治学问题上，他既反对新的异端，又在虔诚的借口之下拒绝使用批判的方法去研究古典文本。"

赫伊津哈认为，伊拉斯谟"是一个时代的启蒙者，一条宽阔的文化溪流从他那里流淌出来，不舍昼夜。"

赫伊津哈又断言，伊拉斯谟是现代精神的先驱。"他的思想在16世纪和17世纪形成了一股潜流；到了18世纪，他释放的讯息开花结果了。在这个方面，他无疑是现代思想的先驱和铺路人，他为卢梭、赫尔德、裴斯泰洛齐以及英国和美国思想家奠定了基础。"

四、悲剧性的理想主义者

1517 年 10 月 31 日爆发欧洲历史上一场伟大的革命。神父马丁·路德在教堂外面贴了一张"大字报"，揭露并抨击罗马教廷的积弊和赎罪券，后世称之为《九十五条论纲》。几年之内，教会分裂，教徒对抗，宗教改革开始了。保守的天主教徒和主张改革的"抗议宗"（新教）分庭抗礼，"抗议宗"内部激进和温和的派别也纷争不息。

俗谚云："伊拉斯谟下蛋，路德孵鸡。"保守的天主教徒指责伊拉斯谟支持和纵容激进的路德，甚至怀疑他是路德的捉刀人。以路德为代表的改革派竭尽全力拉拢他，企图以他为旗帜。伊拉斯谟陷入了极其痛苦的境地。他是绝对的理想主义者，以净化错讹众多的《新约圣经》、净化神学、净化教会为己任，希望以自己的精神产品为教廷服务，为教会献身，为太平盛世摇旗呐喊。和平是他的追求，对抗使他痛苦不堪。

路德的"大字报"犹如晴天霹雳。伊拉斯谟精神痛苦，身份尴尬，美梦幻灭。

他反对拘泥于形式主义，但他不盲目反对行礼仪、做祷告、守斋戒、望弥撒，更坚决反对颠覆教廷、颠覆传统。

伊拉斯谟是诗人气质和理想主义的神学家，以纯洁基督教神学为己任，主张回到基督教元典，对《圣经》进行勘误、校订、解释，用异教的经典比照研究《圣经》。他校正了通俗拉丁语《圣经》的错误，校订了前人出版的希腊文本《新约圣经》，在此基础上出版了希腊语和拉丁语双语版的《新约圣经》，使《圣经》得以"净化"。他认为，凡是真善美的东西都符合基督教的精神。他推动了神学和哲学，但又未能进入正统神学和经院哲学的殿堂，因为他毕竟是诗人和散文家。

在神学问题上，他的身份很尴尬。他用大量辛辣的著作批判传统教会的弊端，所以他的部分著作在他身后被罗马教廷列入"禁书目录"。另一方面，他又主张在传统教会内部进行修补，反对路德发动的教会"革命"。他主张节制、温和、宽容、和平，坚决反对暴力和战争，是彻底的和平主义者。

他坚定地走中间路线，既批判传统教会的腐败，又反对新教的暴力和过火行为。以路德为代表的改革家和以教皇为代表的保守派都争夺他的支持。改革派想让他当"旗手"，教廷想让他当"侍从"，他都坚定不移地拒绝了，他珍惜身心自由和独立人格。他是真正的隐士、书斋型的学者和诗人。1517 年路德"揭竿而起"之后多次和他辩论，试图让他放弃中间道路。1535 年，他已经病入膏肓，教皇还以红衣主教的职位拉拢他，希望他疏远改革派。

终其一身，他紧守中间立场，毫不动摇。有人说得好：激进的路德和加尔文、温和的茨温利、天主教耶稣会的创始人罗耀拉都吸引了大批教徒，但伊拉斯谟却吸引了大多数的基督教徒。

伊拉斯谟高度珍惜和谐、和平与和善，但他很难在现实生活中看见这些价值。他感到理想幻灭。在短暂的政治乐观主义之后，他不再说起黄金时代，而是用沉痛的话说起罪孽深重的时代、最不幸福的时代、最难以想象的堕落的时代。

五、丰厚的遗产

伊拉斯谟达到了其他人文主义者难于企及的高度，成为欧洲北方"圣人""明灯""巨星"。他是彻底的国际主义者，居无定所、四海为家、逐学术和出版而居，以结识各国一流学者为荣。他是旗帜鲜明的和平主义者，《和平之控诉》《论教会的和谐》《未经战乱者的无知》表明他反对战乱，《尤利乌斯被拒于天堂之外》讽刺好战的教皇。

他清理和净化的古典文化和基督教文化、他大智若愚的思想、他的教育主张、他的博学机智和幽默都成为后世宝贵的遗产，难怪我们21世纪的中国人还要学习他。

伊拉斯谟享年70岁，但他个子瘦小、终生病弱、痛苦不堪，40岁就自称老态龙钟，并随时准备了却余生，能够活到70岁实在是一个奇迹，能够成为宗教界和学术界的明灯更是奇迹。

奇迹当然要靠奇才。他的传世之作《愚人颂》和《基督徒士兵须知》都是几天之内一气呵成的，他的《阿尔卑斯颂歌》是在翻越阿尔卑斯的马背上吟诵而成的，这就是天才。

他少年时代在修道院里就成了小有名气的诗人，写一手漂亮的拉丁文诗歌，这就是天才。

他的诗风清丽、晓畅、平易。"我的诗作里没有风暴，没有山洪冲决河岸，没有任何夸张的豪言壮语；语言极为俭省。我的诗作紧守疆界，而不是超越疆界，我宁可拥抱海滩，而不是劈波斩浪。"

他29岁初闯巴黎就名震欧洲，这不能不说是天才。

他35岁开始学习希腊语，在三年之内就掌握了希腊语，并能够翻译和校正希腊古典文学、古典文献和《新约圣经》。须知，他的学习是在繁忙的读书写书之余，几乎是靠无师自通的自学。这不能不说是天才。

然而天才离不开勤奋。他几十年如一日、夜以继日、夙兴夜寐、废寝忘食、笔耕不辍，即使在舟车劳顿的旅途、在震耳欲聋的印刷厂、在病入膏肓的晚年，他都能够气定神闲地创作。

他写作时总是满怀激情。在巴塞尔的弗洛本出版社工作时，他仿佛是在"磨坊里推磨"，写作、校订、督察、印制了几本书，"8个月内就完成了6年的工作"。

《格言集》收录数以千计的希腊和拉丁格言警语、历史名句，再加上他调侃戏谑的评说。这些名句互相参照，使读者能够学习写作。

在《丰富多样的语言》里，多种表达的妙语扑面而来。以"你的来信使我非常高兴""我想快要下雨了"为例，他为每句话列举了 50 种不同的句式。

《愚人颂》也达到了无与伦比的艺术水平，既不失轻松的喜剧幽默，也不曾落入露骨的粗俗窠臼。只有能够在诡辩术的钢丝上名副其实地翩翩起舞的人，才能够达到这样的艺术水平。在《愚人颂》里，伊拉斯谟自始至终在深刻真理的边缘上翱翔。虽然《愚人颂》是献给那个时代的作品，但它能够以轻松活泼的调子驾驭如此浩繁的内容，所以它仍然使今天的我们受用无穷。我们应该记住：《愚人颂》是名副其实的嬉笑怒骂之作，但它的笑声值得玩味、发自内心。

伊拉斯谟的教育实践和理论是一笔丰厚的遗产。青壮年时代，为了谋生而聚徒授业的时候，他就编订了不少拉丁文读本和写作教材，比如《常用通俗语手册》《丰富多样的语言》《书信指南》《论学习方法》。此外，他的传世名著《格言集》《对话集》和《寓言集》也发挥着教谕的功能。再者，他还写了一些教育专论，比如《基督教君主的教育》《君王的婚姻教育》《论男孩的礼貌教育》《论童蒙的自由教育》《论儿童的成长与文理教育》等。

他的翻译达到了至善的境界。

他记述翻译欧里庇得斯悲剧的体会，说那"真是绞尽脑汁、呕心沥血啊，凡是进入这种翻译领域的人都会感觉到个中甘苦"。

他主张译家博学、严谨："因为把地道的希腊语翻译成地道的拉丁文需要译者具有非凡的艺术家才能，他不仅需要有丰厚的学识，而且要有驾驭两种语言、玩赏语词于指尖的才干，况且他还必须具有极其机敏的头脑和敏锐的目光。译事之难难到几百年间无一人得到学界的一致认可。以诗译诗，而且原诗又如此多变和陌生，译事之艰辛就不难想象了。欧里庇得斯时间上离我们久远，写的是悲剧，而且他的剧作文字洗练、结构紧凑、不尚虚饰，不多一词一符；所以即使改动或省略一词一符，那也是一种罪过。"

他主张忠实于原文，不同意意译："一方面，我不赞同西塞罗容许并实践的意译（我几乎要非常不客气地说不赞成）；另一方面，作为经验不足的译者，我宁可犯过分小心的错误而不是过分自由的翻译。我宁愿在沙滩徘徊踟蹰，也不愿意沉船在大浪中挣扎。我宁可让学界抱怨译文没有文采、没有诗意美，也不愿意缺乏对原文的忠实。最后需要表明心志的一点是……如果我履行翻译职责时宁可准确地再现原文的质朴和优雅，而不是用我不熟悉的夸大其词，他们就不应该抱怨我，因为我从来不会钦佩那种夸大其词的风格。"

伊拉斯谟离开我们将近 500 年了。他的作品全部用典范而优美的拉丁文写就，我们读不懂，他的时代离我们更远，但他的精神、道德、人格和学术追求却是跨越时代、地域和民族文化的，是永恒的，因为他本身就是一位圣洁的人文主义者、理想主义者、和平主义者和国际主义者。

2007 年 9 月 19 日

社会心理学的不朽经典 [1]

第一版序

一、塔尔德的再发现

加布里埃尔·塔尔德是法国社会学创始人之一，在社会学、社会心理学、刑事犯罪学、统计学等方面均有杰出成就，对后世产生了深刻影响。

他的影响出现了两个高潮。从他在世的 19 世纪末到 20 世纪 20 年代，他在欧美的哲学、社会学、人类学、心理学等社会科学中心产生了广泛的影响。此为第一个高潮。第一个高潮在美国涌现出一些美丽的浪花。芝加哥社会学派的鼻祖罗伯特·帕克（Robert Park）、美国人类学界的祖师爷弗兰茨·博厄斯（Franz Boas）都深受他的影响。美国社会心理学的开山祖 E. A. 罗斯（Edward Alsworth Ross）1908 年的《社会心理学》，是美国人传播塔尔德社会心理学思想的最重要的著作。本书的英译者横跨人类学、民俗学、社会学的大家埃尔希·克鲁斯·帕森斯（Elsie Clews Parsons）夫人

---

[1]　原为《模仿律》（中国人民大学出版社，2007；中信出版社，2019）译者序。这里的序文有删节。

198

也深受他的影响。

第二个高潮始于 20 世纪后半叶,标志之一是芝加哥大学大名鼎鼎的社会学家特利·N. 克拉克(Terry. N. Clark)根据塔尔德的著作编辑翻译的《传播与社会影响》,该书于 1969 年问世。

深受他影响的美国著名学者还有:富兰克林·亨利·吉丁斯(Franklin Henry Giddins)、詹姆斯·波尔德温(James Baldwin)、阿尔比昂·斯莫尔(Albion Small)、莱斯特·沃德(Lster Ward)、赫伯特·布鲁默(Herbert Blumer)、莫里斯·詹诺维茨(Morris Janowitz)、拉尔夫·H. 特纳(Ralph H. Turner)、路易斯·M. 基利安(Lewis M. Killian)、库尔特·兰(Kurt Lang)和格拉迪斯·恩格尔·兰(Gladys Engel Lang)、爱德华·西尔斯(Edward Shils)。

四位著名的美国社会学家从不同的角度关注和研讨传播问题,也受到他的启示。他们是米德(Goerge Herbert Mead)、库利(Charles Horton Cooley)、杜威和帕克。后世传播学家把他们奉为先驱。大哲学家杜威深为关注"大众"社会的现象,希望媒介能"重组大众社会中的群体"。库利揭示媒介如何改变人们的行为与文化,他进行了第一次尝试。帕克是芝加哥学派的老祖宗,最先将报业当成社会与文化机构来研究。米德是社会心理学象征互动论的创始人。美国学界的社会学习论、创新扩散论和意见领袖论,都脱胎于塔尔德"模仿理论"。

让我们从特里·N. 克拉克教授在《传播与社会影响》(人民大学出版社,2005)的长篇绪论中撷取三段话,从中管窥塔尔德对 20 世纪美国心理学、人类学、社会学和传播学产生的重大影响:

"詹姆斯·波尔德温认为,他是'在世学者中声誉最卓著的社会学家和心理学家之一'。阿尔比昂·斯莫尔认为,'塔尔德目前是社会学这门新学科先驱里杰出的——也许是最杰出——的先驱'。莱斯特·沃德(Lester Ward)赞誉塔尔德是'当代领头的思想家之一'。富兰克林·吉丁斯在英文本《模仿律》的序言中也对他赞誉有加。"

"他给美国第一位人类学系主任弗兰茨·博厄斯'留下了很深的印象'，'并通过博厄斯深深地影响了数以十计的美国人类学家'……奇怪的是，塔尔德可以给人类学界的论战双方提供灵感，既激励文化扩散说的干将，又激励独立发明说的学者，因为他给两种文化现象都提出了基本的原理。"

"通过帕克，你可以在后来许多论公众、集体行为和大众传播的学者身上看见塔尔德思想的烙印。这些学者有：赫伯特·布鲁默、莫里斯·詹诺维茨、拉尔夫·H. 特纳、路易斯·M. 基利安、库尔特·兰和格拉迪斯·恩格尔·兰。爱德华·西尔斯论中心和边缘的文章使塔尔德含笑九泉。"

中国学者对塔尔德的研究，也成为这第二个高潮中的一朵浪花。中国人民大学出版社推出传播学的"大师经典译丛"，收入了塔尔德的《模仿律》和《传播与社会影响》，这就是对中国学界研究塔尔德兴趣的呼应。中国的法学界、心理学界对塔尔德的研究早已开始，但仅限于几篇论文。

塔尔德在中国法学界和心理学界产生的影响显而易见，传播学界对他的研究却刚刚开始。法学家推崇他的《刑法哲学》，对他的犯罪社会根源说深表赞同，心理学界推崇他的《模仿律》，尤其是他的模仿说和人格理论。我们希望，《传播与社会影响》和《模仿律》的出版，能够给中国学界提供一笔丰厚的遗产。

《传播与社会影响》的中文版是根据 1969 年美国的英文版翻译的。这本书的译者是美国著名社会学家特里·N. 克拉克（Terry N. Clark）。他为英文版做的几万字序文是献给塔尔德的一座丰碑，充分说明这个社会学先驱在美国人心目中的崇高地位。

《模仿律》的中文版是根据一百年前美国的英文版翻译的。这本书的译者埃尔希·克鲁斯·帕森斯和序文作者吉丁斯都是美国著名的社会学家。兹引用吉丁斯教授的几段话，以显示塔尔德在他们心目中的崇高地位。

"《模仿律》是他最有趣、最重要的著作。他是名副其实的哲学家……

美国学者早已熟知他意义隽永的著作。"

《模仿律》1890 年出第一版，1895 年出第二版。此时，塔尔德已经完成现象存在的哲学体系，而且迅速将自己的构想用文字表现出来。和一般的哲学家不一样，他风格紧凑，言简意赅，条理清晰。"

二、塔尔德为什么受到遮蔽？

既然塔尔德是世界级的学术巨人，为什么我们对他知之甚少呢？既然他身居法国社会学的三位创始人之列，为什么他的思想长期受到遮蔽呢？世人对他的影响认识不足，中国学者对他的研究长期滞后，何以至此呢？这要从法国学界的门派之见和语言的隔阂说起。

先说法国学界的门派相争。奥古斯特·孔德（Auguste Marie Francis Copmte, 1798—1857）、埃米尔·涂尔干和塔尔德，同为法国社会学的先驱，三人的命运却大不相同。孔德是法国社会学的老祖宗，孔德死后的两大主帅却势不两立。涂尔干和塔尔德两人在世期间以及两人去世后的一段时间里，涂尔干占了上风，塔尔德的思想却没有得到继承和发展。让我们将他们两人门派相争的因果归纳如下。

1. 孔德的思想偏重实证主义哲学，塔尔德偏重抽象的哲学思辨，虽然他也借用统计学来阐述他《模仿律》和《刑法哲学》。涂尔干得到孔德思想真传，把实证主义推向极端，塔尔德偏离孔德的传统，自然就享受不到他的荫庇。

2. 在法国的两股社会思潮和学术思想中，他代表着弱势的一方。孔德去世之后，社会学两大流派的主帅分别是涂尔干和塔尔德。他们代表两个对立的思想体系，涂尔干继承笛卡儿主义，塔尔德代表的是自发性思潮。涂尔干倾向于极端的唯实论，塔尔德则自称是唯名论者。涂尔干主张社会学与哲学、本体论、形而上学决裂，塔尔德主张开掘这些宝藏。

3. 在两套敌对的学术体制中，涂尔干处在强势的一方，塔尔德处于弱势的一方。涂尔干的立场是教会、政府、军队和国立大学的立场；塔尔德抱定反资产阶级、反体制的姿态。塔尔德是自发性思潮的代表，反映破落贵族、乡村农夫、都市无产者的立场，从唯美、政治和经济的角度向资产阶级的意识形态发起攻击。

4. 涂尔干在国立巴黎大学执教，垄断最重要的学术资源；塔尔德在私立大学任教，而且这些私立大学后来纷纷衰败，所以他只能够在国立大学之外享有盛名。

5. 巴黎大学授博士学位，所以涂尔干有世代嫡传的弟子担任吹鼓手；塔尔德执教的法兰西公学是私立大学，不授博士学位，所以在法国的学术精英中，他没有多少嫡传弟子，也没有多少人继承、弘扬和鼓吹他的学术成就。

6. 塔尔德的大多数著作没有即时翻译成英文和其他语言，故而不能够在英语世界和其他地区广泛传播。

7. 塔尔德的"模仿说"可以比较完美地解释心理现象和社会事实，他认为社会学与心理学密不可分；涂尔干拒绝这样的观点，认为社会学不能建立在心理学的基本之上。

这样一个大名鼎鼎的学术巨匠在中国不太为人所知，原因很简单，他的十几部社会科学著作，只有人零零星星提及，没有人动手翻译。他的著作在中国翻译出版的 2005 年，离他去世已经 101 年了。

由此可见，《传播与社会影响》和《模仿律》的中文版问世有利于中国学界"再发现"塔尔德，有利于我们对他做一个比较全面的了解。社会心理学、社会学、刑法学、犯罪心理学、统计学、传播学、经济学、哲学界的朋友们都可以从中"各取所需"。

三、塔尔德在传播学中的地位

塔尔德是社会科学巨匠，他当然可以进入"社会学大师""法学大师"的行列。那么我们为什么要把他放进"传播学经典"之中呢？要而言之，有以下几个理由。

1. 传播学滥觞于 20 世纪前夕，成形于 20 世纪 20 年代，定型于 20 世纪 60 年代，蓬勃发展于两次世界大战之间。塔尔德的学术思想活跃于 20 世纪前后的 40 年，那是社会科学蓬勃发展的时期，各门学科互相渗透，难解难分，所以他横跨当时最重要的几门学科，是非常自然的。20 世纪传播学诞生之后，人们到此前的学者和学科中去寻找它的根基、胚胎、萌芽，是理所当然的。传播学的源头不仅可以追溯到塔尔德，还可以追溯到更早的欧洲传统，甚至是古希腊的学术传统。

2. 传播学是一门大杂烩，直到今天，围绕它的学科地位、源头、奠基人、主帅，对于它的学科范围和前景，还存在不少争论，传播学要在学科内外寻找一切可能的学术资源。笔者 2003 年为华夏出版社翻译《交流的无奈》，随即又为人民大学出版社译介塔尔德的著作，也是这种寻求的一个折射吧。

3. 学界公认的传播学先驱拉扎斯菲尔德提出的"二级传播论"（two-step flow of communication）、民意测验和市场调查，其实和塔尔德的思想就有先后的继承关系。

4. 他关于"群众""公众""舆论""传统""理性""报纸""书籍""模仿""发明""信念""欲望""时尚""传统""宗教""崇拜""对立"的论述，仍然极具震撼力。一百年后，其中的一些精华仍然使人觉得难以超越，你不得不佩服他这样先知先觉的天才。所有这些观念和思想无不成为美国传播学界长期使用的有力工具。

5. "模仿即是传播"——这是我对塔尔德模仿观念的理解、翻译和表述。

塔尔德的"模仿"（imitation），其实就是"传播"（communication）。今天的传播学家把"传播"一词无限泛化，这和塔尔德泛化"模仿"是一回事。我们把上文里的关键词语做一点置换，不就得到了今天传播学的关键词语吗？"模仿"＝传播；"从内到外的模仿"＝从内到外的传播；"从上到下的模仿"＝从上到下的传播；"从下到上的模仿"＝从下到上的传播；"双向流动的模仿"＝双向流动的传播。这不是一目了然吗？

6. 本书第五章"逻辑模仿律"中论述的各种模仿规律也就是传播规律，所有的传播学者都可以从他这里学习到方法论和分析框架。

7. 本书第六章和第七章"超逻辑模仿律"详细论述了"模仿律"本身的演进规律，又将其用来分析和描述语言、宗教、政治、立法、经济、道德和艺术等领域里的文化演进、变迁和传播。这里的许多闪光思想仍然可以照亮我们今天传播学的研究道路。

四、本书精要

在塔尔德的十余部社科著作里，"模仿律"占有极其重要的地位。他把这些模仿规律细分为"逻辑模仿律"和"超逻辑模仿律"，"从内心到外表"和"从上到下"扩散的模仿律，还有双向互动中必然包含的"从下到上"流动的模仿律。

请容我按照自己的理解将塔尔德"模仿律"的几个核心概念和首要规律概括如下。

1. "模仿"。塔尔德主张泛模仿说，认为人的一切社会行为都是模仿。在本书第二版序中，他给模仿下了这样一个定义："一个头脑对隔着一段距离的另一个头脑的作用，一个大脑上的表象在另一个感光灵敏的大脑皮层上产生的类似照相的复写……我所谓模仿就是这种类似于心际之间的照相术，无论这个过程是有意的还是无意的，被动的还是主动的。如果我们说，凡是两个活生生的人之间存在着某种社会关系，两者之间就存在着这个意义上的模仿。"他把模仿的重要性推到极端。他说："模仿是不可抗拒的：社会是模仿（society is imitation），模仿仿佛是梦游症。"他又说："一切或几乎一切社会相似性都来自于模仿，正如一切或几乎一切生物相似性都是靠遗传获得的。"他区分各种各样的模仿："模仿有风俗模仿或时尚模仿、同感模仿或服从模仿、感知模仿或教育模仿、不知不觉的模仿、有意识的模仿，如此等等"。但是他强调无意识的模仿："模仿可能是自觉或不自觉、有意或自发、自愿或无意的……许多模仿行为自始至终都是无意识的、无意为之的。口音和举止的模仿就是无意识的，与我们的生活环境相关的理性和情感的模仿行为，常常是无意识的、无意为之的。"

2."反模仿（counter-imitation）"。这是他在第二版序中提出的一个新观点："实际上，模仿有两种，一种是亦步亦趋地模仿对象，一种是反其道而行之。……社会由一群人组成，他们表现出来的许多相似性，是模仿或反模仿造成的。人们经常进行着反模仿，尤其是在不虚心向别人学习或没有能力搞发明的时候。在反模仿的时候，自己的所作所为和别人的所作所为，刚好是相反的。"他又说："我不是说，反模仿一无是处。虽然反模仿培养党派精神，也就是造成人与人之间平和与好斗的分裂，但是它使争鸣的人享受到探讨问题的纯社会性的乐趣。"

3."非模仿（non-imitation）"。所谓非模仿就是无模仿。他说："我们不能够把反模仿和系统的非模仿混为一谈……非模仿并非总是一个简单的否定的事实。由于不可能接触而没有社会接触，没有接触就没有模仿。"纵向的非模仿就是斩断传统，横向的非模仿就是拒绝模仿邻居、异族，拒绝屈从于外来压力。非模仿的思想曾经在博物学派中所向披靡，一个"最卖劲的一种论证是，日本和中国这两个远东民族将一切欧洲文化堵在门外。"同时他又认为，"非模仿"是正常的情况，他告诫中国人说："如果中国下决心承认，我们在某些方面比她强，她也会最热烈地欢迎我们的文化。不过为她自己的好处起见，我希望她承认，我们并非在一切方面都超过她。"

4. "逻辑模仿律"。这是范本成为模仿对象的内在逻辑规律。和传统越接近的发明越容易成为模仿对象，与先进技术越接近的发明越容易成为模仿对象；地位最高、距离最近的人最容易成为模仿的对象——这就是"逻辑模仿律"。

5. "超逻辑模仿律"。这是范本成为模仿对象的外在社会规律。越是满足主导文化的发明，越可能被模仿——这就是"超逻辑模仿律"。

6. "风俗"与"时尚"。风俗是强劲的大潮，时尚是流行的小溪："如果和风俗的大潮相比，对时尚之潮的模仿仅仅是一股孱弱的小溪而已。这必然是一幅对比鲜明的图画。""优势常常站在新颖、奇异的模式一边时，那就是时尚的时代。""古老的模式占压倒优势的时代，是风俗的时代。""风俗—时尚—风俗"是社会运行的一个循环圈。时尚扎根而成为风俗。"风俗向时尚过渡，然后又回归更加广泛的风俗。""在风俗呈上升趋势的时期，人们热恋自己的国家而不是自己的时代，因为它们讴歌的对象首先是过去。相反，在时尚主导的时代，人们为自己的时代感到骄傲，而不是为自己的祖国感到骄傲。"

7. "从内心到外表"扩散的模仿律。这是"超逻辑模仿律"之一。任何模仿行为都是先有思想上的模仿，后有物质上的模仿。换句话说，思想的传播走在表达的传播之前；目的的传播走在手段的传播之前。换言之，模仿的社会行为一定要思想先行。他从大尺度的历史现象中举出一些例子，其中之一是："模仿在人身上的表现就是从内心走向外表的……16 世纪，西班牙的时装之所以进入法国，那是因为在此之前西班牙文学的杰出成就已经压在我们头上。到了 17 世纪，法国的优势地位得以确立。法国文学君临欧洲，随后法国艺术和时装就走遍天下。15 世纪，意大利虽然被征服并遭到蹂躏，可是它却用艺术和时装侵略我们，不过打头阵的还是他们令人惊叹的诗歌。究其原因，那是由于它的诗歌挖掘和转化了罗马帝国的文明，那是因为罗马文明是更加高雅、更有威望的文明，所以意大利征服了征服者。此外，法国人的住宅、服装和家具被意大利化之前，他们的习惯早就屈从于跨越阿尔卑斯山的罗马教廷，他们的良心早就意大利化了。"随后他又举了一个习以为常的例子："如果儿童不是从里到外地模仿成人，他们怎么能够先听懂话然后才说出来话来的呢？"

8."从上到下"辐射的模仿，也就是"下对上"的模仿。这是"超逻辑模仿律"之二。地位低的阶层和个人总是模仿地位高的阶层和个人，这是从高位到低位辐射的模仿。这个规律一般人很容易理解，因为它最普遍。我们随意举几个例子吧。"在距离相等的情况下，模仿总是从高到低、从高位人到低位人。""巴黎是法国的喜马拉雅山；毫无疑问，它凌驾于外省的气势很有一种帝王的霸气，很有一丝东方的迷人色彩，比昔日宫廷凌驾于它头上的气势有过之而无不及……它韵味无穷、使人欲罢不能的魅力刹那之间就可以传遍辽阔的国土，它的影响如此深刻、完全而持久，谁也不会对此感到惊讶……乡下农夫佩服和钦佩的那种贵族。他们与城市劳工的关系就像劳工与雇主的关系。这就是乡下人往城里移民的原因。""一个首都、一个现代大都会是所有人的第一选择，是所谓精华……城市把四面八方头脑最活跃的人、最不安分的人、最适合利用现代发明的人吸引到自己的麾下。这就是城市组建自己现代贵族的方式，这是百里挑一、不能世袭的贵族，实际上是像士兵一样应召组成的群体。"

9."从下到上"辐射的模仿律，也就是"上对下"的模仿。这是社会上层对下层社会模仿的规律。这和笔者曾经提出的观点有异曲同工之妙。1996年我在《今日东方》杂志的创刊号上撰文《水向高处流》，其中探讨的也就是这个规律，这就是低文化对高文化的影响。我举了一些汉族向少数民族学习的例子。塔尔德举的日常例子有："即使在口音上，我们也可以感觉到上层阶级对下层阶级、城里人对乡下人、白种殖民者对黑人土著、成人对儿童、上层人对下层人的影响；因此在书写、手势、表情、衣饰和风俗上，高位人对低位人的影响就更加强大了，就不容置疑了。"他举了历史上征服民族和被征服民族的例子，从他们的关系来看"上对下"的模仿："有时甚至经常也会发生这样的情况：征服者模仿被征服者，借用其习惯、法律和语言。法兰克人征服高卢后被拉丁化了，他们不得不改用罗曼语。征服英格兰的诺曼人、征服俄罗斯的瓦兰吉人等等都遭遇到同样的下场。"

10. "模仿的双向流动"。这是一般人最容易理解的规律，因为世界上的一切事物都是互动的，互相影响的，所以只需要举几个例子。"互相模仿是人的普遍天性。""事事处处都被人模仿的个人已经不复存在。在诸多方面受到别人模仿的人，在某些方面也要模仿那些模仿他的人。由此可见，在普及的过程中，模仿变成了相互的模仿，形成了特化的倾向。""现代大都会的特征是内部事物大量地互相模仿；这个互相模仿的强度与人口的密度成正比，和居民的多样性、多重性成正比。"

五、欧洲汉风

从启蒙时代到 19 世纪，欧洲吹拂着一股强劲的"汉风"，这是钦佩、学习中华文明的思想潮流。启蒙时代的思想巨人及稍后的许多思想家，都推崇中国的儒家思想和道家思想，甚至把中国思想作为自己的强大思想武器。到了 19 世纪末，虽然这股汉风已经成强弩之末，但是它对一些社会学家和人类学家仍然有着相当大的影响。他们能够接受并宣扬双向互动、文化多元的思想。塔尔德的著作中就有不少仰视中国文化的言论。我们略举一二，以飨读者。

"每一种古老的文明比如埃及、中国和罗马帝国，都曾经表现出一定程度的气势恢宏，然而在后辈对长辈孝敬的刺激之下，它们都开始退守内敛；在享受一套思想和制度的好处而完成一些变化之后，它们长期将自己闭锁在这一套思想和体制之中。我经常以中国为例来说明问题。"

"文明到达顶点之后，终将走向内敛，这一天终将到来；在历史长河里，它已经无数次走向内敛的道路：在埃及、中国、罗马和君士坦丁堡……历史已经说明了未来的走向。到了高峰之后，道德在许多方面又将显示其庄严与逻辑。良心上的是非判断将要在更加理性的环境中再次兴起。"这不是凤凰涅槃吗？

2006 年 1 月 30 日

第二版序

一、大师经典不朽

《模仿律》中译本第一版（中国人民大学出版社，2007）问世十年有余，今有幸获中信出版社青睐，出第二版，不亦快哉！

21 世纪初，中国人民大学出版社印行"当代世界学术名著·新闻与传播学译丛·大师经典系列"，纳入加布里埃尔·塔尔德的两本书《模仿律》和《传播与社会影响》，赋予他崇高地位。

有趣的是，中国人民大学出版社将《模仿律》纳入新闻与传播学经典，而中信出版社将其作为社会学经典，这说明人文社科学是相通的，许多经典是跨学科的。

更为有趣的是，《模仿律》和《传播与社会影响》的英译者均为美国社会学大家，大学者（详见本序第二节）甘心为他人作嫁衣裳，足见塔尔德及其著作的经典地位。

二、中美学者的塔尔德研究

本书中译本第一版序已经回答了塔尔德地位、贡献、跨学科成就、为何被遮蔽、为何被再发现诸问题，此序不再赘述。

塔尔德著书十余部，极为重要者为《模仿律》。是书共出两版（1990，1995），1903 年由埃尔希·克鲁斯·帕森斯翻译引进美国，她是横跨人类学、民俗学、社会学的著名大家，深受塔尔德的影响。

20 世纪初见证了美国学者研究塔尔德的第一次高潮，他的影响渗透美国社会学、人类学、心理学、经济学等诸多领域。深受他影响的学者数以十计，要者有芝加哥学派的哲学家、社会学家和经济学家。

20 世纪后半叶美国人研究他的第二次高潮兴起。推波助澜者为芝加哥大学社会学教授特里·克拉克。1969 年，他编纂并翻译塔尔德的文集《传播与社会影响》，其五万余字的长篇绪论，实为名副其实的塔尔德评传。克拉克弘扬塔尔德的学术思想，呕心沥血，可见一斑。他赋予《传播与社会影响》社会学、心理学、传播学等多重特质。

这两本书引进后，中国传播学、人类学、法学、心理学各界都撰文评介，遗憾的是，影响大的佳作尚付阙如，学界同仁尚需努力。

三、水向高处流

关于逆向的上行模仿律，《模仿律》多有论述，仅举一例："不仅高位人引起低位人的模仿，并成为模仿的对象，不仅平民模仿贵族、普通信徒模仿教士、外省人模仿巴黎人、乡下人模仿城里人，而且，低位者也能引起高位者的模仿。"

《水向高处流》是我 1996 年写的一篇文章，先宣讲，继刊发，惜不存。是年 8 月，我应邀参加新疆社科院主办的学术研讨会。考虑到几千年间西域民族的文化交流尤其低文化对高文化的影响，我草就此文，在会上宣讲，旋即在香港杂志《今日东方》创刊号刊出。可惜，原稿和杂志都不幸遗失。现根据回忆将该文从酝酿到成形并堪布的十年历史略呈于此。1986 年，我应邀为北京三联书店翻译人类学经典《人的镜子》（惜未刊），是书论及低文化对高文化的影响。1996 年，为上述新疆会议撰稿，以《人的镜子》为据，有感于赵武灵王"易胡服，改兵制，习骑射"、学习胡人、励精图治、富国强兵，遂敷衍成文《水向高处流》。其中最突出的例子就是赵武灵王的"胡服骑射"改革。他这一国策就是高文化模仿低文化、胡人低文化对诸夏高文化产生影响的绝佳例子。

《人的镜子》（*Mirror for Man*）是人类学经典，作者克莱德·克拉克洪是美国人类学家里的"四大金刚"（费孝通语）之一。20 世纪 40 年代撰写此书时，他未必深谙塔尔德的模仿律，也未必深知其高位者模仿低位者的规律。有趣的是，笔者 1996 年撰写《水向高处流》时，既不知塔尔德，也不知泛模仿论、模仿律或模因说，只了解克拉克洪教授在《人的镜子》里论述的低文化向高文化的流动，虽然凭直觉也知道文化的双向交流，但理解不深。

三十余年来，我研读人文学术，翻译学术经典数十种，悟出一个道理：人文学术是相通的。

十余年来，我翻译和研读塔尔德的经验证明，学者治学，需要回归原典。有感于此，我断言，塔尔德一百年前的《模仿律》为诸多领域的人文社科学者提供了强大的思想武器。

2019 年 1 月 24 日

畅游社会学的庄严殿堂 ①

　　本书作者以如椽之笔和酣畅文字带领我们周游社会学的庄严殿堂。在这趟旅途中，我们将随作者去审视人与社会的关系，去体会社会学的多重视角，去观照社会学的多重性质。几个突出的主题是："人在社会""社会在人"和"社会如戏"。"人在社会"和"社会在人"论社会控制，"社会如戏"论人的自由。全书张扬人的主体性，高扬人文主义旗帜，批判唯实证主义、唯经验主义、唯方法主义、唯社会学主义，阐述社会学的视角、意识、母题和贡献，富有强烈的论辩色彩，思想新锐，语言流畅。这部权威学者的经典著作犹如精美的靓汤，赋予我们丰富的人文主义营养。

　　这篇小序介绍伯格其人及其作品，分为书名玩味、伯格成就、各章提要三部分，笔者的一些感悟和评价也贯穿其中。

一、书名玩味

　　这是一本老书，初版于 1963 年；又是一本小书，约 20 万字，可它被

---

　　① 原为《与社会学同游》（北京大学出版社，2000）译者序。

奉为经典，至今不衰，颇像吕叔湘先生的《语文常谈》、朱自清先生的《经典常谈》、王力先生的《诗词格律》。它们都使人难以割舍，常读常新，给人启迪。

该书原名"Invitation to Sociology"，和以上三位中国学者的三本书一样平实，直译是《社会学的邀请》，繁体字版为《社会学导引》，香港中文大学的金耀基先生建议译为《社会学的邀约》，还有人撰文将其译为《欢迎学习社会学》，而我则将其译为《与社会学同游》。为什么呢？

1. 该书突出了一个"游戏"的主题，全书共 8 章，其中两章就带有浓重的"游戏"色彩。第一章题名"作为个人消遣的社会学"，第四章题名"社会如戏"。

2. 书中两次提及并评述荷兰学者赫伊津哈的名著《游戏的人》，完全赞同赫伊津哈对游戏的定位："除非把人当作游戏的物种，除非研究人游戏和游乐的一面，否则我们就不可能把握人的文化。"

然而，我们必须提醒读者，这里所谓"游戏"绝不是庸俗意义上的"混世"，而是庄重的"王者游戏"，没有一点墨水的读者是没有资格上场玩耍的。作者是这样说的："在如今的学术消遣里，我认为社会学是一种'王者游戏'。那些连多米诺骨牌都不会玩的人，不可能应邀参加国际象棋的争霸赛"。

他所谓的"消遣"是一种激情："不错，社会学是个人的消遣……但'消遣'这个词比较弱，不足以描绘我们需要表达的意思。社会学更像是一种激情。社会学视角颇像使人着魔的妖怪，无情地驱使我们不断地拷问它自身的问题。"

彼得·伯格这本书"颇像"以上三位中国学者的三本书，因为它们虽为经典，却又面对一般的知识大众。但伯格这本书又不完全像以上中国经典，不同之处首先是它比以上三本书的篇幅大，其次是它至今是美国社会学和相关学科研究生的必读书。

二、伯格成就

彼得·伯格（Peter Ludwig Berger）是美国社会学家，世界知名，著作20余种，相当一部分已经译成 20 余种文字。他主攻社会学、宗教社会学、神学，但他的著作又超越这些主攻领域，论及当代重大的政治、经济、社会、文化、宗教问题。以下书名足见他涉猎之广：《与社会学同游：人文主义视角》《现实的社会构建：知识社会学论纲》《给笑声正名：人类经验的喜剧性》《现代性，多元性和意义危机》《资本主义革命：关于繁荣、平等和自由的 50 大命题》《家庭之战：夺取中场》《神圣的华盖：宗教社会学精要》《资本主义精神：财富创造过程中的宗教伦理》《彼得·伯格与宗教研究》《多种全球化：当代世界的文化多元性》《牺牲的金字塔：政治伦理和社会变革》《社会凝聚的极限：多元社会里的冲突和调节》《丧家的心灵：现代化与人的意识》《肃穆会堂的噪声》《天使的谣传：现代社会与超自然的再发现》《世界的非世俗化：复兴的宗教及全球政治》等。最后这一本已有中译本，2005 年由上海古籍出版社推出。我们这一本《与社会学同游：人文主义视角》将是他在中国的第二种译著。

伯格既博采众长，又独树一帜。他兼有德国学术的严谨和美国学术的创新，将日耳曼思想的缜密和美国文风的活泼熔为一炉。第二次世界大战末，他从奥地利移居美国，20 世纪 50 年代初在纽约市的社会科学新型学院获博士学位，旋即到德国大学执教，60 年代初即已成名。

伯格获博士学位的社会科学新型学院名字看似卑微，名气却很大。该校在二战期间由流亡美国的德国学者创办，具有严谨的德国学术传统。伯格的老师卡尔·梅耶尔久负盛名，以弘扬卡尔·马克思和马克斯·韦伯的社会学思想为己任。

伯格继承了梅耶尔严谨的学风和马克斯·韦伯空灵的社会学思想，偏爱宗教社会学，却不固守一方小天地。他笔耕五十余年，至今不辍，进入

21 世纪后仍有著作问世，且继续产生广泛的影响。他涉足很多学科领域，兼有神学关怀和世俗关怀，他的宗教著作仿佛出自无神论者笔下。在西方主导的全球化浪潮中，他的近著倡导多种全球化和多元文化。

《与社会学同游》初版于 1963 年，伯格时年 34 岁。这部"习作"使他一举成名，展现了他缜密的思想和举重若轻的文风。这本书信息密集，精彩纷呈。我们在"成就"这一节里先做一点概括，在下一节"各章提要"里再予以仔细梳理。

在这本书里，伯格肯定社会学创始人孔德的实证主义和理性主义传统，却又批评孔德的唯科学主义。孔德企图以社会学统驭一切社会科学、代替一切社会科学，伯格批判这种"王者学科"的自大思想。他追溯美国社会学发展史上的理论—经验—理论转向，批评唯科学主义的研究方法、唯方法论的经验主义、唯技术论的统计分析。他主张社会学开放，向其他学科开放，向不同的研究方法开放。他提倡广阔的视野、宽容的心态。他接受不同的社会、文化和世界，审视种族、阶级、阶层社区和群体，解剖人的属性、身份、角色和主体性。他既认为社会学是方法论意义上的"科学"，又认为社会学是人文关怀意义上的人文学科，认为社会学关心的首先是人的生存境遇，主张社会学向哲学和史学的人性关怀学习。他反对孔德把社会学构建成"道德科学"的思想，又认为社会学是横跨社会科学和人文科学的学科，本书副标题"人文主义视角"就是这一思想的鲜明写照。

伯格拥有众多的"粉丝"，且深受同行的青睐，为他注疏和诠释的不乏小有成就的学者。好事者为他建立的网站不止一个，有些网站规格之高，资料之翔实，令人陶醉。有关他的信息不是被一网打尽，而是由"多网打尽"。单以他这本《与社会学同游》为例，你就可以在网络中检索到评论、提要、批注、注疏、解释、语录，甚至有词汇表。当代活着的学者很难享受到这样的待遇，一本小小的普及读物居然有人做详细的注疏，实在是非常罕见。

三、各章提要

伯格的这本小书达到了很高的境界，兼顾了不同的对象。一方面，它文字清丽、平实。既文采飞扬，又明白如话。全书的谋篇布局、起承转合，结构之谨严，一目了然；段落的开合张弛，环环相扣；文字的诙谐幽默，令人莞尔；章节标题之异常意象，令人眼前一亮。阅读和翻译他这本书真是一种享受。所有这些文体特征都兑现了他照顾一般读者的承诺。另一方面，他又在学科内外的广阔背景中大开大合，以鲜明的论辩色彩对各家各派的理论和方法予以点评，旗帜鲜明地予以臧否。如果没有深厚的学养，作者是没有资格指点江山、激扬文字的；如果没有深入浅出的理论成就，学界也不会肯定他半个世纪以前写的这本"旧书"。

本书的特点之一是没有注释，乍一看很不严谨，缺乏学术著作的起码规范。其实这是作者有意为之，"本书写作过程中，我面对两种选择，或提供数以千计的注释，或根本不加任何注释。我的决定是不用注释。我觉得，赋予本书条顿人那种滴水不漏的论文外貌几乎于事无补，并不会给它增色"。为了行文的流畅，作者决定不用一条注释。但为了弥补由此可能产生的不足，他又打破参考文献的惯例，他不用甲乙丙丁的罗列式，而是采取"文献述要"的评注式。这样的"文献述要"至少有三个好处：①满足研究者的需求，指点要津；②界定作家作品的意义和地位；③增加本书的分量。

然而，我们的中译本却不得不反其道而行之，原因很简单：①社会学是舶来品，作家、作品、理论、方法、术语、概念都有大量陌生的知识，我们不得不注；②学科之外的西方文化背景亦有不少隔膜，不得不注。另一方面，考虑到本书读者多半有一定的人文社科修养，我们又适当控制注释的数量：全书总计116条。

和一切自序一样，本书"作者前言"也开宗明义点明写作的宗旨、对象和追求。它邀请一般读者神游一个学术殿堂："本书的宗旨在于让读者去阅览，而不是去研究。本书亦非教科书，作者无意做系统的理论构建。它邀请你神游一个精神世界"；"我想邀请读者到一个广袤的王国里徜徉，而不是在我栖居的那个小村落里去溜达"。与此同时，它又对读者的资格做了一定的限制，因为社会学不是普通游戏，而是"王者游戏"。另一方面，作者力求使本书经得起学界的挑剔："倘若其他社会学家尤其美国社会学家垂顾本书，其中一些人可能会由于作者的取向而感到恼怒，会非难其中的一些思路，他们可能觉得一些重要的问题被遗漏了，这也是难以避免的。我只能够说，我尽力忠诚于社会学领域的核心传统，这个传统滥觞于社会学的经典著作，同时我坚信，这个传统具有持久的合法性。"

除了自序和文献述要，本书共8章，各章标题诡异而新奇，分别是：作为个人消遣的社会学／作为意识形式的社会学／"补记"：选择与生平叙事（亦名：如何获得预制的过去）／社会学视角——人在社会／社会学视角——社会在人／社会学视角——社会如戏／"补记"：社会学的马基雅弗利主义与伦理学（亦名：如何做到谨慎又伪装下去）／作为人文学科的社会学。

我们先用最简短的文字给各章"破题"，然后才转入分章的提要。第三章和第七章题名"补记"，这是作者故意偏离常规、尽情发挥的两个领域。第一章"作为个人消遣的社会学"是一封邀请书，希望读者能够在一场"王者游戏"中得到娱悦，同时又警告读者潜在的风险。第二章"作为意识形式的社会学"点明社会学的追求，这里所谓社会学"意识"就是社会学的知识、社会学对社会的理解。第三章"补记"讲人生的思想变化、自我形象、世界观和人生阅历。第四章"人在社会"把社会比喻为监狱，把人比喻为重重叠叠大山压榨之下的小生灵，主题是社会控制。第五章"社会在人"继续讲"监狱说"，但重点放在内心的自我约束。第六章"社会如戏"指出逃生隧道，讲如何获取自由。第七章"补记"讲社会学的伦理关怀，论述马基雅弗利主义的中性、正面意义和负面意义。第八章"作为人文学科的社会学"进一步批判社会学盲目的"科学追求"，并且用人文关怀予以矫正。

现在讲第一章。有几个关键词值得特别关注，它们是：消遣、激情、形象、发现、智慧。"消遣"和"激情"已如上述。"形象"是本章的重头戏。作者首先辨析社会学家在一般人心目中的想象：①社会工作者；②社会工作者的理论导师；③社会改良者；④统计数字的采集人；⑤超然、冷嘲的观察者。伯格勾勒这些形象，探索其根源，指出其不足，然后提出"理想化"社会学家想象。我们各征引一句话，看看他对这些形象的批评。

社会学家不是社会工作者。社会工作者多半仅限于和下层人士打交道，他们凭借的手段与其说是社会学知识，不如说是心理学知识，尤其是心理分析师的知识："当代美国社会工作的'理论'在很大程度上就成了心理分析删繁就简的翻版，成了一种穷人的弗洛伊德心理分析，其功能是标榜自己'科学'助人的合法地位。"

社会学家也不是社会工作者的理论导师："社会学家作为社会工作者理论导师的形象也会使人误入歧途。无论社会工作依据的理论是什么，它都是一种社会'实践'。相反，社会学不是实践，社会学尝试的是理解社会。"

社会学家不是社会改良者。社会学鼻祖之一的孔德把社会学打扮成学科之王和霸主，赋予它救世的角色，这是很荒唐的，社会学仅仅是众多学科之一。诚然，社会学知识可以为改善人的境遇做出贡献，但"同样的社会学知识可以被用来达到完全相反的意图。由于这个原因，社会学对种族歧视动因的了解既可能在种族内部煽动仇恨，也可能用来宣传宽容，两种意图都会收到一定的效果。"

社会学家也不是统计数字的采集人。这个形象的始作俑者是从事民意调查、市场营销、广告经营、智力测验的人。过分追求自然科学里的数据分析、生产管理中的数字监控、学校管理中的绩效评估，都严重影响社会科学的质的研究和理论研究。"美国很大一部分社会学研究关注的仍然是对社会生活细枝末节的小小剖析，和广阔范围内的理论关怀丝毫不搭界……只需匆匆一瞥，扫描一下主要社会学刊物的目录，看看社会学研讨会上宣读的论文目录，你就可以证实此言不虚。""大多数社会学家对统计学只知皮毛，他们对统计数字的态度往往是既敬畏、又无知、亦胆小。""统计数字本身不是社会学。只有用社会学的理论框架对统计数字做出解释后，它们才能够成为社会学的有用之材。"

社会学家亦不是超然、冷嘲的观察者。"如果把这个形象（超然、冷嘲的观察者）当作社会学家的一般画像，那肯定是严重的扭曲。在今天的美国，符合这个形象的人实在是很少……一切位居现代社会负责岗位的人都有一个道德问题。社会学家是没有同情心的观察者和没有良心的操弄者的形象，不必使我们捆住手脚"。

那么，什么是社会学家的理想形象呢？作者认为："社会学家以科学家的身份工作，他尽力做到客观，控制个人的喜好和偏见，尽量获得清楚的感知，而不是去做规定性的评判……他必须要关心方法论问题。但方法论不是他的目的，让我们重申，他的目的是理解社会，方法论仅仅是辅助他达到目的的手段……社会学家的兴趣非常强烈、永无止境、不以为耻……社会学家忙于研究的东西，别人也许会认为太神圣或太乏味，不值得去做冷静的研究……他注意的焦点不是人们所作所为的终极意义，而是行为本身，他把某人的某一行为看作人类无比丰富行为的又一例证。这就是应邀和我们一道玩的社会学家的形象……"

社会学家的旅行是发现之旅，但他发现的不是陌生的新世界："社会学家活动的领域是他熟悉的领域……召唤他的还有另一种令人激动发现。这不是发现全然陌生的东西，而是发现他熟悉的东西发生了意义上的变化。社会学令人神往的一面是：其视角使我们用新的目光去审视我们生平非常熟悉的世界。这样的变化也是意识的变化……社会学家在普通人的世界里游走，和大多数人称为真实的世界贴近……社会学拷问你曾经认为熟悉的场面。此刻，你就感觉到社会学激动人心的价值了。"

社会学的旅行是智慧之旅："社会学的首要智慧是：事物并非表面看上去的样子……社会现实有许多层意义。每发现一层新意义都会改变人对整个社会现实的感觉。"

如果没有强烈的好奇心，如果没有洞悉人与社会的激情，你就不可能把社会学当作"消遣"："社会学视角颇像使人着魔的精灵，无情地驱使我们不断地拷问它自身的问题。由此可见，一本社会学入门书是一种特殊的消遣邀请书。任何激情都是存在风险的。社会学家在兜售自己的看家本领时，一开始就要向顾客交代清楚，货物出门，质量自负。"

第二章"作为意识形式的社会学"这个题名非常晦涩，所以有必要首先做一番题解。反复琢磨之后，我的解释是：社会学是理解人与社会的一种觉悟、一种知识、一种人文修养。

这一章的重中之重是社会学意识的四大母题：揭露真相、不恭态度、中性化趋势、世界眼光。我们将一一介绍，不过在此之前，有必要对作者做的铺垫做一番解释。

首先作者说明，社会学是西方现代的产物，从马克思、韦伯、孔德算起也不过150年。因此对我们而言，如何消化、改造并建立中国的社会学，如何摆正社会学与马克思主义的关系，如何分辨社会学与相邻学科尤其与人类学和心理学的关系，仍然是一场严重的挑战，中国社会学任重而道远。

接着作者对"社会"和"社会学问题"这两个基本术语进行辨析，道理虽然不言自明，但不同学派和学者的界定未必一致。

揭露真相是社会学意识的第一个母题。想到美国20世纪初新闻界的"扒粪"运动，回想20世纪60年代我国"文化大革命"中间的"揭老底"狂潮，这个母题不难理解。我们感兴趣的是作者如何从美国的理论和实践去说明这个母题。

作者首先肯定社会学是怀疑的艺术："倘若我们把社会学思想视为尼采

所谓的'怀疑的艺术',我们离社会学的实质就相差不远了。"接着作者指出,揭露真相是社会学的固有逻辑:"受社会学固有逻辑的驱使,社会学家有时要揭露社会体系的假象……社会学研究的现实的层次并非官方所解释的层次,它带有揭露真相的逻辑必然性,社会学有责任揭示人们用来掩盖互动的托词和宣传。这种揭露真相的责任是社会学的特点之一,它很精于把握当代社会的脾气。"

社会运行的功能分为"显性"功能和"隐性"功能。这种功能二分法是美国社会学家罗伯特·默顿的基本理论之一,伯格同意并借用这个二分法,借以呼应并验证他自己揭露真相的母题。

社会学家常用意识形态这个字眼来揭露既得利益群体使自己具有合法性的真相。"意识形态经常扭曲社会现实,在这一点上,它和个人会扭曲社会现实别无二致","社会学揭露真相的母题就是穿透言词的烟幕,深入到行为背后去发现人们不会承认的、行为举止背后使人不愉快的主要原因"。

社会学意识的第二个母题是不恭敬态度。社会是一分为二的,上层社会和下层社会构成两个不同的社会,两种不同的社会里生活着两种不同的人,这两种人对社会的态度分别是恭敬和不恭敬,这是很自然的。"观察美国的社会现象并将其纳入恭敬和不恭敬的两种态度是不难做到的。我们能够感觉到那种台面上的、受人尊敬的美国,以商会、教会、学校和其他市民仪式中心为象征的美国。但和这个受人尊敬的世界相对的是'另一个美国'。"

20世纪上半叶,芝加哥学派雄踞美国社会学的霸主地位。该学派的重要特征之一就是"不恭敬"。无论是研究激荡和巨变的移民社会、城市化、舆情还是社会控制,无论是研究移民报刊、社区、小城镇、职业还是下层社会,该学派的学者都以不恭敬的态度揭露社会真相。当然,社会学家研究社会的态度任何时候都是一分为二的,但芝加哥学派尤其该学派的索斯坦因·维布伦和威廉·托马斯似乎更加偏向于不恭敬的态度。虽然伯格在学术传承上与芝加哥学派无缘，但继承了德国学界的批判传统，所以他也偏向于不恭敬的态度。

社会学意识的第三个母题是中性化趋势。伯格的学术理论和实践有力地说明，他不标榜某一种社会、某一种文化是唯一的标准。他用变化、宽容、尊敬的态度去对待其他的社会、文化和世界。他说："我们想明确宣示，社会学之所以和当代契合，正是因为它代表的意识是价值完全中性化了的世界的意识……现代社会在地理流动和社会流动的速度方面前所未有，其意味是，你接触到的人们看世界的方式也前所未有地丰富多样……自己的文化在时间和空间上都只具有相对的价值。"

社会学意识的第四个母题是世界眼光。在本章的结尾，他写了这样一段话："社会学的视野是广博、开放的视野，是摆脱了束缚的视野。最优秀的社会学家能够欣赏奇乡异土，他的内心向无限丰富的人类潜力开放，他热情追求新的视野，追求人类意义的新世界。"该书是伯格早期的练笔之作，但已经显示了他的世界眼光。此后的一些著作进一步拓展了他的世界眼光，其中的《现代性、多元性和意义危机》《多种全球化：当代世界的文化多元性》《社会凝聚的极限：多元社会里的冲突和调节》尤其如此。

第三章"补记"题名"选择与生平叙事"。这是本书的两章"补记"之一。这两篇"补记"名不副实，并非可有可无的"阑尾"。这个怪异的名字值得我们仔细琢磨。我想，除了标新立异引人注目之外，作者的主要意图是注入一般社会学论著里不包含的独到见解，借以放飞自己的社会学想象力。

这一章"补记"转入微观分析的层次，研究个人如何构建自我形象、重组人生阅历和世界观，如何描绘一幅又一幅的"自画像"，如何在不断构建人生阅历和世界观的过程中应对思想变化的挑战。"过去是可变的、易变的、不断变化的，这是因为我们回忆过去的经历时往往反复进行新的解释。所以我们说，一个人有多少观点，他就有多少不同的人生经历。"

人的空间流动、社会流动、语言体系的变化都必然要引起思想变化，最大的思想变化是世俗信仰的变化和宗教信仰的变化。在所有这些变化中，个人都在对自我形象和人生阅历进行调整。大多数时候，这样的调整和重构都是不自觉的，都是朦朦胧胧、似醒非醒的，并非刻意为之的。"但在大多数情况下，重新解释自己的过程都是不完全的，最多只能够达到似醒非醒的半意识状态……我们大多数人都不会刻意给自己描绘一幅宏大的自画像。"

对人生阅历的调整和重构多半是不自觉的，然而重新解释人生阅历、改变世界观、改信另一种宗教却是刻意为之的："然而有些时候，对过去的重新解释是刻意为之的、完全意义上的、思想明确的整体活动的一部分。当重新解释人生阅历时就出现这样的局面；此时，重新审视生命历程就成为改信某种宗教或某种意识形态的世界观；新的宗教或世界观是一个普遍的意义体系，人的生命历程可以安置在这样的意义体系里。"

在应对世界观、信仰变化的挑战时，社会学能够以比较清醒的意识给人提供保护："在围绕世界观的大辩论中，社会学提出'谁说的'这样一个问题……这种怀疑态度立竿见影，给人提供保护，使人不至于立即改变自己的信仰。"

第四章"人在社会"转向人与社会的关系，介绍"社会决定论"的观点：社会如监狱，人如囚徒。这是涂尔干的观点：社会外在于人，社会现象是客观的"事物"，从内到外都给人定位，界定人的角色和身份，决定人的命运，在庞然大物的社会面前，人是被动而无助的。

这一章有五个主题："自我"的社会定位，社会控制机制，社会分层，情景定义，制度。

人的社会定位使人处在被动的地位："人在社会里的位置就在社会力量给他决定的交差点上。一般地说，如果忽视这些力量，人就要遭遇风险。人只能够在仔细界定的权力和威望体系里活动。人一旦知道如何给自己定位以后，他同时意识到，面对自己的命运时，他实在没有多少用武之地。"

本章列举的社会控制机制有暴力、首属群体、社群、机构、职业系统和个人生活圈子。暴力作为控制机制不言自明，毋庸赘言。社会控制机制犹如一张罗网，谁也逃不掉；又好比是一个个禁锢人的同心圆，谁也无法突破重重封锁；亦好比是重重大山，压得人难以动弹。

首属群体的控制机制包括规劝、嘲讽、议论、羞辱和放逐；社群的控制机制包括道德、风俗和礼节；机构的控制机制包括"辅导""指导"和"治疗"；职业系统的控制机制包括升迁、开除和经济惩罚；私人生活圈子的控制机制包括非难、威信扫地、讥讽和鄙视。"有人认为，（私人生活圈子）是力量最弱小的社会控制系统，因为它不拥有其他系统使用的压力手段，这实在是大错特错。个人最重要的社会纽带正是在这个圈子里。亲友圈子里的非难、威信扫地、讥讽或鄙视造成的心理压力大大超过其他地方遭遇的心理压力。"

本章的第三个主题是社会分层，伯格提及的社会分层有阶级体系、种族体制、种姓制度，这是读者很熟悉的领域，仅征引一段话予以说明："社会学分析另一个重要的领域可以用来解释人在社会里的定位，这个领域是社会分层……分层的意思是，每一个社会都有一个等级体系。有些层次排位高，有些层次排位低。所有的层次构成社会的分层体系。"

本章的第四个主题是社会情景："社会情景是参与者与社会现实达成的一种共识……几乎一切社会情景都对参与者施加强大的压力，确保参与者做出回应。"换句话说，在人与社会情景的关系中，人是比较被动的。这个术语是芝加哥学派的主将威廉·托马斯提出。有关社会情景对人的压力，伯格以婚恋和人生仪式为例，说明这样的压力。月下恋人幽会的社会情景早已决定了他们的社会选择："凡是符合相同社会经济范畴的恋人，这些限制都起到很大的促进作用；相反，凡是不符合相同社会经济条件的恋人，这些限制都构成沉重的拦路石。同样清楚的是，即使活着的'他们'

不会有意识地给这出戏的剧中人设置障碍,早已去世的'他们'几乎早已为他们的每一步行动写好了剧本。"关于生、老、病、死和成丁礼的人生仪式,伯格说:"几乎在人生遭遇的任何社会情景中,情况都是这样。大多数时候,我们上场游戏之前很久,游戏规则就已经'固化'了。大多数时候,我们所能够做的,无非就是投入热情的或多或少而已。"

本章的第五个主题是制度。"制度"是德国社会学家阿诺德·盖伦提出的,伯格说:"制度是一套特色鲜明的社会行为。因此我们可以说,法律、阶级、婚姻、有组织的宗教是制度……制度是一种调控机制,像本能引导动物行为一样疏导人的行为。换句话说,制度提供的是人的行为模式,它们迫使人沿着令社会满意的渠道前进。"

为了强化社会如监狱的比方,本章的结束语描绘了一幅令人沮丧的图画:"社会外在于我们,包围我们,涵盖我们生活的一切方面……我们的定位几乎预先决定和界定了我们所做的一切……我们从精神上对社会规定和禁令的反抗会于事无补,而且常常是徒劳无益的……如果我们跨越雷池,针对我们的社会控制机制和压制手段几乎是无穷无尽的。在我们生存的每一刻,社会的制裁都足以孤立我们,嘲笑我们,剥夺我们的生计和自由,其终极手段是剥夺我们的生命……社会走在我们身前,存在于我们身后。我们出生之前,社会已然存在,我们去世之后它将继续存在。我们的生命只不过是滚滚向前的社会里短暂的插曲而已。总之,社会是让我们身陷囹圄的历史囚笼。"

第五章题名"社会在人",这是第四章"人在社会"的继续,作者继续论述"监狱""囚笼"和人人"不自由"的社会定位。"人在社会"讲的是来自社会的外部压力,所以"监狱"的比方比较妥当。"社会在人"讲的是来自人内心的压力,所以"木偶剧场"的比方比较妥帖。在社会这个"木偶剧场"里,人就像一个个的小木偶,高高兴兴、活蹦乱跳地扮演自己的角色:"现在看来,我们受到的禁锢似乎是内在力量的结果……小木偶活蹦乱跳，但操纵它们的是肉眼看不见的木偶线，它们高高兴兴地扮演被指派的角色，完成那一出悲喜剧。"

社会枷锁使人压抑，但人们却能够承受，没有被枷锁压垮。为什么呢？因为"我们想要服从社会。我们想要社会指派给我们的身份和角色"。

为了解释人为什么能够承受社会的重压，伯格广泛参照和点评了其他社会学家的一些理论，重点的有三种：角色理论，知识社会学和参照组理论，其他的关键词有身份、自我形象、意识形态、社会化、内化、心理分析、群体治疗、世界观等。

角色理论是美国的土产，滥觞于威廉·詹姆斯与查尔斯·霍顿·库利，成型于乔治·赫伯特·米德。角色理论是知识社会学和参照组理论的桥梁。

角色理论说明，人的身份是被动接受的，不是主动选择的，这能够解释人的"囚徒"和"木偶"困境。"我们可以对角色理论的重要性做这样的小结：从社会学的视角看，身份是社会赋予、社会支撑、社会转换的。"

提出参照组理论的是赫伯特·海曼，罗伯特·默顿和樟幸雄页做出了很大的贡献。不过，本章对参照组理论着墨不多，作者把重点放在角色理论和知识社会学上。

从宏观上说，角色是由社会决定的，已如上述。从微观上看，角色和身份是由社会情景决定的："我们可以这样给角色下定义：角色是对典型期待的典型回应……角色的概念是从戏剧演绎出来的；借用戏剧语言我们就可以说，社会为一切剧中人提供剧本角色……角色提供模式，个人则根据具体的情景演出。"

身份是由他者决定的："我们成为'他者'称呼我们的人……人之为人就是被'他者'承认是人，同理，成为某某人就是被'他者'承认为某某人。"

有趣的是，面具、角色和人这三个词同出一源（persona）。古希腊的喜剧演员戴面具，面具决定角色，也决定演员的身份。"从社会学的视角来观照，人就是他必须要戴上的各种面具……按照这个观点，人是由一套角色组成的……一个人的活动范围可以用他能够扮演的角色的多少来决定。看起来，人的生平就是一系列不间断的舞台表演，面对着不同的观众，不时更换戏装，角色千变万化，但表演者总是要成为他扮演的角色。"

知识社会学起源于欧洲，贡献最大者是两位德国人：麦克斯·谢勒和卡尔·曼海姆。知识社会学回答"谁说的"这个问题。和社会学的其他分支学科比较，知识社会学把社会学家这个问题的意思阐述得再清楚不过了……知识社会学试图清理从思想到思想者再到他所处的社会环境的发展脉络。

伯格给意识形态下了这样一个定义："某一思想为社会上的某一既得利益服务时，我们就把这种思想称为意识形态。"他指出，意识形态常常扭曲社会现实，但意识形态不同于欺骗和撒谎："意识形态系统地扭曲社会现实以便插足它凡是能够插足的地方……把意识形态的观念和撒谎、欺骗、宣传或诈术的概念严格区别开来，是至关重要的。按照字面的界定意义，说谎者知道他是在撒谎。意识形态专家不撒谎……把意识形态的观念和撒谎、欺骗、宣传或诈术的概念严格区别开来，是至关重要的。"

世界观由社会决定："个人的世界观也来自于社会，很像他的角色和身份在社会中形成一样。换句话说，和他的行为一样，个人的情感和自我解释也是由社会预先决定的。"

人的社会化就是内化，儿童的内化分两步走，可以用乔治·赫伯特·米德的角色理论来解释社会化过程。社会化过程就是"承担他者的角色"（to take the role of the other）的过程，儿童在与他者的互动中接受社会分配给他的角色。第一步是在与父母的互动中完成的，父母是"重要的他者"（significant others）。第二步是在与大范围的社会互动中完成的，父母和亲密圈子之外的人叫作"泛化的他者"（generalized other）。

本章的结尾震撼人的心灵：人的"监狱""囚笼""枷锁"是自己和社

会共同打造的。伯格说："社会还是'存在于内心'的现象，社会是我们心灵最深处存在的一部分……社会不仅控制着我们的行为，而且塑造着我们的身份、思想和情感。社会的结构成为我们意识的结构……我们受制于社会的枷锁，这个枷锁不是我们被征服后套在我们身上的，而是我们和社会合谋打造的……大多数时候，我们是被自己身上的社会性推入陷阱的。我们来到人世之前，禁锢我们的围墙就已经修好了，但这些紧锁的围墙却是由我们自己构筑的。我们与社会的合作就是对自己的背叛，我们自己纵身跳进了社会的陷阱。"

第四章和第五章讲人的囚徒困境，"监狱"和"木偶剧场"这两幅画都令人压抑。那么人有没有"越狱"获得自由的可能呢？伯格的回答是：有。

于是，他用第六章"社会如戏"给我们指出了几条逃生的隧道。他要回答这样一些问题：人自由吗？人不自由吗？人既自由又不自由吗？何为自由？如何验证自由？什么手段不能验证自由？什么手段能够验证自由？人"注定要享受自由"吗？

作者首先指出，自由的概念难以把握："靠科学方法理解自由有困难，困难主要在于科学方法囿于狭小的范围。经验科学必须要在预设的条件下运作，预设之一是普世的因果关系……个人主观意识里看上去是自由的任何东西，一旦被放进科学方法的框架里以后，都会被锁定因果关系的链条里。"

他接着说什么手段不能验证自由。

经验手段不能验证自由："自由是不可能通过经验手段验证的。更加准确地说，我们能够体会到自由，和其他的经验一样，自由的确是客观存在的；然而，自由并未向科学验证方法敞开大门。倘若我们接受康德的理念，那么自由也不能够通过理性思考来验证的，换句话说，自由不能够用基于纯粹理性运演的哲学方法来验证。"

科学方法不能验证自由："在社会科学的框架里，你面对的思维方式有一个预设了的先验条件：人的世界是一个因果关系封闭的系统。如果你认为它不是封闭的系统，你的方法就不是科学方法。自由是一种特殊的原因，所以它预先就被排除在这个封闭的系统之外了。"

社会学框架本身不能验证自由："如果我们想要把自己的论述限定在社会学的参考框架里，我们根本就无法探讨自由，因为社会学的参考框架是一个科学的框架。我们就不得不让读者自己想办法逃离这个幽闭恐怖症的困境。"

如果社会学家需要验证自由，他就必须要向哲学家学习。伯格指出的逃生隧道是：变革、超然和巧妙的利用。一些帮助我们获取自由的关键词是：人格魅力、角色距离、"狂迷"。一些帮助我们理解自由的比方是：人生如戏、如剧场、如舞台、如狂欢节，社会生存如两面神、如悲喜剧。

"韦伯的人格魅力（charisma）理论使我们有可能从'理所当然'的社会里突出重围……魅力对预先界定的力量构成最富有激情的挑战。它用新的意义取代旧的意义，以激进的方式重新界定人的存在。"

社会变革和革命可以推翻社会压力，一切变革都是先内后外的，内心的变革走在社会变革之前，内心的变革就是自由："实际上，我们审视革命时发现，反抗旧秩序的外在行为出现之前，内在的顺从和忠诚已经瓦解了。早在革命爆发之前，帝王从宝座上被推翻的形象就已经深入人心了……社会制度被暴力推翻之前，已经由于人民的鄙视而失去了意识形态的支持。不承认社会规范，反对社会规范的定义总是具有潜在的革命威力。"

超然的态度可以减轻社会压力："倘若你不能改变或破坏社会，你可以在心灵上取退让的姿态。超然的态度是抵抗社会控制的办法，这样的处事态度至迟始于老子，斯多葛派把它发展成为一个抵抗的学说。他们退出社会舞台，隐居到自己的宗教、思想和艺术领域里，进入自我流放的境界。"

靠超然态度结合成的圈子有"亚文化"和"反文化"。

另一个减轻压力、获取自由的手段是"操弄""巧妙的利用"："欧文·戈夫曼分析了'囚徒'（inmates，包括精神病院的病人、监狱囚犯和其他囚禁在压迫机构里的人）世界，他提供的例子充分说明'操弄制度'（work the system）为何能够成立；所谓操弄就是用正常运转之外的方式去利用社会制度。"

马基雅弗利提倡的谋略是另一种"操弄"的手段："马基雅弗利帮助我们矫正社会压抑：人能够绕开和颠覆最精巧的社会控制系统，这样的机巧能够矫正社会压抑，使人精神为之一振……马基雅弗利对社会有透彻的理解，他不受幻觉的束缚，找到了操弄社会达到目的的方法。"

戈夫曼的"角色距离"概念可以帮助我们减轻压力："'角色距离'的意思是不太认真地扮演角色，没有当真的意向，且另有秘而不宣的目的。每一种高压的情景都要产生这样的现象……正如戈夫曼所云，身处这种情景的时候，口是心非、表里不一是在自我意识中维护自己尊严的唯一办法。"

"狂迷"使人忘记"理所当然的世界"，从而减轻压力，请注意作者对"狂迷"的解释："一旦个人不必用内心的投入去扮演角色时，一旦他刻意和假装扮演角色而不必内心投入时，扮演者就进入'狂迷'的境界，就忘记了'理所当然的世界'。"

伯格十分推崇"游戏"的概念，人生如戏，人生即戏。他借用了几位大师的学说。赫伊津哈把游戏作为人和社会的本质特征，已如前述。德国哲学家乔治·西梅尔（又译齐奥尔格·齐美尔）的社交理论也可以解释游戏，且可以作为减轻压力的手段："西梅尔认为，社交是社会互动的游戏形式。在聚会的时候，人们'游戏社会'（play society），就是说他们进行多种形式的社会互动，不带平常那种认真劲……社交的世界是不牢靠的、人为的世界，一旦有人拒绝玩游戏，它立刻就被粉碎了。在社交聚会时，如果有人抬杠，他就会使人扫兴、使人无心游戏。"

伯格借用存在主义哲学家保罗·萨特有关"自由"和"不诚实"的

概念。萨特认为，人不但是自由的，而且"注定要享受自由"（doomed to freedom）。有人借口"身不由己""不得不为之"，其实是放弃了自由的选择，是逃避自由，这就是"不诚实"。

伯格借用的另一个存在主义哲学概念是海德格尔有关"人"的观念，用以说明：如果在泛化的"人"中失去自我，那就是不自由。"这个观念与他探讨真实性（authenticity）和非真实性（inauthenticity）的观念有关联。所谓真实的存在就是生活在这样一种清醒的意识中：个人的个性是独一无二、不可替代、无与伦比的特性。与此相比，非真实的存在就是在匿名的'人'中失去自我，就是把自己独一无二的特性拱手出让给社会构建的抽象概念。"

在第六章的结尾，伯格用两面神的比方来说明社会生存既自由又不自由的悖论。"社会既可能是逃避自由的借口，也可能是获得自由的机缘；同理，社会既可以埋葬我们的形而上求索，也可以提供形而上求索的形式。"如果我们以"狂迷"的姿态走出"理所当然的世界"和"安然无虞的世界"，我们就可以获得自由。

第七章是本书的第二篇"补记"，题名"社会学的马基雅弗利主义与伦理学"，专讲社会学的伦理关怀，肯定马基雅弗利主义的中性色彩，又指出马基雅弗利思想被用于正面意义和负面意义的两种可能性。

本章开宗明义表明作者立场：伯格既是社会学家，也是神学家，但他要"邀约读者品尝一些世俗的颠覆观念"，而不"用宗教情怀来使众所周知的事实倒人胃口"。

伯格肯定，马基雅弗利主义可以帮助我们突出重围，冲破囚笼和监狱。马基雅弗利主义本来是政治权术和谋略，伯格借用它来作为人追求自由的手段。他旗帜鲜明地说："关于社会问题的澄明见识，尤其有助于获得控制权，马基雅弗利深谙其中奥妙，他向人传授这样的策略。"他又说："马基雅弗利主义，政治的也好，社会的也好，只不过是一种看问题的方式，本身在伦理上是中性的。"当然，他同时警告我们说："然而一旦它被毫无顾忌或缺乏同情心的人利用，它就带上了负面的伦理能量……但这不能够改变马基雅弗利思想被用作卑劣工具可能性；一旦它落入不人道家伙的手里，一旦它落入效命权势者的鼠辈手中，它就可能成为不祥的工具。"

社会学家有道德关怀，但社会学不是"道德科学"："我们不能够接受或复活法国社会学里由孔德提出、涂尔干继承的那种希望：社会学能够推出一种客观的道德（法国人所谓的'道德科学'），并在此基础上确立一种世俗的问答形式来表述客观的道德。"

社会学有助于人的教化（humanization）。伯格用三个例子说明社会学在这方面的贡献：种族问题、同性恋问题和死刑问题。

本章结尾高调肯定了马基雅弗利主义的积极意义："在人生的社会游戏场里，我们可以将悲悯的情怀、适度的承诺和狂欢的喜剧意识结合起来……社会学里的马基雅弗利主义和愤世嫉俗的机会主义是决然对立的。马基雅弗利主义能够使自由在社会行动中得以实现。"

本书最后一章题名"作为人文学科的社会学"，呼应并强化本书的副标题"人文主义视角"。本章一开头，作者指出社会学强烈的人文关怀，断言社会学具有人文科学的性质，而且，本章结尾（即本书结尾）的最后一句话斩钉截铁地说，社会学就是人文科学："社会学是人文学科，这个结论具有铁定的合理性。"

本章有几个亮点：①在方法论上，社会学是"科学"；②在人文关怀上，社会学是人文科学；③在方法论上，作者批判唯实证主义、唯经验主义、唯方法论、唯社会学主义。

社会科学家不能过分追求自然科学的研究方法："由于岁月的积累，自然科学家在研究方法上达到了相当精致的高度……然而，社会科学家尚在一本正经地对待社会学，不苟言笑地使用'经验''数据''有效性'甚至'事实'这些术语"。"社会学尤其不能够采取唯科学主义的不苟言笑的僵化态度，唯科学主义对社会景观中滑稽的现象视而不见、听而不闻。如果社会学家抱这样的态度，他固然可以获得安全可靠的研究方法，但他却会看不见气象万千的世界，而探索气象万千的世界才是他本来的目的。"

伯格对本书潜在的方法论偏颇做了这样的反省："本书第四章'人在社会'和第五章'社会在人'的论述有可能陷入唯社会学主义……在展开社会学论述的过程中，如果偏离了强制性的唯社会学主义的结论，想必会给人留下这样的印象：研究者的思想不合逻辑、不严丝合缝。在第六章"社会如戏"里，我们的论述方式略有后退，这可能会使读者产生不合逻辑的感觉"。但他立即补充说："这里的不合逻辑并不是由于研究者的推理不合逻辑，而是由于生活本身的悖论和多样性。"

伯格指出社会学三点独特的价值：①平民焦点："仔细研究其他学者可能认为平淡无奇、不值得作为研究对象的事情，你可以把这个价值称为社会学研究兴趣的平民焦点"；②善于倾听："倾听里至少潜藏着一定的人性化意义，因为在我们这个神经紧张、偏爱饶舌的时代里，几乎没有人抽出时间去专心致志地倾听别人的意见"；③负责任的评价："社会学家对自己的发现所做的负责任的评价……当然他这种负责任的态度和其他科学家是一样的，但由于社会学深深触及人的情感，社会学家做起来就特别困难"。

社会学还能够做出如下的贡献：①坚守大学的人文传统："按照西方古老的传统，大学是自由之地、真理住所……在这个坚持不懈的学术传统中，社会学的人文冲动在当代情景中找到了自己的生存空间"；②有助于心灵的文明开化："在我们这个时代，文明开化的心灵要接触社会学，社会学是非常具有现代性的、很合时宜的批判性思想，社会学是心灵文明开化的一部分内容"。

社会学最大的贡献在于，它有利于确立人的主体性，有助于人逃离社会的"监狱""陷阱"和"木偶操纵线"，鼓励人去追求自由："我们捕捉住了木偶剧场和人生戏剧的区别。两者不同的地方是，我们可以停止木偶的演出动作，抬头仰望并感知操纵我们的那一套'木偶线'。这个停止演出的动作是我们走向自由的第一步。在这个动作里，我们发现社会学是人文学科，这个结论具有铁定的合理性。"

2007 年 6 月 28 日

《裸猿》在中国的传播与影响 ①

　　《裸猿》在中国影响甚剧，谨就我个人阅读、观察、翻译和传播《裸猿》及其作者德斯蒙德·莫利斯（Desmond Morris）的体会，草就这篇短文。

　　我对德斯蒙德·莫利斯及其作品的理解有一个过程，要言之：结识四十年，认知有加深。

　　1980 年 8 月，我有幸成为新时期首批留洋学者之一。受四川省高教局的派遣，我以交换学者身份在美国戈申学院（Goshen College）研修一年。刚到不久，在逛旧书店淘书时，一眼相中 *The Naked Ape*，爱不释手。这本另类的人类学畅销书非常惊人：封面上赫然一个裸体男人，封底文字惊世骇俗，迥异于我在国内接触的费孝通等人类学家和社会学家的作品。他竟然把人类当作动物来研究！同行的朋友怀疑其价值，我对此则坚信不疑。

　　1985 年，四川人民出版社推出大型"走向未来丛书"，激起滔天巨浪。以此为先导，神州大地掀起新学新知的狂潮。我翻译的《裸猿》第一版（百花文艺出版社，1987）就是其中一朵小小的浪花。

---

① 经我之手，英国人类学家德斯蒙德·莫利斯的《裸猿》已出三版（百花文艺出版社，1987；复旦大学出版社，2010；上海译文出版社，2021）。这篇文章是上海译文版《裸猿》的附录之一。

1990 年代中期，一位好事者兴办"新语丝"网站，把我这个《裸猿》译本放在网上，供人免费阅读下载。彼时，诸如此类的侵权行为，难以究责，无可奈何。于我而言，这却如塞翁失马，意外促成了何译本《裸猿》的传播。

在接下来的十余年里，中国一共出了 7 个《裸猿》中译本（大陆 6 本，台湾 1 本）。2010 年，复旦大学出版社"裸猿三部曲"（《裸猿》《人类动物园》和《亲密行为》）由我操刀翻译。2019 年，上海译文出版社有意再版我这个"裸猿三部曲"译本，2021 年推出。这两套译本的问世已然并将继续推进生物人类学的发展。

为什么要引进莫利斯的《裸猿》？其价值何在？我在 1987 年版《裸猿》的译者序里做了简要的回答。这些论断依然有效，摘录在此，以飨读者：

1. 作为权威的动物学家和生物人类学家，作者占有最新颖、最权威的素材。

2. 清新、朴实的文字明白如话，精当、幽默的比喻引人入胜，强烈、鲜明的对比入木三分，使作品具有很强的可读性。

3. 作品定名为《裸猿》是别具匠心的。对于这一点，作者在书末有一个很好的说明：对于人类的辉煌成就本来可以大唱赞歌，之所以未唱赞歌，是想给作品一种震撼人心的力量；在攻击性、领地欲、战争威胁、人口爆炸等问题上，仍然暴露出人的生物学属性；在强调文化的生物学基础方面，作者故意说了一些过头的话，故意给人以当头棒喝，故意给人一些失之过简、失之过偏的印象：这一切的目的都是为了冷静、严肃地思考当代（20 世纪 60 年代）人类最紧迫的几个问题：人口爆炸、生态失衡、"核"云压顶。

4. 社会生物学、生物人类学和文化人类学迄今为止在国内几为空白，亟须予以介绍。关于社会生物学（人类社会行为的生物学基础），已有《新的综合》（收入"走向未来丛书"）引进。关于文化人类学，我们应尽快介绍美国人类学家爱德华·霍尔的四部曲……关于生物人类学，莫利斯的著作具有极大的权威性和代表性。

5. 本书在物种水平上研究人类基本行为的生物学基础，《新的综合》在分子水平和基因水平上研究人类行为的生物学基础，两本书构成互补的关系，参照阅读能收到相得益彰之效。

6. 本书在纵横两根轴上进行博大精深的比较。在横轴上，作者以精湛的知识、广阔的视野、比较动物学的权威，对比了人类行为和动物行为尤其人类近亲灵长目的行为，追溯其渊源、展示其联系。在纵轴上，作者以高屋建瓴之势，博采和综合从达尔文以来各家的结论和假说，提出独到的人类起源和人类进化的理论，其标新立异、首创精神感人至深，其新颖观点、精湛学识令人瞠目。

《裸猿》是比较动物学的杰出代表，在"绪论"末尾，莫利斯写道：

"我不考虑人类技术和语言的细节，只集中研究人类生活中与其他物种有明显可比基础的那些方面，诸如摄食、梳理、睡眠、争斗、交媾、育儿等活动。面对这些基本的问题，裸猿的反应是什么？他的反应与猴类和猿类的反应有何异同之处？他在哪方面有独特之处？他的奇特之处与他的进化过程有何关系？"

"研讨这些问题时，我意识到要冒风险而开罪于人。有人不愿意认认真真考虑自身的动物属性。也许他们认为，我用赤裸裸的动物语言来探讨这些问题，有损于我们人类的形象。对此，我只能向他们保证，我无意贬低人类。还有人会因为动物学家侵入他们的专业领地而愤愤不平。然而我确信，这种研究方法极有价值；它可能会有这样那样的不足，可是它对于揭示我们这个无与伦比的物种那纷繁复杂的本性，会给人以新的（在有些地方甚至是出乎意料的）启示，使人感到耳目一新。"

果不其然，中国读者的反应出奇地好。

2010 年 3 月，复旦版的"裸猿三部曲"引起评论界的超常关注。4 月，北京的《科学时报》、深圳的《晶报》、西安的《华商报》约我访谈，整版报道。7 月 14 日，《南方周末》又刊发我的文章《"裸猿三部曲"的警世基调》。自此，复旦版中译本"裸猿三部曲"传遍媒体和书界。

2021 年，上海译文版的"裸猿三部曲"问世，必将引起更深刻的反响和反思：这套书描绘人与己、人与人、现代人与裸猿祖先的关系，这与"道法自然"颇多暗合。我们要善待自己、善待他人、善待动物，实现人与人、人与社会、人与动物、人与万物的和谐，实现"人类命运共同体"的愿景。

2020 年 3 月 20 日

文化政策需要顶层设计 ①

一、文化产业考

"文化产业"一语诞生于 1944 年，见于阿多诺与霍克海默所著的《启蒙辩证法》(*Dialectics of Enlightenment*)，他们是法兰克福学派第一代的代表人物。这个学派是西方马克思主义的主要流派之一。

彼时，"文化产业"是他们大众文化理论的核心概念，泛指商品生产，用单数的概念，且特指资本主义组织大规模生产的方式，所以他们的"文化产业"实际上是"那种文化产业"(the culture industry)。他们对文化产业持批判的态度，认为"文化产业"标志垄断资本主义条件下文化的堕落。他们对大众文化的态度和美国人大异其趣。同一时期的美国人比如拉扎斯菲尔德就讴歌大众文化，推行文化与传播研究的经验学派，并将其命名为行政研究；拉扎斯菲尔德那篇被人广泛征引的《论行政和批判传播研究》的文章就是这个经验学派的宣言书。

20 世纪 60 年代兴起于英国的文化研究学派是西马的另一个重要流派。

---

① 原为《重新思考文化政策》(中国人民大学出版社，2010) 的译者序，有删节。

其堡垒是伯明翰大学的"当代文化研究中心"，领军人物有斯图尔特·霍尔、雷蒙德·威廉斯、理查德·霍加特和爱德华·汤普森。

伯明翰学派的思想完全建立在马克思主义基础之上，其领军人物多半出身寒微，深刻理解工人阶级，主张阶级分析，试图用自己特有的文化研究方法和人类学方法打破英国的"贵族"精英传统。他们对大众文化和文化产业抱肯定的态度，这是其与法兰克福学派的分歧之一。伯明翰学派的矛头直接指向美国传播界的"行政学派"，它高扬意识形态的旗帜，揭示意识形态领域的阶级斗争。

20世纪90年代以后，"文化产业"在欧洲、美洲和澳洲蓬勃发展，亚洲各国也奋起直追。"文化产业"的概念从单数的 culture industry 走向复数和多元的 culture industries。文化产业的研究也随之蓬勃发展。

二、创意产业考

英国人和澳大利亚人率先提出"创意产业"的理念。1998年，以布莱尔为首的新工党政府组建了一个特别工作组，由政府官员和文化企业家组成；1998年和2001年，这个工作组两次发布研究报告，分析英国创意产业的现状并提出发展战略，1998年的报告题名《创意产业规划图》(*Creative Industries—Mapping Document*)。布莱尔政府重视文化产业，这是其显著特征之一。自此，"创意产业"一语逐渐走红，大有取代"文化产业"之势。不过，"文化创意产业"的混合用法也很流行。1994年，澳大利亚工党政府提出了"创新国家"的议程。自此，"文化产业"的概念就拓宽到"创意产业"的概念了。

几乎与此同步，我国的文化产业和创意产业也得到蓬勃发展。各省、市、自治区都创建了文化产业和创意产业基地，文化产品和创意产品的研发、制作、交易、消费、展览都一日千里地发展起来了。冠名"中国"、落户深圳的国际文化产业博览交易会已经举办五届，类似的博览交易会也在全国各地兴起。

麦圭根对文化产业和创意产业的概念做了这样的梳理："复数的'文化产业'是一个描述性的术语，其生产和流通的产品首先是有意义的商品；如今，在官方的话语中，'文化产业'这一术语已经被'创意产业'取代，包括广告和信息技术。"

三、威廉斯的文化政策研究

雷蒙德·威廉斯曾经将文化政策分为政策"本身"和政策"展示"两部分，他确认了五种国家与文化的关系，也就是五种文化政策，其中的三种关系与文化政策"本身"相关，两种关系与作为文化"展示"的政策相关。作为展示的文化政策是：国家形象放大（national aggrandizement）的政策和经济还原主义（economic reductionism）的政策。有关文化政策"本身"的政策是：公共经费资助艺术的政策；媒介调控政策；文化身份的协商构建政策。

文化政策"本身"是有关艺术、媒介调控和文化身份的外显的政策。文化展示政策多半是潜隐的，偶尔才会一目了然。国家在文化展示里的角色应该是对艺术、文化和媒介的发展起辅助作用。

麦圭根对这五种文化政策逐一进行介绍。

文化政策"本身"的研究一般是从民族国家的角度进行的，但一个日益彰显的趋势是：一国之内的不同地方亦有文化政策差异，超越民族国家边界的文化政策在欧盟的文化政策中最为明显。

放大国家形象的文化政策以彰显国家/民族特色为目标，大大小小的各种展览会、博览会尤其国际博览会都是为了展示地方和国家的形象，反映了与会地区和国家的激烈竞争。

经济还原主义的文化政策将一切文化活动还原为经济活动。经济还原主义就是经济原教旨主义，亦称为新自由主义全球化，它崇尚市场力量，将市场力量当作一种教条和普世价值。麦圭根把巴黎迪斯尼乐园作为经济还原主义文化政策的突出例子。

麦圭根列举并剖析了数以十计的展览会、博览会、标志性建筑，借以说明国家形象放大政策。

展览会的例子有：1797年卢浮宫广场上的展览会、1851年伦敦的万国博览会、继后的历届世界博览会比如1893年的芝加哥博览会，以及其他各种大型的展览会。标志性建筑的例子有：1889年修建的埃菲尔铁塔，20世纪后半叶法国兴建的卢浮宫金字塔，巴士底歌剧院、新国家图书馆、现代艺术博物馆、奥赛博物馆。我们可以补充悉尼歌剧院，还有北京的世纪坛、"水立方"、"鸟巢"、奥运场馆，上海的世博会场馆以及中国各地的文化、体育、建筑地标。

《重新思考文化政策》专辟一章研究文化政策。逐一研究上述五种文化政策，且专辟一节分析英国的新千年庆典、"千禧穹顶"的展览会，分析透彻，论说精细，且富有戏剧性。

四、麦圭根的重新思考与贡献

麦圭根不囿于威廉斯的文化政策研究，《重新思考文化政策》名副其实，有所发明，有所创新。

本书开宗明义，给文化政策下了一个最简明的定义："文化政策是关于文化和权力的研究。"

同时，作者区分狭义的文化政策和广义的文化政策，他说："文化政策既可以狭义地观照，又可以广义地审视。广义地说，我们可以审视管理者的所作所为及其后果；狭义地说，我们可以研究围绕文化问题的争论。本书从广义的观点看文化政策，同时又近距离审视文化领域的公共范畴和私人范畴的具体运行。"

麦圭根将文化政策话语分为三种：国家话语、市场话语和市民／交流话语。他论述了三种话语的关系：从国家话语向市场话语的变迁的趋势非常明显；在国家话语里，国家被视为文化政策里的关键动因，政府对文化事业进行补贴；市场话语的政策放手让市场发挥作用，市场力量被视为神圣不可侵犯；市民／交流话语源于市民社会，它关注交流和文化的民主化，并构成上述两种话语的对立面。

应该承认，这是非常简单的概括，每一种话语均有特定的目的，但这些话语绝不仅限于"文化"和文化政策的范围。

麦圭根及其《重新思考文化政策》做出了重大贡献，我们可以在"文化与媒介丛书"主编斯图尔特·艾伦的高度评价中窥见一斑："……对政策取向的文化研究做出了重大的贡献。它成功指明了一种新的研究思路，阐明了当前论战核心里几个激动人心的课题。在阐述批判的反身性的研究路径时，麦圭根挑战在当前的文化决策中走红的工具主义命题……此外他认为，文化政策日益和新自由主义的意识形态纠缠在一起……《重新思考文化政策》促使我们再透彻思考一些紧迫的关切……超越狭隘的工具主义和还原主义的文化研究路径……研究一套批判性问题，包括品牌经营与全球剥削、放大国家利益和大公司利益的文化政策以及新自由主义对发展中国家旅游业的冲击。在研究这些课题的过程中，麦圭根考问正在露头的文化资本主义，他强调有必要为公共利益而研究，强调民主论辩。"

略加梳理，麦圭根的突出贡献表现在以下几个方面：

1. 他提出"新自由主义"和"新自由主义全球化"的概念并予以批判。"还有一个表述是本书提出的：新自由主义全球化。"他指出，新自由主义是当前一种主导的意识形态话语，"我所指的这种意识形态就是那种无所不包的、全球规模的、与技术决定论结盟的市场理性话语。"他给新自由主义下了这样一个定义：新自由主义是"19世纪自由放任（自由贸易）经济学在20世纪末的复活，其关注点是将国家控制的市场力量解放出来，世界范围内推动新自由主义的力量是国际货币基金组织、世界银行和世界贸易组织"。

他所谓"新自由主义全球化"就是"市场原教旨主义"："在20世纪80年代，国际货币基金组织要求发展中国家根据新自由主义全球化的原理重建，这一政策必然有利于富国和强国，显然最有利于美国。"

2. 他考问正在露头的文化资本主义。文化资本主义是杰勒米·里夫金（Jeremy Rifkin）提出的概念，意思是，在当今的资本主义社会秩序里，符号和象征具有重大的经济意义，文化商品和文化服务的生产和流通成了当今资本主义的核心，文化已经融入资本主义，文化公用领地已经被资本圈占了。麦圭根主张约束文化资本主义，他敦促政府进行调控，支持市民话语里反制文化资本主义的干扰运动和文化环境运动。

3. 他深刻揭示品牌经营对全球剥削体系的依赖，揭露跨国公司通过品牌经营榨取"血汗工厂"劳工剩余价值的血淋淋事实。以耐克为例，他说："一双'空中飞人乔丹'的耐克牌运动鞋在美国的零售价是150美元，比其欧洲售价略低，它在世界各地的血汗工厂的成本价是5美元。大多数血汗工人是妇女和儿童，他们在'第三世界'的所谓'出口加工区'或'保税区'工作，每天挣一两个美元。"

他引用一首打油诗，讥讽美国的品牌消费："美国不再是一个国家，而是亿万美金的品牌／美国文化不再由人民创造／在今天的美国，自由、真诚的生活不再可能存在／我们的大众媒介散布赫胥黎似的'细胞'／美国的'酷'成了全球流行病／但地球资源再也不足以承载追求玩'酷'的美国式消费。"

4. 麦圭根考问"自由"的假象，揭示"自由"的代价。在本书结尾，他用一大段话做出令人震惊、发人深省的结论："有必要强调指出文化与权力之间隐蔽的关系，有必要提醒读者不要受表面现象的蒙蔽……冷战高潮时，美国政府投入大量的资源，在西欧搞秘密的文化宣传……由此可见，即使自由也是要付出代价的。许多有批判锋芒的知识分子加入微妙形式的宣传阵线，不知不觉间受了蒙蔽，以为自由是真的自由……自'9·11'事件以来，这个自由的国土居然要用《爱国者法案》（USA PATRIOT ACT）来保护；实际上，这一法案被用来窒息异见、封闭话语世界。"

五、说长论短

吉姆·麦圭根是英国文化学派第二代的著名学者，20世纪80年代崭露头角，他勤于笔耕，已出版十来部专著。他正值盛年，研究成果呈爆炸性增长态势，仅今年就有两部著作问世。他继承了雷蒙德·威廉斯、爱德华·汤普森、理查德·霍加特、斯图尔特·霍尔等人的英国文化批评传统，有所发扬。《重新思考文化政策》是他的代表作之一。其优点已如上述，但其不足也显而易见，比如，该书对美国这样一个文化产业和创意产业大国几乎没有提及；又比如，它过分偏重左派批判，对中翼、右翼和比较温和的批评着墨不多。

从同情的立场出发，这种不足或许有以下诸多原因吧。①囿于丛书范式的规定，不能任意发挥；②作为英国开放大学的教材，它必须要体谅读者的接受水平；③不到20万字的篇幅不可能包罗万象，挂一漏万在所难免；④《重新思考文化政策》成书于2004年，此后的产业发展和政策思考尚待续写。或许，他今年（2009）问世的《"酷"资本主义》和《文化分析》就是这样的续篇吧，可惜，我们暂时还看不到这两本书。

和一切左翼批判学派一样，和一切"脱离市场"、市场价值不高的学术研究一样，英国文化学派曾遭受挫折。2002年6月，英国伯明翰大学决定关闭名震全球四十余年的"当代文化研究所"，原因并不是它不能给学校带来声誉，也不是它学术产出不多，而是因为在校内的教学评估体系中它只评上了 3.5 星级，说明其经济效益不好。

这使我想起马歇尔·麦克卢汉的研究所的命运。1979 年 9 月他第二次中风后，多伦多大学 1963 年为他量身定做的"文化与技术研究所"再也不能在他的领导下呼风唤雨。1980 年 6 月，校方决定关闭该研究所，这是对他的沉重打击，或许加速了他的死亡。须知，十七年苦心经营的研究所成了他安身立命的精神支柱。几个月之后，在 1980 年最后一天的深夜里，他在睡眠中安静地去世了。尽管几年以后多伦多大学决定恢复了"麦克卢汉研究计划"，尽管多伦多学派第二代的精英包括麦克卢汉的儿子埃里克·麦克卢汉苦心经营这个调整后的研究所，昔日研究所的辉煌似乎是难以恢复了。

衷心祝愿英国文化学派的第二代精英们走得更好。

2009 年 5 月 15 日

心比天高，建构文化科学的尝试 [①]

2016年5月21日，作者哈特利和波茨特意撰写的中文版序到了，令我喜出望外，因为：①序文之长异乎寻常，近一万字；②论述之严谨不异论文；③论争的辨析一目了然；④难点的辨析省却了几个月来的心病：如何评介这本奇崛难解的跨学科力作。

然而，真到动笔写译者前言时，我仍然觉得无从下手，太难，因为这本高大上的书心比天高、开疆辟土、难点太多。所以，容我论述其成就前，先扫清一些阅读障碍。

一、题解

《文化科学：故事、亚部落、知识与革新的自然历史》书名颇长。"文化科学"不难翻译，似乎也不难理解。"文化科学"一词亦非首创，类似的"文化学"似乎也蛮成熟。可是，此"文化科学"（cultural science）并非彼"文化学"（culturology）。

[①] 原为《文化科学：故事、亚部落、知识与革新的自然历史》（商务印书馆，2017）的译者序，有删节。

颇长的书名不太符合中国人阅读习惯，其中的一个关键词"亚部落"也要费一点笔墨，请见"关键词辨析"。

Culturology 源于俄国和东欧，遍及西方，涉及语言学、人类学、民族志，偏重人文。维基百科有其词条，互联网上有其网站。网络书店比如亚马逊上还有中国学者写的书，如《文化学与翻译》。

作者对 culturology 和 cultural science 做了这样的区分："也许，我们应该像俄国人那样，称之为文化学（culturology），而不是文化科学（cultural science），但 culturology 是系统的人类学或社会学意义上的文化的科学研究：文化如何构成，文化的功能元素、宏观基础和宏观生态——但这不是我们的主要目的。相反，我们构想的文化科学是研究文化的社会用途的科学，文化科学是知识、新颖和革新增长前景的引擎。"

二、关键词辨析

先说"亚部落"（deme）。Deme 的翻译旬月踟蹰，我们在"德枚""社群""群体""亚部落"之间反复推敲，最后翻译成"亚部落"，实属无奈。

好在作者在书里的几个地方追溯 deme 的词源，做了一点解释。Deme 原指制造特洛伊木马里的人，在生物科学（bioscience）里指智人的一个杂交品种，又使人想到政治学里的"德摩"（demo，城邦平民）。古希腊阿提卡地区的"德摩"组成 139 个"德枚"（demes），再组成 10 个部落（tribes）或宗族（phyles）。

据此，我们最终将其译为"亚部落"。当然，作者笔下的 deme 绝非古希腊的 deme。作者所谓的"亚部落"是什么意思呢？

现将分散在书里的解释集纳在此，借以表明"亚部落"的所指和意义：①"我们"–群体；②知识造就的群体；③知识单位；④有意义的群体；⑤文化协调的知识群体。

再引用一句话介绍亚部落的创生和功能："文化造就群体，群体创造知识。"这句话是本书的核心主题，所以第一部的题名是"文化造就群体"，第二部的题名是"群体创造知识"。这里所谓的群体就是亚部落，而不是其他任何群体。

亚部落的概念有多重要？只需扫描目录就一目了然：它贯穿全书，作者又专辟第三章"亚部落"予以论述。

"亚部落"意义何在？

请见："亚部落概念使我们能绕开个人层次和群体层次的战场，那是经济学家和生物学家两军对垒的战场。亚部落站在两边，既是经济学概念，又是生物学概念。这一突破是人类行为在种群层次上的解释，使我们能对文化研究的许多概念进行再加工。"

再引几句话，借以管窥亚部落的所指和意义：

"在生物学里，亚部落是一个杂交的种群；在政治学里，亚部落是一个投票选举的群体；在文化科学里，亚部落是一个互相认识的人群；他们与其他亚部落争夺新知识。"

"文化是群体（亚部落）的'生存载体'；故事是文化的生存载体。"

"文化是群体身份建构的过程，这个过程使有意义的思想成为知识。这就是亚部落的概念：亚部落是文化协调的知识群体，例子有基本的经济单位比如公司和家庭，还有社交网络市场、公地、受众和节日、科学、文化类别、城市。"

"亚部落演化或文化演化促成知识的再生产，而不是促成个人甚至文化群体的再生产。"

三、另一个关键词：表意功能

本书的另一个关键词是我们翻译遇到的两大障碍之一。这个词是

meaningfulness，我们在意蕴、深刻意蕴、丰富意蕴中反复徘徊，实在难以用恰当得体的汉语区分 meaning 和 meaningfulness。请教作者哈特利教授时，他的答复是：meaning 和 meaningfulness 的区分类似 value（价值）和 worth（使用价值）、truth（真理）和 truthfulness（真实）的区分。

最后我们决定，用意义和表意功能区分 meaning 和 meaningfulness。

先引几句话管窥表意功能：

"起初，我们准备用书名'表意功能的演化'（The evolution of meaningfulness），可见我们的目标心比天高——我们试图重新发明文化研究。"

"我们论述表意功能这个概念，将其作为文化和知识进化动态理论的基本分析单位。"

"在文化科学里，文化的演化是表意功能的演化，即亚部落的变化。"

四、新学科的孕育

这本高大上的书难以归类，既难入人文科学，也难入科学；既不是"文化学"，也不是"文化研究"，亦不是"文化创意"的书。作者心比天高，有意创建一门崭新的学科，颇具争议，然振聋发聩。

哈特利和波茨向我们展示行为科学和文化研究统一的愿景，粉碎了传统学科的疆界。

两位作者综合了跨度可观的若干学科，推出一种新的文化研究方法，即进化论的研究方法。

本书巧用达尔文进化论和现代的若干进化学科（文化进化论、进化生物学、进化人类学、进化文化人类学、演化经济学、进化文化动力学），批判，继承，扬弃，发展。

本书借力半个世纪来风靡英国和欧美其他国家左派的"文化研究"，推陈出新。

在此基础上，作者将进化论和文化研究予以整合，意在创建一门全新的"文化科学"。

"文化科学"还借用 21 世纪"文化创意产业与研究"的东风，其发展势头强劲。

我们希望，作者约翰·哈特利和贾森·波茨在学界的"围攻"中再上一层楼。

至此，译者还只能说"文化科学"是"新学科的孕育"，不能说它是"新学科的诞生"。

公共文化政策探索 ①

一、一见钟情

2017 年 3 月，"荔园文创译丛"编委会委托我评估 *Public Culture, Cultural Identity, Cultural Policy, Comparative Perspectives* 一书。我在两天之内做出了很高的评价，兹将评语里的两个重点摘抄如次：

1. "《公共文化、文化认同与文化政策：比较的视角》为文化政策研究，多重视角比较，跨学科视野，涵盖面广，融政治、身份认同、艺术、政策为一炉；检视文化和政治决策的互相影响，涉及艺术管理、文化研究、历史、文学、表演艺术、政治学、社会学等领域；把文化艺术的公共支持置于公共政策决策的棱镜之下，在广阔的社会政治和历史框架中予以考察，具有显著的国际视野和跨学科特征；把众多的文化政策与政治和身份认同的关系编织起来。其基本预设是：文化是公共政策的核心要素，文化界定国民的身份认同和个人价值。"

2.《公共文化》"非名家名作，但有名家名作的潜力"。

---

① 原为《公共文化、文化认同与文化政策：比较的视角》（商务印书馆，2017）译者序。

由此可见，我对这本书"一见钟情"。

译稿杀青之后，我对这本书成为"名家名作"的前途更加看好了。

二、轻松愉快

因为喜爱，两天之内浏览完这本书，并做出比较中肯的评价。

因为欣赏，两个半月译完这本书，轻松愉快。

为什么喜爱并激赏它，因为：

1. 历史脉络非常清晰。比如，法国为什么被称为"文化国家"？因为其近现代文化成就辉煌，自信法兰西文明的普世价值，长期坚持文化输出，高举"文化主权""文化例外"的旗帜，捍卫联合国教科文组织关于《保护和促进文化表现多样性的公约》，与美国的文化霸权展开针锋相对的斗争。又比如，加拿大为什么与法国联手阻击美国，为该《公约》的达成做出贡献？因为它长期患有"小国大邻综合征"，受美国文化霸权的压迫，有"加拿大美国化"的危险。

2. 广阔的国际视野和跨学科特征。本书研究公共文化尤其文化政策，述及十余个国家和文化区，重点研究法国、美国、加拿大和俄罗斯，进行纵向和横向比较，学理有据，举重若轻。作者本行是政治学，但文化史学养深厚，其观点和结论都论证严密、说服力强。

3. 风格平易近人，文字清丽，读之令人神往，欲罢不能。

4. 学术品位高，却没有学究腔，难能可贵。专用术语界定清晰，明白如话。本书开卷时专辟一栏"关键词"，予以精到解释，又在不同的章节里反复解说，使之如常用词汇一样受人欢迎。

5. 批判锋芒犀利。比较美国和法国的公共文化政策：美国的"隐形之手"和法国的"文化输出"。

6. 描绘奥运胜景的政治、政策和文化认同。撷取三个夏奥会（1936 年的柏林奥运会、1984年的洛杉矶奥运会、2008年的北京奥运会）开幕式和一个冬奥会（2014年索契冬奥会）开幕式，比较东道主张扬自己意识形态和文化认同的政策取向。

7. 分别用三章论述"殖民性""内殖民经验"和"文化空间"，对读者有启蒙之功。

三、关键词

卷首设"关键词"一栏，含29条，予以解释。比较重要的有这么几个：Cultural Policy（文化政策）、Coloniality（殖民性）、Cultural Capital（文化资本）、Cultural Commodification（文化商品化）、Cultural Diplomacy（文化外交）、Nations-State（多民族国家）、Post-colonialism（后殖民主义）。读者可以在"关键词"词条下检索其含义，还可以进一步在正文里检索其用法。

一个小小的疏忽是，书名里"公共文化"和"文化认同"这两个关键词没有被纳入"关键词"，是为遗憾。其他的遗漏还有第五章标题里的关键词"内殖民经验"（internal coloniality）。

几个非常重要的关键词需要费一点笔墨在"译者前言"里介绍：文化民主化和文化民主、文化空间、文化国家、隐形之手文化、殖民性、内殖民经验等七个。先介绍文化民主、文化民主化、文化空间，其余的四个（文化国家、隐形之手文化、殖民性、内殖民经验）放到"译者前言"的第五部分"快速扫描"的相应章节里介绍。

首先说文化民主化（democratization of culture）和文化民主（cultural democracy）的区别。

文化民主化是自上而下的路径。他说："文化民主化是自上而下的路径，本质上使某些文化节目优先，让被视为公共善举的项目享有特权。"他又说："文化民主化通过计划使艺术性出色的作品送达公众，这些计划使更多的人能参观社区的博物馆，能享受到表演艺术团……""文化民主化养成普通公民的审美启蒙，提升其尊严和教育水平……"

相反，文化民主是自下而上的路径。他说："文化民主的目标是在表达机会的定义和供给上提供一条更具包容性和代表性的路径。本质上，这里的政策由自上而下转变为自下而上了。""文化民主常常引起争议，因为它支持许多非典型、非寻常的艺术。"

作者主张这两种政策取向的综合，认为这是"宽松路径"的文化政策："文化民主化和文化民主两个目标引起关乎公共文化内容的辩论：'精英主义的'或'平民主义的'的辩论。实际上，精英主义对文化民主化的关系宛若民众对文化民主化的关系。如上所示，这种'宽松路径'的综合政策更容易捍卫，更符合民主的文化标准。"

接着介绍"文化空间"（有人称之为"地方民族主义"）。

这个概念和术语并不常见，本书的界定清晰、严谨。浓墨重彩的描绘的令人击节，突出的例子有加拿大的魁北克法语区、美国路易斯安那卡津人的家园。

他说："本书所谓文化空间指的是一国之内的小地理区，共同的历史感把它们纽结在一起……文化空间的例子有：加拿大的纽芬兰和滨海省；法国的诺曼底和普罗旺斯；德国的巴伐利亚和巴登－符腾堡州；意大利的撒丁岛和西西里；英国的康沃尔和约克郡（威尔士可以说是一个文化区）；美国的新墨西哥州、夏威夷和路易斯安那州的阿卡迪亚。"

再说"文化国家"。

按文化政策的政治价值，作者区分四个价值系统：文化国家，文化保护主义，社会民主文化，自由放任文化。他介绍了几个文化国家：法国、奥地利、意大利、德国、西班牙、葡萄牙，并没有正式给文化国家下定义，但我们能从一两句引文中意会其含义：

"法国人把文化视为法国文明的基本要素，具有国民团结的意义，这是法国社会的显著特征……法国是否拥有统一的法兰西文化，那是在法国革命中确立的、一直被奉若神明的文化意识。"

相反，美国的公共文化还"卖不动"，因为许多美国人总是抗拒"大政府"的观念，尤其反对"文化国家"的观念。

四、几个亮点

1. 苦心和爱心。看得出来，这是一本呕心沥血之作。在几年重病就医的岁月里，作者一心为读者着想，打造出一本异乎寻常的书。除了全书骨干的六章外，精心撰写了绪论、导读和结束语。即使只有那六章，没有"额外"的绪论、导读和结束语，这也是经得起岁月汰洗的佳作。

2. 异乎寻常的绪论。这是一篇浓缩的论文，长达一万四千字。我们不妨给它加上一个题名："公共文化、公共政策、政治文化的类型、目标和理据"。根据文化的价值系统，作者把公共文化分为四种类型：文化国家，文化保护主义，社会民主文化，自由放任文化。

3. "导读"的三大功能：衔接绪论和正文；宛若全书"摘要"；画龙点睛，区分娱乐文化和公共文化。

4. 文化政策领域的国际斗争。他写道："联合国教科文组织关于《保护和促进文化表现多样性的公约》是民族文化独特性价值评定的胜利。这个公约和美国人的观点对立。"

5. 区分两种文化资助政策：美国的"隐形之手"和多数国家的公共补贴。

6. 解析四个国家的"后殖民主义"的文化政策：墨西哥的文化重申，加拿大的文化重表，南非的文化重建，乌克兰的文化公决。

7. 用四种文化区解析"内殖民经验"：魁北克，波多黎各，苏格兰和加泰罗尼亚。

8. 用卡津人文化解析"文化空间"。

五、快速扫描

1. 总体框架

本书分两部，各领三章，外加绪论、导读和结束语。绪论、导读和结束语足显作者的功力，俨然是解读全书精要的钥匙。

2. 绪论

（1）回答若干基本问题：什么是文化？什么是文化政策？美国和其他国家的文化政策有何不同？什么是自上而下的文化民主化？什么又是自下而上的民主文化？

（2）按价值系统分类的四种公共文化：文化国家，文化保护主义，社会民主文化，自由放任文化。

（3）重点论述几个问题：揭示政治文化与公共文化的具体表达的关系；概述作为公共政策的公共文化的含义；勾勒本书检视的公共文化目标和理据；思考文化如何界定文化政策，以及文化对制定公共政策的意义；"绪论小结"为文化政策的未来趋势提供一点感觉，具体涉及美国的文化资助模式。

（4）争论较大的几个问题是：文化政策最好由社群主义政治决定呢？抑或是由市场达尔文主义决定呢？文化是商品呢？抑或是价值呢？文化由货币化的目标构成呢？抑或是由稳定遗产的活动构成呢？倘若大众文化意在满足我们的欲望，那么，公共文化是否意在满足我们的需要呢？倘如此，谁完成这样的使命呢？用什么样的文化正义标准去完成这样的使命呢？

（5）介绍了几个文化国家：法国、奥地利、意大利、德国、西班牙、葡萄牙，已如上述。

3. 导读

（1）回答一个问题：为什么要研读公共文化？

区分公共文化与商业娱乐：公共文化提供的是我们之"需要"，商业娱乐提供的是我们之"想要"。

（2）以预热方式勾勒第一部"政治与资助"和第二部"意识形态与身份认同"的轮廓。

公共文化政策与政治体制密切相关，比如："美国没有全国统一的文化政策，但联邦税收政策的规定促成了文化经济，主导文化经济部门的是制度性的非营利活动和私人性的慈善活动。这就是文化政策的'隐形之手'。美国文化政策与美国政治文化一致，美国政治文化的特征是有限政府、有限公共责任和权力下移的私有化。"

"法国文化外交历史悠久，彰显着救世主般的目标，旨在推广法语的地位和国际威望。法国鼓励法语的'品牌'建设，将其作为供出口的标准像标记。文化外交反映了行政集中制的悠久传统，其重心被置于外交部。"

日本文化解谜 [①]

一、缘起

20 世纪 70 年代末，我对费孝通先生的人类学和社会学著作产生了浓厚的兴趣，1980 年留美之前又从他的《访美略影》中了解到美国人类学的一鳞半爪。所以，留美期间，我非常注意美国人类学的大家，接触到他所谓的"四大金刚"（克莱德·克拉克洪、罗伯特·雷德菲尔德、拉尔夫·林顿和阿尔弗雷德·克罗伯）和"两位女将"（玛格丽特·米德和鲁思·本尼迪克特）的著作。

1982—1983 年，金克木先生在《读书》杂志先后发表了三篇文章介绍比较文化，评介美国两位著名人类学家在第二次世界大战中的杰出贡献，其中一篇就名为《记〈菊与刀〉》。在他的感召下，我发表了两篇文章予以响应：《比较文化之我见》（《读书》1983 年第 8 期）和《介绍一门新兴学科：跨文化的交际》（《外国语文》1983 年第 2 期）。自此，我始终不能割舍对人类学、社会学、跨文化交际（传播）的兴趣。

---

① 原为《菊与刀》（北京大学出版社，2013）译者序。

为此，我先后翻译了克莱德·克拉克洪的《人的镜子》（因出版社毁约，未刊）、拉尔夫·林顿的《文化树》（重庆出版社，1989）、玛格丽特·米德的《古今蛮族》（因出版社毁约，未刊）。

在《比较文化之我见》一文里，我呼应了金克木先生对《菊与刀》的介绍，萌生了将其译介给中国读者的愿望，可惜彼时学术译著的市场萎缩，夙梦难圆。

所以，2011年4月北大出版社的周丽锦小姐建议我翻译《菊与刀》时，我欣然应允。谁知压力不小。

二、压力不小

网上检索之后，不禁大吃一惊，《菊与刀》已经有十来种译本。但既已承诺，再加喜爱，就不能不奉献一个比较令人满意的新译本，何况我本人多年来反复宣示，自己的译作应该对得起作者、读者、出版社、译者自己和后人呢。

着手翻译后又发现，《菊与刀》的译本"不可胜数"（见汤祯兆《晶报·深港书评》2011年9月11日B08版）。到2011年国庆节时检索发现，《菊与刀》的译本竟有二十来种。

翻阅了一些译本之后发现，大多数的译者严肃认真、各有所长，译本各有特色。要胜人一筹殊非易事。

我的短板在于，没有在日本长期生活的经验，难以对作者的观察和评论做深入的批评。为了克己之短，我虚心学习其他译本中关于日本观念、术语、国民性的译文，尤其注意他们的注释。除了浏览其中的几种译本外，我还翻阅了夏遇南的《日本人》、金文学的《丑陋的日本人》、小泉八云的《日本与日本人》和赤军的《宛如梦幻》。

我的优势在于：多年对美国人类学尤其对本尼迪克特的研读和理解，

几十年英语教学、研究和翻译的积累。

一旦浏览我翻译的本书目录，读者就可能注意到，我对一些关键词的翻译有别于其他任何译本，比如："各安其位"而不是"各得其所"，"情感"而不是"人情"。

这本书的英文在我翻译的五十余种社科论著和文学作品中，语言是最平实明快、通俗易懂的。但我注意到，一些译者的英文可能还欠火候，其译本中有一些明显的理解错误。

世上没有完美的译本。我想，经过许多译者的共同努力、暗中较劲、互相勉励，我们终能推出接近于完美的译本吧。我希望，这个北大版的译本能无愧于自己五个"对得起"的承诺。

三、为何有这么多译本？

《菊与刀》有二十来个中文版，使人不能不惊叹其市场号召力。市场效应，盖有三种因素：一是中国读者持久不衰的兴趣，二是中国读书市场的海量，三是出版社的赢利空间。

有人批评《菊与刀》的译本"不可胜数"，有一定道理；一些出版社为名利双收，难以免俗，可能有一哄而上之嫌。

然主要的原因是：《菊与刀》是世界级的经典，虽然世易时移，其主要的观察、思想、断语和结论是持久不衰的。

按理说，美国人研究日本人不一定占优势，但他们留下的三部名著却举世公认：埃德温·赖肖尔（Edwin Oldfather Reischauer）的《日本人》（1988）、约翰·道尔（John Dower）的《拥抱战败》（1999）和本尼迪克特的《菊与刀》（1946）。

中国人研究日本的名著有戴季陶的《日本论》、蒋百里的《日本人》，还有当代名著《丑陋的日本人》（金文学）、《战后日本文化与战争认知研究》（刘炳范）等。这些论著，尤其是豪气冲天的金文学的《丑陋的日本人》都享有一定的声誉，但离世界级的经典似乎还有一段距离。

中国人与日本人的恩怨情仇迫切需要认识与化解，我们迫切需要深入研究日本。

《菊与刀》阐述的日本文化模式不可能是绝对真理，更不可能永远正确。然而，任何文化的民族性和模式都持久不变，其基本要素和文化基因是难以变化的。所以，《菊与刀》的研究方法、文化模式论、深刻洞察力和对日政策建议仍然具有深刻的启迪价值。

四、日本文化模式

《菊与刀》的副书名是"日本文化模式论"，名如其象，名如其实，名副其实。

菊花是日本皇室徽标，象征日本文化温文尔雅的一面，刀是武士的标记，象征尚武、野蛮、非理性、攻击性的一面；樱花是武士道的象征，所以武士道也有非野蛮的一面。菊与刀以及樱花的象征意义是本尼迪克特所论日本文化模式的第一母题。日本人从人到兽、从人到魔、从文质彬彬到杀人如麻的急剧震荡行为，我们可以从中求解。

作者历数日本文化的重重矛盾、国民性的两面性，用"既……又……"的套语加以归纳：日本人既彬彬有礼，又趾高气扬、盛气凌人；既顽固僵化，又欣然适应极端的革新；既恭顺服从，又很难服从自上而下的控制；既忠心耿耿、宽宏大量，又背信弃义、心怀恶意；既无所畏惧，又畏首畏尾；既服从铁的纪律，又桀骜不驯、长有反骨；既专心致志、热衷西学，又很保守。

二战期间，日本人的行为令人困惑：日本政府一边在华盛顿与美国谈判，一边偷袭珍珠港，几乎全歼美军太平洋舰队，使美国人大吃一惊；菲律宾战役，美国人大败，日本人虐待盟军战俘，使美国人恨之入骨；后来的太平洋岛屿争夺战中，日本兵拒不投降，战至最后一兵一卒，使美国人伤亡惨重。战争行将结束时，美国政府亟须回答很多问题：

"日本人将要做什么？如果不入侵其本土，日本会投降吗？我们该不该轰炸天皇的皇宫？我们对日本战俘有何期望？在对日军和日本本土的宣传中，我们应该说什么才能挽救美国士兵的生命，才能削弱他们战到最后一兵一卒的决心？……我们需要对他们实行长期的军事管制吗？我们的军队不得不清剿日本山区要塞里死拼到底的日本兵吗？日本会不会发生尾随法国革命、俄国革命的那种革命，然后才能实现国际和平呢？谁会领导那样的革命呢？另一种选择是不是灭绝日本人呢？"

所有这些问题使美国政府头疼，美国人不了解日本，美国政府亟须智囊和学者的帮助。于是，战略情报局请本尼迪克特研究日本文化，希望从中寻求比较合理而有效的对日政策。

如此，本尼迪克特受命去完成一个几乎不能完成的任务：提出建议，协助美国政府制订对日战略。结果，她创造了一个令人惊叹的奇迹：美国政府和盟军司令部几乎照单全收她的政策建议。因此，《菊与刀》不仅成为美国对日本的政策指南，而且成为日本人佩服的经典。

本尼迪克特不通日语，未曾旅居日本，而且战争期间又不能去日本做田野调查，那么她何以能创造奇迹呢？这是因为她的理论学养深厚，实践经验丰富。彼时，她是文化相对论、文化模式论和心理人类学的代表人物，能得心应手地运用人类学和民俗学理论，从事田野调查。

《菊与刀》就是她理论与实践并重的结晶，是她的文化模式论的杰出成果。虽不能深入敌后去研究，但她能深入美国政府为日本人设置的"重新安置中心"，将这些集中营作为她田野调查的基地。她夹在集中营当局和"囚徒"之间，身份暧昧、处境尴尬、被人怀疑，但由于其深厚的学养和丰富的经验，她能得到信息提供者的信任，顺利开展调查研究，因此，她能见他人所不能见，言他人所不能言，发现了日本人自己都不能发现的"庐山真面目"，创造了日本学者也不得不佩服的奇迹。当然，除现场的田野调查外，她还以独到的眼光解读了大量的文献、"审看"了许多电影。她能穿透日本人行为、文字和影像的表象，挖掘其底层的文化模式。

《菊与刀》的目录使日本文化的主要模式一览无余。

1.社会的等级制使各阶层、群体和个人"各安其位"；等级森严，社会流动性差；文化趋于保守，却也稳定。

2."明治维新"使日本文化的继承和断裂得到彰显，既是猛烈的社会变革，又推进"王政复古"，使天皇制"万世一系""万世一统"。

3.背负恩情和难以报恩的意识构成沉重的生活压力，使他们感到"难以报恩于万一"。负恩和报恩是日本人沉重的义务包袱。

4."情义"的独特义务观最为沉重，使他们必须履行对社会的义务，并维护自己的名誉；他们觉得，不回报情义就会人格破产，所以他们谨言慎行，小心翼翼地行走在复杂的世界里。"履行'情义'难以承受，是'不太情愿'的。""情义"是日本特有的道德范畴，稀奇古怪；忠于主君是"情义"，因受辱而报复也是"情义"。

5.情感生活的放纵与控制兼而有之。原因在于日本人独特的人性观：人生性善恶皆有，连天照大神之弟也善恶皆有；他们认为，人基本上是向善的，不会形成善恶对垒、肉体与精神对垒的局面，这与西方的人性观迥然不同。吃饭、睡觉、沐浴、饮酒、嫖妓、自慰都是他们放纵与控制兼有的情感生活。

6.道德的两难困境盖源于几个因素：道德标准中有"目"无"纲"，不能"纲举目张"；道德准则仍然是原子似的积木块，忠、孝、情义、仁、情感等是积木，却没有统御一切的"拱顶石"，没有总览一切道德的"全图"，只有相对分散的"忠的圈子""孝的圈子""情义的圈子""仁的圈子""情感的圈子"；而且，"日本人的道德准则或道德圈子总是随着情况的变化而变化，情况一变，截然不同的行为变化就必然发生"。

7. 罪感文化与耻感文化。这是美国文化和日本文化的最大差异之一，也是本尼迪克特最广为人知、影响最大的模式论之一。

8. 自我修养的目的是享受人生、品味人生；自控、自制、自律的目的不是自我牺牲，而是为了享受人生、品味人生；相信直觉，接受禅宗的"无为"之境，反对用"观察的自我"来约束"行为的自我"。

9. "育儿模式"是人类学家研究文化的看家本领之一。借此，本尼迪克特步步紧追，挖掘日本文化最深层的奥秘。第十二章"儿童的学习"有几个亮点：①日本人的人生曲线是深凹的 U 形曲线，婴儿和老人享有最大限度的自由，成年人的自由度降至低谷；美国人的人生曲线是倒过来的 n 形曲线，幼儿期强调纪律，成年期的自由度和主动性最大，老年期的自由度减少。②日本人的童年分为前后两期，前期快活似神仙，后期受种种束缚，此所谓"童年期教养的非连续性"，这正是日本人性格矛盾、行为震荡、急剧摇摆的根源。③"刀"与"锈"的比方。人身和品格好比"刀"，污点好比"锈"；"刀"要常擦拭，永不生锈，铮铮闪光，这就是"自我负责"的精神。

10. 最后一章"投降后的日本人"有两个亮点：①美国政府与盟军司令部全盘接受了本尼迪克特的政策建议："一个善意的、对日本人信任的政策得到了丰厚的回报"；"保留天皇具有非常重大的意义。这一方针处理得当"。于是我们看到，日本人对美国人的态度来了个 180 度的大转弯，他们对占领军热诚欢迎，阿谀奉承。②日本人善于改弦更张："日本人有多种选择的伦理。他们试图通过战争赢得在世界上的'适当地位'，结果失败了。如今，他们能抛弃那种方针，因为他们接受的全部训练使他们能适应改弦更张。"

五、从奥斯威辛到南京大屠杀

几乎在翻译《菊与刀》的同时，我为花城出版社翻译了《迫害、灭绝与文学》，很自然要将日本人、德国人和犹太人进行比较。

我的结论是：任何民族，无论其国民性如何，一旦踏上军国主义和法西斯的道路，必然从人变成兽，由人变成魔。

二战期间的奥斯威辛死亡营和南京大屠杀是世界历史上的两大毒瘤。德国人勇敢割掉毒瘤，脱胎换骨。日本人不知悔改，不但不深刻反省，反而肆无忌惮否认血淋淋的兽行。

二战期间的德国和日本结成轴心国因疯狂而征服，因征服而疯狂，很快走上不归路。

两者的不同是，德意志民族真诚反省，日本人未曾悔罪。

两个国家和民族何以如此相似，又为何如此不同？

这是中国人、日本人和世界人民都不得不直面的事实，不得不长期研究的课题。

美国人类学家鲁斯·本尼迪克特的《菊与刀：日本文化模式论》为我们提供一把钥匙，使我们得以解读日本文化之谜。

日本人从人到兽、从人到魔、从文质彬彬到杀人如麻的急剧震荡行为，我们可以从中求解。

群众变暴民的社会心理机制 [①]

这篇小序分七个部分介绍作者和《群众与暴民》，谈一点体会。

一、作者及其作品

约翰·麦克莱兰（John. S. McClelland）是英国当代学院派政治学家，治学严谨，作品少而精。中国读者对他并不陌生。他的《西方政治思想史》在大中华地区已有简体字和繁体字两个译本，均享有盛誉。不过，他却有两个汉语译名：麦克莱兰和麦克里兰。本书选用麦克莱兰，以期更贴近作者姓氏的英语发音。

《群众与暴民》是麦克莱兰的又一杰作。对于我们了解西方政治思想的一个侧面，对于我们学习其群众理论、群众心理学、社会心理学，解析西方近代的非理性思潮，它如同一面晶莹的透镜；对于我们应对当代中国社会生活里的非理性思潮，对于我们应对互联网时代的"群众"乱象，这本书都像高倍的透镜，使人眼前一亮，如同醍醐灌顶。

---

① 原为《群众与暴民：从柏拉图到卡内蒂》（复旦大学出版社，2014）译者序，有删节。

二、书名辩证

经反复研读思考，又经与本译作的编辑姜华先生磋商，我们决定将 *The Crowd and the Mob: From Plato to Canetti* 直译为《群众与暴民：从柏拉图到卡内蒂》。

此前，有人将其译为《群众与群氓》；一本群众心理学的书又将"Crowd"的书名意译为"乌合之众"；这种书名的号召力固然很好，却使"群众"带上了一丝贬义。"Mob"译为"群氓"似乎勉强说得过去，却又使之带上了一丝中性的色彩。考虑到原书"Mob"的贬义，还是直译为"暴民"。

书名副标题"从柏拉图到卡内蒂"表明，该书纵览 2500 年西方政治思想史的一个侧面：群众现象、群众思想、群众理论、群体心理学和社会心理学的演化。

三、快速扫描

《群众与暴民》共十章，外加绪论和作者后记，撷取从古至今的 16 位哲人、学者和群众领袖，辨析其"群众"思想。书中扫描的人物不少于一百，但浓墨重彩描绘的是 16 位，他们依次是：柏拉图、李维、塔西陀、普罗科匹厄斯、马基雅弗利、孟德斯鸠、爱德华·吉本、托马斯·卡莱尔、儒勒·米什莱、伊波利特·泰纳、西庇阿·西盖勒、加布里埃尔·塔尔德、古斯塔夫·勒邦、西格蒙德·弗洛伊德、阿道夫·希特勒和埃利亚斯·卡内蒂。

作者论析的依据是他们相关的代表作：柏拉图的《理想国》、李维的《罗马史》、塔西陀的《历史》和《编年史》、普罗科匹厄斯的《战争》和《秘史》、马基雅弗利的《君主论》、孟德斯鸠的《论法的精神》、吉本的

《罗马帝国的衰亡史》、卡莱尔的《法国革命》、米什莱的《法国史》和《法国革命》、泰纳的《当代法国的源头》、西盖勒的《教派心理学》和《犯罪群众》、塔尔德的《模仿律》和《刑法哲学》、勒邦的《群众心理学》、弗洛伊德的《群体心理学》、希特勒的《我的奋斗》和卡内蒂的《群众与权力》。

四、术语解析

书名"群众与暴民"里的两个关键词，"暴民"无须解释，"群众"则要花大力气予以说明。

本书的"群众"与中国社会生活里的"群众"大异其趣。

在当代中国革命和建设的用语中，"群众"是阳刚、正面、积极、褒扬的。"群众路线"是中国共产党新民主主义革命的三大法宝之一。中共党内的群众路线教育实践活动旨在推进中国的现代化事业。

在西方学界（政治学与心理学）尤其在这本书里，"群众"是一种复杂的社会现象，"群众"观念和理论的运行、特征和功能，"群众"的衍生意义，"群众"的相关学科都内容庞杂，需要我们在这里花力气用小篇幅初步梳理。

"群众"的近义词和密切的关联词有：大众（masses）；群氓（populus）；暴民（mob）；乌合之众（rabble）；民众（demos）；平民（plebs/commons）；群体（group）；集体（collective）；社群（association）；社团（corporation）。

"群众"的派生词语有：群众人（crowd-man）；群众社会（crowd society）；群众政治（crowd politics）；犯罪群众（criminal crowd）；制度化的群众（institutionalized crowd）；无领袖群众（leaderless crowd）。

"群众"的特征有：匿名性（anonymity）、传染性（contagion）、暗示感受性（suggestibility）。

"群众"心理和相关的心理有：群众心理（the mind of the crowd, crowd

mentality）；群体心理（the group mind）；集体心理（collective mind）；"暴民心理"（mob mind）；个体心理（individual psychology）；社会心理（social psychology）。

与"群众"相关的心理学有：政治的精神病理学（political psychopathology）；集体精神病理学（collective psychopathology）；催眠术心理学（psychology of hypnotism）；深蕴心理学（depth psychology）；无意识心理学（psychology of the unconscious）。

"群众"理论及其衍生理论和相关理论有：群众理论（crowd theory）；群众理论家（crowd theorist）；群众领袖理论（theory of the leadership of crowds）；进步理论（theory of progress）；无意识行为理论（theory of unconscious behavior）；精英理论（the theory of elites）。

与"群众"相关的时代有：群众时代（era of crowds）；暴民时代（the age of the mob）。

"群众"和相关概念的一些表述有：群众是未分化的大众，暴民是不文明的暴力；威胁文明生活的群众是暴民；在暴乱间歇期积蓄力量的暴民是群众；群众威胁的对象是文明；防止群众成为暴民就叫作统治；暴民的生活就叫作暴乱或革命；群众极盛时，有一个"混乱的无政府时期"、一个"野蛮的阶段"。

与"群众"相关的规律有：群众心理同一律（Law of the Mental Unity of Crowds）；工资铁律（Iron Law of Wages）；寡头政治铁律（Iron Law of Oligarchy）。

卡内蒂极其繁复的"群众"分类有：开放的与封闭的；有节律的和停滞的；缓慢的和快速的；显形的和隐形的；引诱型、逃亡型、抑制型、逆反型、飨宴型、双重型、增长型、单一型。为何他要不厌其烦？且看我们下文解析。

五、勒邦与卡内蒂

《群众与暴民》重点介绍 16 位哲人、学者和群众领袖。这篇小序撷取其中两人单独介绍：古斯塔夫·勒邦（Gustave Le Bon）和埃利亚斯·卡内蒂（Elias Canetti）。勒邦是 19 世纪后半叶群众心理学的先驱之一，1895 年抢先发表专著《群众心理学》（国内的十余个译本全都变通译为《乌合之众》），功莫大焉。卡内蒂是群众心理学的集大成者，1960 年发表的《群众与权力》是一百年间群众心理学的权威总结。

两人最大的差异是：勒邦是非学院派的普及作家，求名而不择手段；卡内蒂是学究型的跨学科奇才，大肆彰否，痛快淋漓，却也有疏漏。

本书作者麦克莱兰亦爱憎分明，大篇幅揭露勒邦人品和学风的阴暗面，同时充分肯定其历史地位；高调讴歌卡内蒂的伟大贡献，同时也指出其疏漏不足。限于篇幅，只能三言两语概述如下。

勒邦肆无忌惮地剽窃，恬不知耻："勒邦肆无忌惮地以施惠人自居，剽窃泰纳的成果，亦如他剽窃其他群众理论家的成果一样……他放开手脚到泰纳的《源头》里去捞取研究群众的素材。""勒邦的生平所为使人不再相信，剽窃勾当必定是偷偷摸摸的。皮卡德称勒邦为科学游击队，但叫他科学海盗更确切。勒邦干剽窃勾当很简单。他假装是科学上的孤军，以便声称一切思想都是他的原创，从任何地方进入他脑袋的思想都是他的。"

勒邦推销自己，不择手段："勒邦满世界推销自己，每当发生围绕创新优先权的争论，他总是要坚称自己是第一发明人，例子有永恒循环的思想和相对论。他竟然厚颜无耻地致信爱因斯坦，要求对方公开承认，他才是相对论的发现人，反诬对方说，这是德国人忽视法国科学的又一个臭名昭著的例子。"

当然，麦克莱兰对勒邦的评价也是平衡公允的："不过，他是第一位把群众心理学的发现写成专著的群众理论家，其宗旨是吓唬读者，使之接受一种意识形态；他又是第一位利用大众说服技巧的群众理论家，旨在利用群众心理学揭示的说服技巧去兜售他的作品。"

卡内蒂对群众进行详细分类，旨在批判勒邦："读完他这种分类的论述后，我们才开始理解，为何他的《群众与权力》书名里的'群众'（crowds）要用复数，其意图是揭示勒邦《群众心理学》书名里用单数的'群众'（crowd）是多么荒唐……卡内蒂细分群众的方法显示勒邦方程式的荒谬。勒邦的方程式是：群众 = 暴民 = 大众 = 任何文明的终结。这个公式被证明是错误的以后，勒邦的群众观点及其历史地位在意识形态上貌似可信的样子就现了原形，那只不过是一种修辞而已。"

六、学术价值和现实意义

我不惜用醍醐灌顶四个字来形容麦克莱兰的《群众与暴民》的价值。

近代以来，我国动乱和革命里的非理性现象令人触目惊心。

这本新奇的书有利于我们分析、认识、应对和矫正"群众"的非理性行为。

"群众心理学"不是新学科，我们要赶快补课啊。

仅以网络问政为例，《群众与暴民》就令人大开眼界。容我三言两语，借用该书的思想做一些点分析和发挥。

网民问政的现象很复杂，网络舆论场也很复杂。传统媒体影响下的政治基本上是自上而下的纵向传播，连舆论领袖的横向影响也未必很强大，逆向的自下而上的影响就更小。到了互联网时代，人人都是信息的生产者，有望成为信息中心，人人都可以制造话题；受欢迎的博主很快就成为"舆论领袖"；一只蝴蝶可以掀起翻天巨浪，一句谣言可以使万民不安。这个舆论场是弥散的，信息的流动是多元、多维、多向的，显得相当混乱。

但我们仍然可以梳理一些基本的规律：和一切社会现象一样，网络问政也分上中下，左中右，消极和积极，温和、激进与极端，建设性与破坏性，理想局面与沮丧后果。"网络问政"的参与者既有"良民"，也有"恶棍"。

所以，网络要有规制，网民要有自律，"良民"要警惕"恶棍"；政府要讲亲民、公平、正义，善待民意，回应民意，学习民意。

2013 年 11 月 21 日

乌合之众受什么裹挟 [①]

说明:《乌合之众》(古斯塔夫·勒庞著,何道宽译)收入北大版"未名社科·大学经典",北大这个丛书的特点是:没有序言或导读。为求统一,编者希望我削足适履:把译者前言改为"译后记",把"译者后记"省略。现将我的译者序还原于此。

一、剽窃神手耶,学术大师耶?

几个月来,很是纠结。北大委托翻译的这本书,我是否要勇于担当?无数问题接踵而至,难以求解。

这本书已经近 20 个中译本,容我再凑热闹,添加一本吗?

已出的所有中译本皆名《乌合之众》,我难以苟同。是否要另起炉灶,另外命名?

作者勒邦(又译勒庞)是学术骗子抑或是学术大师?

他的名著 *The Crowd: A Study of the Popular Mind* 是学术经典抑或是江

---

① 原为《乌合之众》(北京大学出版社,2016)中译者序。

湖膏药？

为何出版界一窝蜂上？功利？钻营？媚俗？

这本书对中国学术、社会、文化、民智有用吗？

为何诸多译者把 The Crowd 译为《乌合之众》？哗众取宠的噱头？帮助读者的苦心？精心追求的传神？无可奈何的变通？翻译技法的妙手？

在今年的译作《群众与暴民》（约翰·麦克莱兰著，复旦大学出版社，2014）里，我没用《乌合之众》的译名，坚持将勒邦的 The Crowd 译为《群众心理学》。

经旬月踟蹰、仔细思考、全面评估后，又征得《群众与暴民》的编辑姜华先生同意后，我改变初衷，得出一个调和的结论：既然勒邦这本书是群众心理学的第一部专著，功莫大焉；既然他是群众心理学的奠基人之一，业有专精，应予肯定；至于其学术人品，虽令人诟病，却可一分为二。毕竟他不是学术庙堂中人，而是普及读物写手。

迄今为止，在我的译作中，与勒邦 The Crowd 类似的有四种：《传播与社会影响》（加布里埃尔·塔尔德著，中国人民大学出版社，2005），《模仿律》（加布里埃尔·塔尔德著，中国人民大学出版社，2007），《个性动力论》（库尔特·勒温著，中国传媒大学出版社，2016）和《群众与暴民》（约翰·麦克莱兰著，复旦大学出版社，2014）。

《模仿律》是法国社会学、社会心理学巨著，《传播与社会影响》是塔尔德著作精粹，由当代著名社会学家、芝加哥大学的特里·克拉克教授选编并翻译，两本书均纳入中国人民大学出版社的"传播学经典译丛"。

《个性动力论》是实验心理学和社会心理学名著，作者是传播学先驱之一，纳入传媒大学出版社的"传播学经典译丛"。

《群众与暴民》和《乌合之众》主题相同，品位迥异。《群众与暴民》是非常严肃的学院派著作。它研究西方 2500 年来的"群众"现象，重点解析西方近代的非理性思潮，是西方群众理论、群众心理学、社会心理学和政治学名著。作者麦克莱兰的《西方政治思想史》在海峡两岸影响很大，有繁体字一个版本和简体字两个版本（海南出版社，2003；人民出版社，2010）。它撷取从古至今西方研究"群众"现象的 16 位代表人物，其中包括伊波利特·泰纳、塔尔德、西盖勒和勒邦，四人均用独立的章节论述。麦克莱兰爱憎分明，盛赞泰纳、塔尔德、西盖勒对群众心理学的重大贡献；对勒邦则一分为二，既肯定其历史地位，又揭露其人品和学风的阴暗面，痛批其剽窃塔尔德、西盖勒和泰纳的行为。

容我在此扼要转述麦克莱兰对勒邦的批判，借以平衡和矫正过去十余年来中国出版界和学术界无意之间为勒邦塑造的高大全形象。我无意打倒他，唯愿还原真相，恰当臧否。

为省篇幅，引三句话足矣。勒邦肆无忌惮地剽窃：

"勒邦的生平所为使人不再相信，剽窃勾当必定是偷偷摸摸的……他干剽窃勾当很简单。他假装是科学上的孤军，以便声称一切思想都是他的原创，从任何地方进入他脑袋的思想都是他的。"

"勒邦肆无忌惮地以施惠人自居，剽窃泰纳的成果，亦如他剽窃其他群众理论家的成果一样……他放开手脚到泰纳的《当代法国的源头》里去捞取研究群众的素材。"

为了推销自己，他不择手段："……他竟然厚颜无耻地致信爱因斯坦，要求对方公开承认，他勒邦才是相对论的发现人。"

二、书名辩证

若直译，*The Crowd: A Study of the Popular Mind* 当为《群众：大众心理研究》。几十年来，世界各国心理学圈子里都将其译为《群众心理学》，唯独中译本都题为《乌合之众》。这个译名所向披靡，既吸引眼球，又撩动非理性，掀起了一波接一浪的营销狂潮。然而，"乌合之众"的译名真符合勒邦原书里 crowd 的含义吗？真有利于中国的学术建设吗？

"乌合之众"在现代汉语里带一丝贬义，不符合该书主题。

"乌合之众"显然与中国读者熟悉的"群众"也大异其趣。

在心理学里，crowd（群众）不同于 group（群体），"群众"是非理性群体，不容混淆。

在当代中国革命和建设的用语中，"群众"是阳刚、正面、积极、褒扬的。"群众路线"是中国共产党新民主主义革命的三大法宝之一。

在西方学界（政治学与心理学）里，"群众"是一种复杂的社会现象，"群众"观念和理论的运行、特征与功能，"群众"的衍生意义，"群众"的相关学科都内容庞杂，需要我们在这里花力气用小篇幅初步梳理。

我认为，用《乌合之众》来翻译勒邦的 *The Crowd*，未必妥当。所以，在我的译作《群众与暴民》里，我坚持将其译为《群众心理学》，心有正名之意。

为求理解勒邦《群众》的主题，有必要梳理"群众"的含义，廓清"群众心理学"的学科范围和宗旨。与"群众"相关的十条概念见上篇"群众变暴民的社会心理机制"第四节。

三、两难的困境，最后的妥协

迫于《乌合之众》众多译本所向披靡的压力，我不得不放弃"矫正"译名的主张，做出妥协，接受约定俗成的译名《乌合之众》。不过，我要给它加上一个副标题，最后将其定名为《乌合之众：群众心理研究》。

但有一点是不能妥协的：crowd 不能译为"群体"（"群体"只对应 group），只能译为"群众"。

本书的翻译自始至终坚持区分三个名词的不同译名：crowd 是"群众"，group "群体"，collectivity 是"集体"，不容混淆。所以，读者会发现，其他译本中99%的"群体"都被我还原为"群众"了，意在正名。

为求圆满，容我再补充几点意见，以求教于读者。

1. 与"群众"相比，"乌合之众"带一丝贬义，标准的心理学术语"群众"的英语对应词是crowd；"乌合之众"更接近于英语的rabble，无法回译为crowd。

2. *The Crowd* 不能译为《群体心理学》，应该译为《群众心理学》，将其译为《乌合之众：群众心理研究》，是我对国内"传统"译名的无奈妥协。

3. 群众心理学和群体心理学截然不同，不能混淆。比如，弗洛伊德的书 *Group Psychology* 就不能译为《群众心理学》，而只能译为《群体心理学》，因为"群体"和"群众"含义不同。

四、为出版界辩护

十余年来，国内出版界"一窝蜂上"，竞相推出勒邦的《乌合之众》中文版，有诸多道理，细究起来，不外乎是：

1. 勒邦虽不是严肃的学术大师，至少是群众心理学的奠基人之一。他广采博取，"吸纳"（"剽窃"）同时代其他社会学家和心理学家同期或率先的成果，抢先发表了世界上第一部群众心理学畅销书。实际上，几本论述或涉及群众心理学的专著都早于勒邦这本书，比如，伊波利特·泰纳的多卷本《当代法国的源头》（1876—1894）、塔尔德的《模仿律》（1890）、西盖勒的《犯罪群众》（1891）就早于勒邦的《乌合之众》（1895）。勒邦在《乌合之众》里大量"吸纳"他们三人的成果，或隐或显，毫无顾忌。

2. 自1895年问世以来，《乌合之众》这本小书无数次再版，译成近20种文字，历经一百余年而不衰。

3. 勒邦及其著作风靡全球和现代世界，这一现象引人注目。他的《乌合之众》是一面透镜，折射人的非理性情感、情绪、行为和道德，又是一座音调高亢的警钟，拥有强大的生命力。

4. 近代以来，中华民族命途多舛、多灾多难，为实现民族解放和复兴前赴后继、可歌可泣。我们有许多经验教训需要总结，群众心理学正是解释力和说服力强大的有力武器，可资借用。为反省"砸烂孔家店""全盘西化""无法无天""造反有理"的历史失误，破解当前互联网和自媒体里的乱象，群众心理学都是一笔宝贵的财富。

5. 勒邦的《乌合之众》似乎有无限广阔的市场。无数勤于思考的公民希望借它考察社会、解剖自我。

明乎此，似可说：出版社狂热追捧勒邦的《乌合之众》，争夺市场，那未必全是非理性的行为。

五、《乌合之众》的现实意义

按照惯例，我在几十部译作的"译者前言"里都写导读式的"各章提要"。这本书就省去了，因为互联网上有关这本书的"导读""提要""评论""心得"数不胜数，而且我相信，读者亦有兴趣自己花点时间去阅读，实在没有必要在此徒费笔墨。

但如果需要快速扫描该书的内容，则有两条途径，一是看我为该书写的"内容提要"，二是看我在"目录"各章下充实的详细提要。

在此，容我仅就最近几年著译里的体会，说一说《乌合之众》的现实意义。

在中华民族伟大复兴的过程中，在建设绿色家园、精神文明、健康舆论场的过程中，如何应对一哄而起的"群众"现象是一个紧迫的课题。

我近年的几种译作，有四种与绿色家园、健康舆论场、国际话语权密切相关，它们是：《互联网的误读》《媒介、社会与世界》《新新媒介》和

《群众与暴民》。

《互联网的误读》（詹姆斯·柯兰等著，中国人民大学出版社）从史学、社会学、政治学和经济学的视角介绍互联网的历史与现状，平衡了乐观主义和悲观主义的观点、解说和主张，理性地审视互联网在性质、历史、功能的方方面面，不失为一本及时的书，有重大的参考价值。

《媒介、社会与世界》（尼克·库尔德利著，复旦大学出版社）是媒介研究和媒介社会学的力作，继承了英国文化研究的传统，旗帜鲜明地批判新自由主义，破解媒介文化比较研究中的西方中心思想。

《新新媒介》第二版（保罗·莱文森著，何道宽译，复旦大学出版社，2014）专辟一章，批判新新媒介的阴暗面，探讨其潜在危险，提出补救措施。他论述的弊端有：知识产权的侵犯、信息垃圾（spam）、流言（gossip）、攻击（flaming）、煽动（trolling）、霸凌（bullying）、盯梢（stalking）和恐怖活动。

《群众与暴民》尤其有助于我们应对当代政治生活、社会生活和网络生活里的非理性现象和"群众"现象。现根据我在该书译者序里的部分论述进一步发挥如下：

近代以来，我国动乱和革命里的非理性现象令人触目惊心。

《群众与暴民》和《乌合之众》有利于我们分析、认识、应对和矫正"群众"的非理性行为。

网络问政的现象很复杂，网络舆论场也很复杂。传统媒体影响下的政治基本上是自上而下的纵向传播，连舆论领袖的横向影响也未必很强大，逆向的自下而上的影响就更小。到了互联网时代，人人都是信息的生产者，有望成为信息中心，人人都可以制造话题；受欢迎的博主很快就成为"舆论领袖"；一只蝴蝶可以掀起翻天巨浪，一句谣言可以使万民不安。这个舆论场是弥散的，信息的流动是多元、多维、多向的，显得相当混乱。

但我们仍然可以梳理一些基本的规律：和一切社会现象一样，网络问政也分上、中、下，左、中、右，消极和积极，温和、激进与极端，建设性与破坏性，理想局面与沮丧后果。"网络问政"的参与者既有"良民"，也有"恶棍"。

所以，网络要有规制，网民要有自律，"良民"要警惕"恶棍"；政府要讲亲民、公平、正义，善待民意，回应民意，学习民意。

互联网、新媒体和自媒体"绿色家园"的培育不能完全靠自律，必须有他律。所谓他律就是法治和政策规制。人性"恶"的一面不守规矩，互联网、新媒体、自媒体的虚拟性和匿名性又容易助长肆无忌惮的"诈弹"、造谣、诽谤和攻击。"大 V"和敌对势力的呼应并未完全揭穿，还可能死灰复燃。

六、《乌合之众》评价

至于对该书的评价，当代美国著名社会学家罗伯特·默顿（Robert Merton）的结论公允、客观、全面，我完全赞同，兹抄录如次。他在本书的序言"《乌合之众》的诸多矛盾"里说：

"这是一本时髦的书；反复证明勒邦的时代和我们的时代密切相关；绝非全然的创新之作，严格地说也不正确；从多重性无穷尽的视角看，表现最佳时也只能算较好，最差时也不算很糟，作者则无从知其好坏；字里行间与字面上有着同样多的意义；眼光时而偏于一隅，时而扫描全球；时而预见未来，时而回眸过去；实际上有效地利用历史，原则上却否认历史的真实性和有效性；从当时表现出人类行为一致性的戏剧性事件中提炼出这样的一致性；杂糅着一些并不影响其实质的意识形态怪论。这就是勒邦的《乌合之众》，一本仍然值得一读的书。"

译者后记

两年来，我翻译了两本群众心理学的名著：《群众与暴民》（复旦大学出版社，2014）和《乌合之众》（北京大学出版社，2014）。两本书主题相同，品位迥异。所以，它们在我心中的分量相差悬殊，我花费的时间也大不相同。《乌合之众》用了 55 天，《群众与暴民》费时一年有余。因此，我在《群众与暴民》的"译者后记"里坦承：

"这本书很新奇，又厚重，我感到责任重大，必须格外用心。译事稽延一年有余，盖因爱之深切，需要反复打磨。去年（2012）上半年初稿即已过半，刻意搁置，意在冷却沉淀。今年（2013）重拾旧稿，更觉它极为珍贵。"

翻译《乌合之众》极为顺畅，原因有三：一是其英文简明晓畅、明白如话；二是其内容简易、我亦熟悉；三是其篇幅不大。

准备并实施翻译《乌合之众》的几个月中，非常纠结，遭遇三个障碍：书名的翻译，作品的评价，作者的评价。今天，这三个矛盾终于解决了。

书名沿用国内 17 个译本的译名，定为《乌合之众：群众心理学研究》，弃用我想坚持的《群众心理学》。

勒邦是群众心理学奠基人之一，我想对他一分为二，恰当臧否，请见我为本书撰写的"中译者序"。

至于对该书的评价，我完全赞同默顿的结论，已在"中译者序"里借用之，此地不赘。默顿对勒邦及其著作评价的矛盾心态，在他近两万字的超长序言里，处处可见，亦不赘述。

2014 年 6 月 25 日

何道宽：为学术传承盗火、播火、摆渡 ①

魏沛娜

他每天"闻鸡起舞"，自称是"一个纯书斋型的教书匠"，74岁如"老神仙"般自在生活，他说"七十而从心所欲不逾矩"

"宣传中国文化是我的首要关怀，沟通中西是我的终身梦想。"这是从事英语语言文学、文化学、人类学、传播学研究三十余年的资深翻译家何道宽的赤子之言。作为最早将跨文化交际学作为一门独立的学科引进国内的学者，何道宽在20世纪八九十年代抓住机遇翻译了一些文化学和传播学的经典和名著，惠泽读者，形成了近年来逐渐引起重视的"何道宽现象"。迄今为止，何道宽的著作和译作共有80余种，约2000万字。

近日，深圳大学文学院原副院长，现任中国传播学会副理事长、深圳翻译协会高级顾问的何道宽在深圳大学的办公室里接受了本报记者专访。今年74岁的何道宽每天仍"闻鸡起舞"，凌晨三四点钟开始写作阅读，晚上九点准时就寝。他自称是"一个纯书斋型的教书匠"，一生"不愿应酬、

---

① 魏沛娜：《何道宽：为学术传承盗火、播火、摆渡》，《深圳商报》"文化广场"，2016年8月16日，第 B08 版。

不会应酬"。目前正在翻译安吉拉·默克罗比的《创意生活：新文化产业》。这般如"老神仙"的自在生活，按他的话讲，正是"七十而从心所欲不逾矩"。

20 世纪 80 年代引进跨文化传播

深圳商报《文化广场》：20 世纪 80 年代是您这一代学人非常重要的开拓时期。而您在 1980 年曾到美国戈申学院做访问学者，1983 年在母校四川外语学院组建"比较文化研究室"，引进跨文化交际等。可以介绍下您这阶段的学术状态吗？

何道宽：20 世纪 80 年代是我大力拓宽视野的时期。以拼命三郎的精神读书，博而杂，但难精深。此间，几乎想成为读书破万卷的"神人"，古今中外，举凡人文社科的书都想读；万卷未破，两三千卷倒有；那是狂热购书、读书的十年。夙兴夜寐、挑灯秉烛（常停电，真正的挑灯秉烛）"两头熬"，不知疲倦为何物。《辞源》《辞海》《大英百科全书》在第一时间购得，先后置备数十种各学科工具书，英文版《社会科学百科全书》在第一时间重点攻读。影响重大的各种丛书尤其新学科丛书尽量搜求、用心阅读；国内著名出版社的几套吸引我的丛书是："汉译名著"丛书、"走向未来"丛书、"走向世界"丛书、"新知文库"丛书、"世界文化"丛书、"面向世界"丛书、"中国文化"丛书、"现代社会科学"丛书，它们都对我产生了重大影响；《十三经注疏》《四书》《五经》《老子》《庄子》和《史记》使我回到中国经典。这个阶段最感兴趣的是人类学、社会学、文化学、儿童文学、中国文化。期间的苦恼之一是没有书房，小小的卧榻下、书架上、墙根边、门背后塞满书，不便查阅。

这个阶段的著译处在搭台子、铺摊子的学步阶段，范围很宽。亮点是引进跨文化传播，组建"比较文化研究室"（1983）和"美国文化研究室"

（1991），参与重庆组建"文化研究会"并担任副会长，出版《裸猿》《思维的训练》《希腊小奴隶》等译作，准备写汉英双语版《中国文化一百题》。

深圳商报《文化广场》：中国读者与 20 世纪原创媒介理论家麦克卢汉的结缘主要托福于您，他的著作大都是通过您翻译介绍到中国来，这也是您最大的译介成果之一。您是在怎样的机缘下接触到麦克卢汉的著述并决心想要翻译的？

何道宽：1980 年，我受四川省教委的派遣、以英语讲师的身份到美国戈申学院做访问学者。除了领导规定的英语语言文学方向之外，我不本分的天性敦促我选修了欧洲哲学史和跨文化传播（交际）。跨文化传播这门课使我认识导师丹尼尔·赫斯及其专著《从别人的观点看问题》，又通过他结识美国跨文化传播拓荒人罗伯特·科尔，并获赠他的《海外生存手册》等基础著作。此间，我阅读了威尔伯·施拉姆的《传播学》、爱德华·霍尔的《无声的语言》和《超越文化》，但使我震撼的是麦克卢汉的《理解媒介》，因为其他的书能看懂，唯独这本书看不懂。

1986 年 10 月底，我参加中国文化书院和中国未来学会主办的"文化与未来研究班"。研究班邀请了海外顶尖的未来学家授课，由于对第一场的英语翻译不满，我毛遂自荐，在北大讲演厅为五位海外学者担任口译。罗马俱乐部主席马西妮讲《罗马俱乐部与未来研究》、埃及总统萨达特的顾问易卜拉辛讲《伊斯兰阿拉伯文化》、国际未来研究会秘书长戴托讲《未来的文化与文化的未来》、加拿大未来研究会秘书长弗兰克·费瑟讲《电子高技术文化》，夏威夷大学教授克里斯托弗讲《太平洋文化圈》。有趣的是，下午两点钟到达讲演厅与费瑟初次见面时，难免感到紧张，因为不知道他要讲什么，更不知道"电子高技术文化"为何物。当时，我从未听说过"电子高技术文化"；对当时的多数国人而言，"电子高技术文化"听上去像天书。谁知道他回答说，他要讲的是马歇尔·麦克卢汉理解的"电子高技术文化"。我不禁非常惊喜，因为我喜欢麦克卢汉，也对他有一些了解。结果，这一场翻译酣畅淋漓、互动热烈、听众满意；翻译完毕后，竟有人上台对译者表示祝贺与嘉许。这五种讲演作为中国文化书院的录音教材在全国发行，也成为我担任研究生口译课的教材，均产生了比较好的影响。1987 年，我决心翻译麦克卢汉的《理解媒介》。但 1988 年 2 月译稿之后，却几乎难产；最终得到四川人民出版社的支持出版时，已经是 1992 年了。2000 年，商务印书馆推出我修订的《理解媒介》第二版。《理解媒介》是我引进的传播学重要经典之一，在传播学内外产生了广泛的影响。2008 年 12 月，中国出版业权威机构联合发布的评选结果揭晓，《理解媒介》被认为是"改革开放 30 年最具影响力的 300 本书"之一。

在深圳全心全意做学问

深圳商报《文化广场》：您在四川外语学院陆续有研究和译介成果产生，为何 1993 年却选择离开来到深圳大学任教呢？

何道宽：1993 年 3 月，深圳大学在《光明日报》上打整版广告，面向全国招聘教授。彼时，我在母校任教即将任满 30 周年，觉得后半生还可以在学问上搏一搏。我的经验是，只要你做学问，每换一个环境都可以上一个台阶。过去的四川外语学院仅仅是外语教育，现在则发展成为综合性大学。也就是说，当时环境有所限制，哪怕你再奋斗，再努力读书，毕竟周围跟你切磋的人的学问比较单薄一些，没有多学科的背景。如果你能跟人文学科的学者都接触，显然不一样。对于深圳大学，当时我完全不知道它的学术发展如何，因为我是纯粹的书斋式学者，基本不外出，每天基本是从书房到饭堂，从饭堂再到书房。今年算是破例了，73、74 岁才开始往外走。

在 1993 年来深圳大学之前，我从来没有到过深圳，对深圳和深圳大学也知之甚少。总想着深圳是改革开放的一块热土，是能产生心灵激荡、精神激荡的地方，是能激励人心的。从个人追求来讲，我对母校四川外语学院奉献了 30 年。那时我已 51 岁，如果再不走，谁也不要我了。后来听说深圳市政府的政策后才意识到，南下深圳大学真是冒险之举，因为 50 岁以上的教授进深圳，需要分管教育的副市长特批。

深圳商报《文化广场》：为何您说 2002 年退休以后，才进入"从心所欲的学术巅峰期"？

何道宽：自 1963 年至 2001 年从教的 40 年间，我最大的梦想就是平静的书桌、宽敞的书房、充足的读书写书时间。但长时期内最缺少的就是时间，最大的心灵煎熬莫过于"没有时间"。20 世纪 60 年代和 70 年代荒废了十来年，80 年代教学行政"耽误"了三年，1993 年转调深圳大学后又因教学行政"耗掉"了七年，60 岁退休后，才有时间全心全意做学问。

也就是说，退休之前是打基础，退休以后学术成果爆发，原因主要有三个：第一，三十几年的积累，人文社科基础基本打通了，都知道一点，哪个学科给我翻译都可以对付，只要不是理科的就行；第二，拥有时间保障，过去没有自由读书时间；第三，拥有学术市场，1981 年我从美国带了几百本书回来以后，就想大搞人文社科的翻译，可是当时没有氛围，出版界没有这个需求，国内没有学术翻译的市场，而文学翻译则大受欢迎，因为阅读门槛低，社科学术著作哪有几个人看得懂呢！

自 2002 年 1 月退休以来，我发表论文二十余篇，出版学术译著五十余部，每年平均出版译著三种、字数逾 100 万，今年有十来种译作问世，约 300 万字。我之所以能够在传播学的引进中"抢占先机"，又能够在其他领域引进经典，这里有几个必备的条件：第一，"拼命三郎"的天性；第二，四十余年的积累；第三，广泛的人文社科关怀；第四，充足的时间。

深圳商报《文化广场》：至今仍有一些学者感喟深圳的环境氛围并不适合做人文社科研究，尤其像您这种比较偏冷的人文社科翻译研究工作，不知在深圳您有一种"吾道孤独"之感吗？

　　何道宽：深圳这块创新的沃土对人文社科学者的激励是精神上的，也是机制上的，而不是直接提供学问的沃土和积淀。在这里做学问要有舍生忘死的精神，一种拼命的精神。此外，古今中外的学问在图书馆里、在网络上，很多已经数字化。只要有雄心，就不怕周围物质环境的束缚。

　　经常有人跟我说："何老师，我是看您的书长大的。"包括来自南京大学、中国社科院、中国人民大学、上海大学等学术机构的"少壮派"，我非常高兴能为学术的传承和传播做一点"盗火、播火和摆渡"的工作。所以对于我来讲，从事译介研究的目的非常简单，那就是出于自己的精神追求，帮助我把人文社科打通，同时又为学术发展尽本分。在目前这个社会环境下，现在的年轻人很难再花几十年时间下苦功，我就为他们架桥铺路吧。

从季羡林"想自杀"到何道宽"幸福死了"①

陈定家

季羡林先生在 1995 年 10 月的自述中说："我身处几万册书包围之中，睥睨一切，颇有王者气象。可我偏偏指挥无方，群书什么阵也排不出来。我要用哪一本，肯定找不到哪一本。'只在此室中，书深不知处。'等到不用时，这一本就在眼前。我极以为苦。我曾开玩笑似的说过：'我简直想自杀！'"这种令季老"简直想自杀"的烦恼，是大多数读书人时常遭遇的一种无可奈何的经历。

自古以来，读书人对书大多有一种近乎贪婪的占有欲。即便忠厚老实如孔乙己的读书人也不例外，他甚至认为"君子窃书不算偷"。在社科院文学所，常听到老一辈人讲起郑振铎、何其芳等人喜好藏书的轶事，说他们"嗜书如命"，除了喜欢阅读好书这层意思外，也包含有对好书的收藏和拥有这方面的意思。今天的一些著名教授和研究员也大多是些坐拥书城的藏书家。坐拥书城嘛，自然就少不了"书深不知处"的烦恼了。

如今，季老走了，季老的烦恼大约也不会停留太久。毕竟我们已经进

---

① 原载于中国社会科学院文学研究所陈定家教授的博客，2009 年 8 月 9 日 16 点发布。

入了一个数字化时代。互联网至少已经从可能性上较好地解决了资料储存和检索的问题，我们已经看到，"只要想得到，即可见得到"的梦想不是正在一步一步地变成现实吗？新一代读书人有福了。充分利用网络这个最大的图书馆，也许是解决季老式烦恼的最好方式之一。季老"极以为苦"的怨言，让我想起了翻译家何道宽先生的感叹："今天做学问的人真是幸福死了！"理由很简单——因为我们生活在一个国际互联网时代。

后记
四喜临门

2023 年是我从教 60 周年、深圳大学建校 40 周年，亦是我效力深圳大学 30 周年，且是我退休后蜡炬成灰、灰里掘金的 20 周年。承蒙深圳大学传播学院和中国大百科全书出版社领导厚爱，鼎力支持我出三本文集：《问麦集：理解麦克卢汉》《焚膏集：理解文化与传播》和《融媒集：理解媒介环境学》，三喜临门也！故三言两语，借以为教师节致庆。

2013 年深圳大学建校 30 周年和鄙人从教 50 周年之际，深圳大学社科部用出版基金资助我出版《夙兴集》（复旦大学出版社），其中一些篇目未能纳入今年编订的"何道宽三集"，有兴趣的读者不妨参阅。

感谢赐序的两位朋友。序一作者杨洸是深大传播学院副院长、教授；序二作者李思乐是湖北中医药大学外国语学院副教授。

感谢两篇附录的作者。附录一的作者是《深圳商报》记者魏沛娜，附录二的作者是社科院文学研究所的陈定家教授。

何道宽 2022 年 12 月 30 日

补记：2023 年 4 月 3 日，中国翻译协会授予我翻译文化终身成就奖，至上荣光，乃今年第四喜。四喜临门，不亦快哉！

何道宽 2023 年 4 月 10 日